Kohlhammer

Soziale Arbeit in der Gesellschaft

Die Reihe »Soziale Arbeit in der Gesellschaft« macht es sich zur Aufgabe, die gesellschaftlichen Themen aufzubereiten, die eine besondere Bedeutung für die Soziale Arbeit haben – vom Recht auf Unterstützung über Teilhabe bis hin zu sozialen Problemlagen wie Armut. Die einzelnen Bände liefern das Grund- und Orientierungswissen, das Studierende und Sozialarbeiter_innen benötigen, um eine professionelle Haltung zu entwickeln und ihren Adressat_innen auf Augenhöhe zu begegnen.

Eine Übersicht aller lieferbaren und im Buchhandel angekündigten Bände der Reihe finden Sie unter:

 https://shop.kohlhammer.de/soziale-arbeit-in-der-gesellschaft.html

Die Autorin

 Dr. Hildegard Mogge-Grotjahn, Jg. 1953, war bis 2017 als Professorin für Soziologie an der Evangelischen Hochschule in Bochum tätig. Davor arbeitete sie in wissenschaftlichen Instituten und im Bildungsbereich. Seit 2007 berät sie als Systemischer Coach und Personzentrierte Beraterin Fachkräfte aus pädagogischen und sozialen Berufen sowie kirchlichen Handlungsfeldern.

Ausgewählte Veröffentlichungen

Soziale Inklusion. Theorien, Methoden, Kontroversen (gemeinsam mit Carola Kuhlmann und Hans-Jürgen Balz). Kohlhammer Verlag 2018

Handbuch Armut und soziale Ausgrenzung (gemeinsame Herausgeberschaft mit Ernst-Ulrich Huster und Jürgen Boeckh; Autorin mehrerer Beiträge). 3. Auflage, Verlag Springer VS 2018

Hildegard Mogge-Grotjahn

Gesellschaftliche Teilhabe

Grundlagen professioneller Haltung und Handlung

Verlag W. Kohlhammer

Dieses Werk einschließlich aller seiner Teile ist urheberrechtlich geschützt. Jede Verwendung außerhalb der engen Grenzen des Urheberrechts ist ohne Zustimmung des Verlags unzulässig und strafbar. Das gilt insbesondere für Vervielfältigungen, Übersetzungen, Mikroverfilmungen und für die Einspeicherung und Verarbeitung in elektronischen Systemen.

Die Wiedergabe von Warenbezeichnungen, Handelsnamen und sonstigen Kennzeichen in diesem Buch berechtigt nicht zu der Annahme, dass diese von jedermann frei benutzt werden dürfen. Vielmehr kann es sich auch dann um eingetragene Warenzeichen oder sonstige geschützte Kennzeichen handeln, wenn sie nicht eigens als solche gekennzeichnet sind.

Es konnten nicht alle Rechtsinhaber von Abbildungen ermittelt werden. Sollte dem Verlag gegenüber der Nachweis der Rechtsinhaberschaft geführt werden, wird das branchenübliche Honorar nachträglich gezahlt.

Dieses Werk enthält Hinweise/Links zu externen Websites Dritter, auf deren Inhalt der Verlag keinen Einfluss hat und die der Haftung der jeweiligen Seitenanbieter oder -betreiber unterliegen. Zum Zeitpunkt der Verlinkung wurden die externen Websites auf mögliche Rechtsverstöße überprüft und dabei keine Rechtsverletzung festgestellt. Ohne konkrete Hinweise auf eine solche Rechtsverletzung ist eine permanente inhaltliche Kontrolle der verlinkten Seiten nicht zumutbar. Sollten jedoch Rechtsverletzungen bekannt werden, werden die betroffenen externen Links soweit möglich unverzüglich entfernt.

1. Auflage 2022

Alle Rechte vorbehalten
© W. Kohlhammer GmbH, Stuttgart
Gesamtherstellung: W. Kohlhammer GmbH, Stuttgart

Print:
ISBN 978-3-17-038444-6

E-Book-Formate:
pdf: ISBN 978-3-17-038445-3
epub: ISBN 978-3-17-038446-0

Zur Reihe »Soziale Arbeit in der Gesellschaft«

Unsere Gesellschaft wird immer mehr von inneren Spannungen geprägt: Armut, eingeschränkte Teilhabe, soziale Ungleichheit oder auch Rassismus und Gewalt sind nur einige Themen, die immer wieder hitzig diskutiert werden. In diesem Debattenklima ist es schwierig zu einer faktenbasierten Bewertung dieser Problemlagen zu kommen, die einer sorgfältigen und nachprüfbaren theoretischen Begründung nicht entbehren. Gerade Sozialarbeiterinnen und Sozialarbeiter sind auf solche wissenschaftliche Analysen angewiesen – schließlich sind sie es, die täglich in ihrer Arbeitspraxis mit diesen Problemen und Debatten konfrontiert werden.

Solche Analysen bietet die Reihe »Soziale Arbeit in der Gesellschaft«. In klarer, verständlicher Sprache beantworten die einzelnen Bände für die Soziale Arbeit grundlegende Fragen: Welche Bedeutung haben die Problemlagen für die Gesellschaft und welche Herausforderungen sind damit für die Soziale Arbeit verbunden? In welchen Arbeitsfeldern der Sozialen Arbeit spielen sie eine Rolle? Welche Kompetenzen benötigen Sozialarbeiterinnen und Sozialarbeiter und wie können sie diese entwickeln? Und: Wie kann die Soziale Arbeit unterstützen, welche gesellschaftlichen Ziele verfolgt sie dabei und welche Handlungsansätze haben sich dafür bewährt oder müssen noch erarbeitet werden?

Die einzelnen Bände basieren auf einem breiten sozialwissenschaftlichen Fundament. Sie wollen dazu beitragen, Studierende und Fachkräfte der Sozialen Arbeit zu einer kritischen Auseinandersetzung mit einschlägigen Handlungsfeldern und Arbeitsansätzen einschließlich ihrer professionellen Haltung anzuregen.

Vorwort

Teilhabe in Zeiten von Klimawandel und Flüchtlingselend, Corona und Trumpismus, oder: Plädoyer für ein inhaltlich qualifiziertes Teilhabe-Verständnis

Dieses Buch handelt von Teilhabe und Sozialer Arbeit. Es beruht auf einem umfassenden Verständnis von Teilhabe als einem Menschenrecht, dessen Verwirklichung zu einem »guten Leben« für alle in einer demokratischen und gerechten Gesellschaft beitragen kann.

Teilhabe in diesem Verständnis ist voraussetzungsvoll. Sie bedarf der politischen und sozialen Strukturen, die Teilhabe ermöglichen, und die Einzelnen müssen befähigt sein oder werden, sich aktiv an der Gestaltung der sozialen Welt zu beteiligen. Zudem ist Teilhabe folgenreich. Sie verändert nicht nur die Einzelnen durch die Erfahrung der Selbstwirksamkeit und der Gestaltungsmöglichkeiten, sondern auch die Gesellschaft – sei es in Teilbereichen oder auch in ihrer Gesamtheit.

Um die politischen und sozialen Strukturen, Herausforderungen und Gestaltungsperspektiven verstehen und beeinflussen zu können, müssen die Einzelnen über eine Fülle von Informationen verfügen, sie überprüfen, gewichten und bewerten. Sie müssen Gelegenheiten haben und in der Lage sein, sich an argumentativen und fairen Prozessen der Meinungsbildung und der Entscheidungsfindung zu beteiligen. Und sie brauchen einen positiven emotionalen Bezug zu den gemeinsamen Grundwerten der Freiheit, der Demokratie und der Menschenwürde. Dies alles ist den Einzelnen nicht ›in die Wiege gelegt‹, sondern entsteht durch Interaktion und Kommunikation, durch Erfahrungen der Wertschätzung und Anerkennung, durch das Verfügen über die nötigen Ressourcen, sowie durch die Chance, tatsächlich teilhaben und gesellschaftliche Wirklichkeiten ändern und Entwicklungen beeinflussen zu können. Was nicht mit einem demokratischen Verständnis von Teilhabe verwechselt werden darf, sind das Verbreiten von »alternativen Fakten« oder »Fake News«, Hass und Hetze und das Sich-Berauschen an der eigenen ›Stärke‹, die auf Gewalt beruht. Solche Aktionsformen und Handlungsweisen sind weder an demokratischen Werten noch an Menschenwürde und Gerechtigkeit orientiert, sondern zielen auf die Zerstörung von Demokratie.

Zwar ist es legitim, für die eigenen Interessen zu kämpfen und unterschiedliche Ziele der gesellschaftlichen Entwicklung zu verfolgen. Aber die Veränderung des gesellschaftlichen Ist-Zustandes kann nicht losgelöst von inhaltlichen Kriterien als von Vornherein ›gut‹ betrachtet werden, und »Teilhabe«, »Selbstwirksamkeit« sowie »Empowerment« im Sinne von »Bemächtigung« müssen sich ebenso an inhaltlichen Kriterien messen lassen. Im jeweiligen Kontext geht es darum, auf der Basis von Erfahrungs- und auch von Sachwissen in demokratischen Verfahren dazu beizutragen, dass Menschenwürde und ein »gutes Leben« nicht nur für die Privilegierten dieser Erde realisiert werden können. Das schließt auch die globale Herausforderung ein, den Klimawandel zu bekämpfen und eine lebensfreundliche Umwelt zu bewahren oder wiederherzustellen.

Seit der Zeit, in der ich die Schule beendete und anfing zu studieren, also seit etwa 50 Jahren, gehört es zu meinem Selbstverständnis, mich politisch und sozial zu engagieren. Als ich mit den Vorarbeiten für dieses Buch begann, beschäftigten mich viele Aspekte der Teilhabe-Thematik ganz persönlich – allen voran der Klimawandel, die Verletzung der Menschenwürde von geflüchteten Menschen und der (wieder) erstarkende politische Populismus. Während der Arbeit am Manuskript brach die Corona-Pandemie über die Menschheit herein, und ihr Ende ist jetzt, zum Zeitpunkt der Fertigstellung des Buches, noch nicht abzusehen. Oft habe ich mich gefragt, wozu ich in solchen Zeiten ausgerechnet ein Buch über »Teilhabe« schreiben sollte – schließlich ist es eine prägende Erfahrung, die diese Pandemie mit sich bringt, dass die Möglichkeiten politischer Teilhabe erschwert sind und viele Menschen sich in radikaler Weise in der Gestaltung eines »guten Lebens« für sich, ihre

Familien und ihre Mitmenschen einschränken müssen. In besonderer Weise gilt dies für Menschen, die in Pflegeheimen und anderen stationären Einrichtungen leben und arbeiten sowie ihre Angehörigen. Den extremsten Ausschluss von Teilhabe erfahren diejenigen, die ohne Beistand durch ihre Nächsten sterben.

Inzwischen bin ich der Auffassung, dass gerade in diesen Zeiten das Thema »Teilhabe« von zentraler Bedeutung ist. Denn die Erfahrungen der Pandemie nötigen uns zur Besinnung auf die Grundwerte von Demokratie und Menschenrechten. Es muss immer wieder neu darüber nachgedacht und diskutiert werden, in welchem Verhältnis persönliche Freiheiten und die solidarische Rücksichtnahme zueinanderstehen. Warum und wie lange ist es gerechtfertigt, persönliche Freiheitsrechte einzuschränken, um die Menschen vor den gesundheitlichen Risiken der Pandemie und das Gesundheitswesen vor dem Kollaps zu bewahren? Über Jahrzehnte bewährte politische Strukturen wie der Föderalismus offenbaren ihre Schwachstellen. Die Bekämpfung populistischer Kampagnen in den Sozialen Medien mit ihrer Verleugnung von Realitäten einerseits, das Recht auf freie Meinungsäußerung sowie der Schutz freier und unabhängiger Medien andererseits müssen neu miteinander in Beziehung gesetzt werden. Der globale Kapitalismus beweist einmal mehr, dass die ökonomischen Prozesse politisch gesteuert werden müssen und dass ›starke‹ und ›schwache‹ Interessen nicht nur ein Thema der Sozialen Arbeit sind, sondern ein Zukunftsthema für die Staaten der Welt.

Nicht zuletzt hat es mich erschreckt, wie schnell für mich persönlich ebenso wie für die politische Öffentlichkeit die Themen des Klimawandels und der Flüchtlingspolitik aus dem Fokus der Aufmerksamkeit geraten können.

Die Antworten auf alle diese Fragen können nur mit Hilfe von Demokratie und nicht etwa gegen demokratische Grundrechte und Prinzipien gefunden werden. Das hat die Erstürmung des Weißen Hauses, dem Regierungssitz der Vereinigten Staaten von Amerika, durch gewalttätige Verächter und Verächterinnen der Demokratie Anfang Januar 2021 – den so genannten »Trumpisten« – überdeutlich gemacht.

»Teilhabe« ist auch und gerade in Zeiten der Pandemie und der globalen ökonomischen und politischen Verwerfungen kein Luxusthema, sondern von existenzieller Bedeutung für die Einzelnen wie für die Gesellschaften insgesamt. Soziale Arbeit kann einen wesentlichen Beitrag dazu leisten, dass Teilhabe auch denjenigen Personen und Gruppen ermöglicht wird, die nicht von vorneherein dazu privilegiert und motiviert sind. Und vielleicht, so ist meine Hoffnung, kann dieses Buch etwas dazu beitragen, die Teilhabe-Orientierung in der und für die Soziale Arbeit zu stärken.

> Von der ›Rohfassung‹ bis zur hier vorliegenden Druckfassung ist das vorliegende Buch umfassend überarbeitet worden. Wesentliche Impulse und zahlreiche Anregungen hierfür verdanke ich Carola Kuhlmann und Kerstin Walther.
>
> Weitere wichtige Hinweise kamen von Benjamin Benz, Vera Dittmar, Lilo Dorschky und Kristin Sonnenberg.
>
> Euch allen gilt mein großer Dank!

Bochum, im März 2021
Hildegard Mogge-Grotjahn

Inhalt

Zur Reihe »Soziale Arbeit in der Gesellschaft« 5

Vorwort 7

1 **Einführung** 15
   1.1 Zu den Begriffen Partizipation, Teilhabe und Inklusion 15
      1.1.1 Partizipation 16
      1.1.2 Teilhabe 18
      1.1.3 Inklusion 22
   1.2 Zu diesem Buch 25

2 **Theoretische Grundlagen der Teilhabe-Thematik** 29
   2.1 Gesellschaftstheoretische Grundlagen 30
   2.2 Politik- und demokratietheoretische Grundlagen ... 40
   2.3 Kommunikation und Öffentlichkeit und die besondere Rolle der Medien in modernen Gesellschaften 52
   2.4 Engagement und Teilhabe und die Theorie des Sozialkapitals 61
   Studienhilfen 67

3 **Übergänge zur Sozialen Arbeit** 71
   3.1 Entstehung des Sozialstaates und der Sozialen Arbeit 72
   3.2 Konzepte des liberalen und des sozialen Rechtsstaates 80

3.3	Soziale Bewegungen, die Weiterentwicklung Sozialer Arbeit in Westdeutschland und ihr Verhältnis zur Sozialpolitik		84
3.4	Anwaltschaftlich orientierte Soziale Arbeit (Starke und schwache Interessen)		90
Studienhilfen			97

4 Teilhabe-orientierte Haltung Sozialer Arbeit ... **101**
4.1 Die Makro-Ebene ... 102
    4.1.1 Soziale Arbeit als Profession ... 102
    4.1.2 Politische und rechtliche Rahmenbedingungen der Sozialen Arbeit ... 105
    4.1.3 Soziale Arbeit als Menschenrechtsprofession ... 108
4.2 Die Meso-Ebene ... 110
    4.2.1 Das Partizipationsdilemma und seine Ursachen ... 111
    4.2.2 Vertretung eigener Interessen der Sozialen Arbeit ... 112
    4.2.3 Teilhaberechte und partizipative Strukturen ... 114
    4.2.4 Teilhabe-förderliche Konzepte Sozialer Arbeit ... 116
4.3 Die Mikro-Ebene ... 124
    4.3.1 Adressat_innen der Sozialen Arbeit ... 124
    4.3.2 Fachkräfte der Sozialen Arbeit ... 127
    4.3.3 Beziehungen zwischen Fachkräften und Adressat_innen ... 131
Studienhilfen ... 134

5 Teilhabe-orientiertes Handeln in der Sozialen Arbeit .. **138**
5.1 Eckpunkte des Teilhabe-orientierten Handelns ... 139
5.2 Das Modell der Partizipationspyramide ... 142
5.3 Ausprägung und Reflexion einer Teilhabe-orientierten Haltung der Fachkräfte sowie Implementierung von Teilhabe-Strukturen bei Trägern Sozialer Arbeit ... 147

5.4	Teilhabeförderung durch Sozialraumorientierte Soziale Arbeit, Ressourcenorientierung und Empowerment	151
5.5	Teilhabe von Menschen in Armutslagen	154
5.6	Förderung medialer Kompetenz als Aufgabe Teilhabe-orientierter Sozialer Arbeit	156
5.7	Teilhabe von Menschen mit Migrationshintergrund	159
5.8	Teilhabe von Kindern und Jugendlichen	162
5.9	Teilhabe von Menschen im höheren Lebensalter ...	165
5.10	Teilhabe von Menschen mit Beeinträchtigungen ...	167
Studienhilfen		170

Abkürzungsverzeichnis 174

Literatur- und Quellenverzeichnis 176

1 Einführung

> **Kapitelüberblick**
>
> In diesem Kapitel werden zunächst die Begriffe »Partizipation«, »Teilhabe« und »Inklusion« sowie ihre jeweiligen Entstehungsgeschichten erläutert. Da die Abgrenzung dieser Begriffe nicht immer eindeutig ist, wird auch auf ihre Schnittmengen eingegangen. Daran anschließend werden die inhaltlichen Schwerpunkte der folgenden Kapitel vorgestellt.

1.1 Zu den Begriffen Partizipation, Teilhabe und Inklusion

Auch wenn »Teilhabe« das zentrale Thema dieses Buches ist, beginnt die Darstellung mit dem Begriff der Partizipation. Der Teilhabe-Begriff wird erst danach erläutert, und es folgt der Begriff der Inklusion. Diese Reihenfolge orientiert sich an der Abfolge, in der die Begriffe in der fachlichen und politischen Öffentlichkeit besonders intensiv diskutiert wurden.

Allerdings werden die Begriffe »Teilhabe« und »Partizipation« im alltäglichen, politischen und auch im wissenschaftlichen Bereich oft synonym verwendet oder auch mit dem Begriff »Inklusion« gleichgesetzt. Häufig wird bei der Übersetzung von internationalen Dokumenten –

1 Einführung

z. B. der Behindertenrechtskonvention der Vereinten Nationen (UN-BRK) (Vereinte Nationen 2008) – der englische Begriff »participation« mit dem deutschen Begriff »Teilhabe« übersetzt. »Teilhabe« wiederum wird in vielen Veröffentlichungen als »zentrale(r) Anspruch von ›Inklusion‹« verstanden (vgl. Spatschek, Thiessen 2017, S. 11). Weitere verwandte, aber nicht in gleichem Maße gehaltvolle Begriffe sind die der »Teilnahme«, »Mitbestimmung« oder »Mitsprache«. Auch der Begriff »Engagement« wird häufig in ähnlichen Zusammenhängen verwendet.

Trotz der Überschneidungen in der Bedeutung der Begriffe Partizipation, Teilhabe und Inklusion können und sollten sie unterschieden werden. Denn zum einen haben sie unterschiedliche theoretische Herkünfte, und zum anderen sind sie in unterschiedlichen gesellschaftlichen Kontexten entstanden. Dieses Buch geht davon aus, dass der Begriff der Teilhabe am umfassendsten ist und deshalb als Bezeichnung für eine generelle Ausrichtung der Sozialen Arbeit an den Bedürfnissen und Interessen ihrer Adressat_innen gewählt werden sollte.

Um den vielfältigen Aspekten des Themas gerecht werden zu können, wird nicht nur auf soziologische, sondern auch auf politikwissenschaftliche sowie sozialarbeitswissenschaftliche und sozialpädagogische Quellen zurückgegriffen. Auch das Spezialgebiet der politischen Soziologie trägt zur fundierten Auseinandersetzung mit dem Thema Teilhabe bei. Ferner gibt es inhaltliche Schnittmengen mit den Gesundheitswissenschaften und der Psychologie.

In den folgenden Abschnitten werden die Begriffe »Partizipation«, »Teilhabe« und »Inklusion« ausführlich dargestellt und miteinander in Beziehung gesetzt.

1.1.1 Partizipation

Der Begriff der Partizipation wird in erster Linie in der Politikwissenschaft, der politischen Soziologie und in politischen Zusammenhängen verwendet. Dabei geht es zunächst ganz allgemein um die Möglichkeiten von Bürger_innen, auf politische Entscheidungen Einfluss zu nehmen. Mit dem Hinweis auf die Entscheidungen ist der Begriff Partizipa-

1.1 Zu den Begriffen Partizipation, Teilhabe und Inklusion

tion bereits abgegrenzt von anderen Formen von Beteiligung, »bei denen die Meinung der Mitwirkenden keine Auswirkung auf das Ergebnis hat oder bei denen nicht sicher ist, dass ihre Meinung in den Entscheidungsprozess einfließt« (Straßburger, Rieger 2014c, S. 230).

> **Politische Partizipation**
>
> Formen politischer Partizipation sind zum einen die Mitarbeit in politischen Parteien oder die Teilnahme an Wahlen auf allen politischen Ebenen (vgl. Wimmer 2014, S. 56). Zum anderen gilt auch die aktive Beteiligung an Bürgerinitiativen, Demonstrationen, Unterschriftensammlungen oder Online-Petitionen zu politischen Entscheidungen als politische Partizipation (vgl. Steinbrecher 2016, S. 313).

Wenn Menschen sich einfach ›nur‹ für Politik interessieren und sich über politische Vorgänge informieren, gilt dies jedoch nicht als Partizipation, da Partizipation ein aktives Verhalten erfordert (vgl. van Deth 2009, S. 141).

Partizipation stellt zum einen das Recht jedes und jeder Einzelnen dar, sich frei und gleichberechtigt an kollektiven und öffentlichen Entscheidungsprozessen zu beteiligen, zum anderen ist sie aber auch ein Weg, eigene Interessen zu erkennen und zu verfolgen (vgl. Evers, Hirschfeld 2011, S. 190). In jedem Fall geschieht politische Partizipation als freiwillige Aktivität.

In den 1960er und 1970er Jahren setzten sich in Westdeutschland soziale Bewegungen wie die Studenten- und die Frauenbewegung für eine Demokratisierung der Gesellschaft ein. Ihre Forderungen nach mehr Demokratie bezogen sich auf so gut wie alle gesellschaftlichen Bereiche. Mehr und mehr wurde der Begriff der politischen Partizipation um den der sozialen Partizipation erweitert.

> **Soziale Partizipation**
>
> Während mit politischer Partizipation vorrangig die Möglichkeiten von Mitbestimmung und Mitwirkung in den vorhandenen politi-

> schen Institutionen, Organisationen und Gremien gemeint ist, bezieht sich der Begriff der sozialen Partizipation auf alle Lebensbereiche, z. B. die Institutionen und Organisationen des Sozial-, Gesundheits- oder Bildungswesens oder auch den gesamten Bereich der Kultur (vgl. Wesselmann 2019, S. 99).

Die Unterscheidung von »Partizipation« und »sozialer Partizipation« grenzt zudem den traditionellen Bereich der Politik von der so genannten Zivilgesellschaft ab. Mit diesem Begriff wird darauf verwiesen, dass es außer den Einzelnen und dem politisch-öffentlichen Bereich und staatlichen Institutionen ein breites Feld der Selbstorganisation und Selbstverwaltung von Bürger_innen gibt – einen staatsfreien, dennoch aber nicht einfach privaten Bereich. Als zivilgesellschaftliche Organisationen gelten z. B. Sportvereine, Umweltorganisationen, Bürger_inneninitiativen, die Freiwillige Feuerwehr, Nachbarschaftsprojekte, Chöre oder Vereine aller Art. »Soziale Partizipation ist somit ein Sammelbegriff für eine Beteiligungsform, die in der Regel öffentliches, kollektives Handeln ohne direkte politische Motivation beschreibt, aber immer über die private Sphäre hinausreicht« (Roßteutscher 2009, S. 163).

Die Grenzen zwischen politischer und sozialer Partizipation sind oft fließend. Beispielsweise ist das Engagement für geflüchtete Menschen, etwa durch das Sammeln und Verteilen von Kleidung oder Spielsachen, zunächst einmal ein zivilgesellschaftliches, jenseits der politischen Institutionen. Es führt aber fast zwangsläufig auch dazu, sich an politische Institutionen, z. B. die Kommunen zu wenden und politische Forderungen zu vertreten, etwa für eine Unterbringung der Geflüchteten in Wohnungen anstatt in Containern oder für Sprach- und Integrationskurse.

1.1.2 Teilhabe

Auch die Übergänge vom erweiterten Begriff der politischen und sozialen Partizipation zu dem der Teilhabe sind fließend. Die Teilhabe-Thematik hat zum einen eine sozialpolitische und rechtliche Bedeutung.

1.1 Zu den Begriffen Partizipation, Teilhabe und Inklusion

Zum anderen berührt sie grundlegende Fragen nach den gesellschaftlichen Werten. Auch für die theoretische Begründung und Entwicklung (sozial-)pädagogischer Konzepte ist das Teilhabe-Verständnis zentral. Juristisch geht es darum, allen Bürger_innen einer Gesellschaft das Recht auf die Gestaltung des eigenen Lebens und die Mitgestaltung der allgemeinen Lebensverhältnisse einzuräumen und zu garantieren. Da hierfür sowohl materielle als auch immaterielle Ressourcen nötig sind, wird dem Staat die Aufgabe zugeordnet, die Voraussetzungen für soziale Teilhabe zu schaffen, in erster Linie für die Adressat_innen wohlfahrtsstaatlicher Leistungen.

Seit den 1930er Jahren wurde – u. a. von dem Juristen Ernst Forsthoff (1902–1974) – immer wieder neu definiert, was konkret als Rechtsanspruch im Sinne von Mindeststandards für Teilhabe verstanden werden soll. Daran schließt sich die Frage an, welche Aufgaben bei der Gewährleistung dieser Mindeststandards der Ökonomie, der Politik, dem Sozialstaat und den Einzelnen zukommen und wessen Interessen besondere Berücksichtigung finden sollen. Je nach den politischen Verhältnissen – in Deutschland die Weimarer Republik, der Nationalsozialismus, die Bundesrepublik Deutschland (BRD) und die Deutsche Demokratische Republik (DDR) nach 1945 – wurden unterschiedliche, weltanschaulich geprägte Konzeptionen hierzu entwickelt (vgl. Huster 2018a). Hierauf wird in Kapitel 3.1 näher eingegangen (▶ Kap. 3.1).

Seit den 1950er Jahren setzte sich ein Verständnis von Teilhabe als »Kernbegriff des bundesrepublikanischen Sozialstaats« (Wesselmann 2019, S. 95) durch. Die Sozialgesetzgebung hat diesen Leitgedanken im Laufe der Jahrzehnte immer wieder modifiziert und weiterentwickelt. Beispielsweise trug das neunte Sozialgesetzbuch (SGB IX) von 2001 den Titel »Rehabilitation und Teilhabe«, und in der Fassung von 2018 bestimmte der § 1 die »Selbstbestimmung und … volle, wirksame und gleichberechtigte Teilhabe am Leben in der Gesellschaft« als Ziel der Unterstützungsleistungen für Menschen mit Behinderungen (vgl. Wesselmann 2019, S. 95f). Seit dem 1. Januar 2020 ist das Bundesteilhabegesetz (BTHG) in Kraft, das umfangreiche Verbesserungen zur Unterstützung der Autonomie von Menschen mit Behinderungen regelt.

Ähnliche Zielsetzungen sind auch für andere Bereiche des Sozialstaats und der Sozialen Arbeit gesetzlich fixiert, z. B. im Bereich der Kinder- und Jugendhilfe und im »Bildungs- und Teilhabe-Paket« (BUT) für Kinder und Jugendliche.

> **Bildungs- und Teilhabe-Paket (BUT)**
>
> Das BUT trat 2011 in Kraft und wurde 2019 reformiert. Es soll Kindern und Jugendlichen durch zusätzliche finanzielle Leistungen die Teilhabe am sozialen und kulturellen Leben in der Gemeinschaft ermöglichen, etwa durch die Mitgliedschaft in Vereinen oder durch ihre musikalische Förderung in Musikschulen.

Allerdings kritisieren Expert_innen, dass auch das geänderte Bildungs- und Teilhabepaket viel zu niedrige Beträge umfasst, hohe Verwaltungshürden aufrichtet und bei weitem nicht von allen berechtigten Familien in Anspruch genommen wird (vgl. DPWV 2019).[1]

Die inhaltliche Bestimmung von Teilhabe in den unterschiedlichen Bereichen der Gesellschaft reicht vom schlichten Dabei-sein-Können in allen möglichen Zusammenhängen bis hin zur substanziellen Mitbestimmung in Institutionen, Organisationen und politischen Gremien. Je nach Perspektive stehen die Handlungschancen der beteiligten Individuen oder der Nutzen sozialer Teilhabe für das Gemeinwohl im Mittelpunkt des Interesses (vgl. Kümpers, Alisch 2018, S. 602). Immer aber geht es um die Ursachen und um die mögliche Überwindung sozialer Ungleichheiten.

> **Soziale Ungleichheit**
>
> Unter sozialer Ungleichheit wird nicht nur die materielle Besser- oder Schlechterstellung von Personengruppen in der Gesellschaft verstanden, sondern auch die größeren oder geringeren Chancen, das eigene Leben zu gestalten und am gesellschaftlichen Leben teilzunehmen.

---

1 Weitere finanzielle Leistungen für benachteiligte Familien werden durch das »Starke-Familien-Gesetz« und das »Gute-Kita-Gesetz« (beide seit 2019 in Kraft) gewährleistet.

1.1 Zu den Begriffen Partizipation, Teilhabe und Inklusion

Durch sozialstaatliche Leistungen soll deshalb der Schutz vor materieller Armut, aber auch das oben schon erwähnte »Mindestmaß an Teilhabe« garantiert werden. Über die Frage, was als dieses »Mindestmaß« gelten soll hinaus, geht es ganz grundsätzlich um das Verhältnis von Individuum und Staat sowie den ›Zwischenraum‹ des Sozialen[2] im Sinne der oben schon erwähnten Zivilgesellschaft. Zu klären ist, welche Ansprüche die Einzelnen geltend machen können und welche Anforderungen des Staates an die Einzelnen dem gegenüberstehen.

Das markanteste Stichwort in diesem Zusammenhang ist die Rede vom »aktivierenden Sozialstaat«, der die Adressat_innen sozialstaatlicher und auch sozialarbeiterischer Leistungen »fördern und fordern« soll. Dieses Begriffspaar wurde 2005 mit der so genannten Hartz-IV-Gesetzgebung als Leitlinie sozialstaatlichen Handelns, zunächst vor allem mit Blick auf Erwerbslose, etabliert. Gemeint ist, dass die Unterstützung durch Transferleistungen daran geknüpft ist, dass die Einzelnen umfassende Mitwirkungspflichten erfüllen und ihre »Arbeitswilligkeit« unter Beweis stellen müssen (vgl. Böhmer 2013, S. 249ff).[3]

---

2 Der Begriff des »Sozialen« verweist auf einen komplexen theoretischen Zusammenhang. Das historisch entstandene Verständnis von Politik und Staat spiegelt die Strukturen wieder, die sich im Zuge der Entwicklung moderner Nationalstaaten herausgebildet haben. Diese werden in Kapitel 2 ausführlich dargestellt (▶ Kap. 2). Es sind aber auch ganz andere Gesellschaftskonzepte denkbar, die von den alltäglichen Beziehungen der Gesellschaftsmitglieder ausgehen und zu anderen Strukturen, Institutionen und Regeln ihres Zusammenlebens führen (vgl. hierzu Lütke-Harmann 2019, S. 18ff).

3 Die sozialpolitischen Transformationen seit den frühen 2000er Jahren wurden und werden immer wieder kritisch diskutiert und in den Kontext ethischer Grundfragen, z. B. die nach der historisch wirksamen Unterscheidung von »würdigen« und »unwürdigen« Armen gestellt. Auch die Folgen für die betroffenen Subjekte – werden sie in ihrer Eigenaktivität und Ausschöpfung ihrer Ressourcen gestärkt oder unter entwürdigenden Bedingungen zur Anpassung gezwungen? – werden unterschiedlich beurteilt (vgl. zur Thematik insgesamt Böhmer 2013; Lob-Hüdepohl 2013). – Der Soziologe Stefan Lessenich vertritt die Auffassung, dass die Ablösung des »versorgenden« durch den »aktivierenden« Sozialstaat dazu führe, dass das Versprechen moderner Gesellschaften, allen Bürger_innen ein selbstbestimmtes Leben zu ermöglichen, zugunsten der Erfordernisse eines flexiblen Kapitalismus aufgegeben werde. Somit müsse ein grundlegend neues Verständnis des »Sozialen« formuliert werden (vgl. Lessenich 2008).

Noch umfassender als das Verständnis von Teilhabe im rechtlichen und sozialstaatlichen Kontext ist die Definition von Teilhabe als einem Menschenrecht. Lob-Hüdepohl spricht in diesem Zusammenhang von der »Hochform moderner politischer Herrschaft« (Lob-Hüdepohl 2013, S. 89). In der bereits erwähnten Behindertenrechtskonvention der Vereinten Nationen wird der Gedanke von Teilhabe als einem Menschenrecht konkretisiert. Demnach ist der Staat verpflichtet, den Bürger_innen nicht nur das erwähnte Mindestmaß an materieller und immaterieller Teilhabe zu gewährleisten, sondern für die politischen Rahmenbedingungen zu sorgen, die es allen Menschen ermöglichen, ihr Leben selbstbestimmt zu gestalten, Zugang zu allen Bereichen des gesellschaftlichen Lebens zu erhalten und sich an allen Entscheidungs- und Gestaltungsprozessen beteiligen zu können. »Teilhabe als Menschenrecht bedeutet, einen individuellen Anspruch darauf zu haben, aber nicht dazu verpflichtet zu sein, an allen Lebensbereichen teilzuhaben« (Wesselmann 2019, S. 98). – Um dieses Menschenrecht für alle Menschen verwirklichen zu können, müssen strukturelle Benachteiligungen in allen gesellschaftlichen Bereichen abgebaut werden.

1.1.3 Inklusion

»Partizipation« und »Teilhabe« weisen eine enge inhaltliche Verwandtschaft zum Thema »Inklusion« auf. Begriff und Verständnis von Inklusion (und ihrem Gegensatz, der Exklusion) wurden lange in zwei verschiedenen wissenschaftlichen und politischen Kontexten diskutiert, die erst in den letzten Jahren systematisch miteinander verknüpft wurden. Der eine Kontext ist geprägt von der Behindertenrechtsbewegung, durch die die Behindertenrechtskonvention der Vereinten Nationen (UN-BRK) vorangetrieben und politisch durchgesetzt wurde. Der Behinderungsdiskurs ist wiederum eingebettet in den größeren Zusammenhang der Diversity-Thematik[4]. Den anderen Kontext bilden die Ar-

---

4 Der Diversity-Begriff verweist auf die Vielfältigkeit menschlichen Lebens und kritisiert bewertende Vorstellungen davon, was als ›normal‹ und was als ›abweichend‹ zu verstehen sei. Er hebt hervor, dass Unterschiede und Besonderheiten respektiert und als Ressource (nicht als Problem) betrachtet werden sollten.

1.1 Zu den Begriffen Partizipation, Teilhabe und Inklusion

mutsforschung und die politische Bekämpfung von Armut, im größeren Zusammenhang mit Fragen von Gesundheit, Bildung und Migration (zu beiden Diskursen und ihrem Zusammenhang vgl. Degener, Mogge-Grotjahn 2012).

In der UN-BRK wird Inklusion als Menschenrecht verstanden, das auf die Überwindung aller in Blick auf Behinderungen[5] diskriminierenden Sichtweisen und ausschließenden Strukturen zielt. Dabei geht es um den barrierefreien Zugang zu Ämtern und Behörden und Einrichtungen des Gesundheitswesens ebenso wie um das gemeinsame Leben und Lernen von Menschen mit und ohne Behinderungen – sei es im Schul- und Bildungssystem, auf dem Arbeits- oder dem Wohnungsmarkt, im Bereich von Freizeit, Kultur und Sport.

Im Kontext der Bekämpfung von Armut und Ungleichheit geht es um die strukturellen Mechanismen, die bestimmte Bevölkerungsgruppen benachteiligen und sie von der Verfügung über materielle und immaterielle Ressourcen ausschließen oder ihnen zumindest den Zugang zu den allgemeinen Ressourcen erschweren.

Das Verbindende beider Stränge der Inklusionsbewegung ist das Ziel, die gesellschaftlichen Verhältnisse so zu gestalten, dass die sehr unterschiedlichen und vielfältigen Lebenslagen aller Menschen berücksichtigt und die Voraussetzungen für eine gleichberechtigte Teilhabe geschaffen werden (vgl. Bleck, van Rießen, Deinet 2017, S. 92).

Inklusion ist deshalb eine zentrale Forderung zur Überwindung einer Vielzahl von sozialen Problemen. Diese sind dadurch verursacht, dass Menschen mit Beeinträchtigungen, und/oder Menschen, die in Armut

---

5 Der Begriff »Behinderung« ist bereits Teil des politischen Problems. In jahrzehntelangen nationalen und internationalen Auseinandersetzungen haben die »Krüppelbewegung« der 1960er Jahre, die spätere Behindertenrechtsbewegung und schließlich die Bewegung »Selbstbestimmt Leben« das Verständnis von Behinderung verändert. Das lange Zeit vorherrschende medizinische Modell wurde zunächst von dem sozialen Modell und schließlich vom menschenrechtlichen Modell von Behinderung abgelöst. Heute herrscht die Auffassung vor, dass Behinderung als soziale Konstruktion zu betrachten ist, die durch die Interaktion zweier Komponenten entsteht: »einer Beeinträchtigung und einer Barriere. Erst das Ergebnis der Wechselwirkung wird als Behinderung gefasst: die Behinderung der Teilhabe an der Gesellschaft« (Hirschberg, Köbsell 2017, S. 11). – Zur gesamten Thematik vgl. Degener 2015 sowie Schildmann, Schramme 2018.

leben, und/oder Menschen, deren Lebenslagen von Krankheit oder Erwerbslosigkeit oder Migration oder Flucht gekennzeichnet sind, strukturell benachteiligt werden. Deshalb geht es bei der Umsetzung von Inklusion darum, über die Möglichkeiten zur Teilhabe hinaus diese Strukturen zu überwinden und dafür zu sorgen, dass »möglichst alle Menschen in einer Gesellschaft das eigene Leben aktiv gestalten und ein ›gutes Leben‹ führen können« (Kuhlmann, Mogge-Grotjahn, Balz 2018, S. 12).

Soziale Zugehörigkeit wird in modernen Gesellschaften vor allem durch die Teilhabe an (Erwerbs-)Arbeit, durch verfügbares Einkommen, durch Bildung, durch verwandtschaftliche Beziehungen, durch Freundschaften und soziale Netzwerke und auch durch die Gewährleistung aller Bürgerrechte hergestellt. So scheint es zur Verwirklichung von Inklusion zunächst einmal naheliegend und wünschenswert, den Zugang zum Bildungssystem, zur Erwerbsarbeit und zum Wohnungsmarkt sowie alle weiteren Institutionen für alle gesellschaftlichen Gruppen zu gewährleisten. Dadurch sollen auch soziale Netzwerke gestärkt und die Chancen, Bürgerrechte wahrzunehmen, erweitert werden. Tatsächlich entspricht die Wirklichkeit auf dem Arbeits- oder Wohnungsmarkt oder im Bildungswesen aber nicht immer den Wünschen und Vorstellungen der Menschen vom »guten Leben«, sodass der Zugang zu diesen Bereichen allein noch nichts über die tatsächliche Qualität der gesellschaftlichen Verhältnisse aussagt. Wenn die Forderung nach Inklusion nicht zur Anpassung an durchaus kritikwürdige Ist-Zustände verkürzt werden soll, muss sie über die soziale Zugehörigkeit zum Bestehenden hinaus auch auf die demokratischen und sozialen Qualitäten einer Gesellschaft zielen (vgl. Kronauer 2010, S. 17). Ein inhaltlich qualifiziertes Verständnis von Inklusion führt deshalb in eine gesellschaftskritische Perspektive und erfordert entsprechende Positionierungen. Ein solches Verständnis zielt über die soziale Zugehörigkeit zum Bestehenden hinaus und in umfassender Weise auch auf die demokratischen und sozialen Qualitäten einer Gesellschaft (vgl. Kronauer 2010, S. 17).

1.2 Zu diesem Buch

Im weiteren Verlauf dieses Buches kann die Unterscheidung zwischen »Partizipation«, »Teilhabe« und »Inklusion« nicht immer eingehalten werden. Viele der herangezogenen Quellen verwenden diese Begriffe mehr oder weniger synonym oder akzentuieren sie recht unterschiedlich. Insgesamt muss man sich damit abfinden, dass die Begriffe Partizipation, Teilhabe und Inklusion nicht ganz trennscharf sind, und dass alle drei sich auf schwer überschaubare Weise auf alle Ebenen der Gesellschaft beziehen. Sie werden in großen gesellschafts- und demokratietheoretischen Zusammenhängen ebenso verwendet wie in Bezug auf konkrete Handlungbereiche, z. B. denen der Bildung, der Sozialen Arbeit oder der Medienpädagogik.

Die Ausführungen dieses Buches orientieren sich möglichst konsequent an einem umfassenden Teilhabe-Begriff. Dieser umfasst neben der Teilhabe an Entscheidungsprozessen aller Art auch den Zugang der Individuen zu den verfügbaren Ressourcen und Möglichkeiten der Gesellschaft, um die eigenen Lebensentwürfe realisieren zu können (vgl. Wesselmann 2019, S. 99, unter Bezug auf Schnurr 2018, S. 634),

Wo eine Verwendung dieses Teilhabe-Begriffes wegen der Quellenlage nicht möglich ist, werden die Begriffe so verwendet wie in den jeweils herangezogenen Quellen.

Das Thema »Teilhabe« erfordert eine intensive Beschäftigung mit historischen Entwicklungen, ohne deren Kenntnis sich die gegenwärtigen politischen und gesellschaftlichen Bedingungen von Teilhabe nicht verstehen lassen. Die Teilhabe-Orientierung in der Sozialen Arbeit ist zudem mit vielen weitergehenden Fragen zum Selbstverständnis und zu den Methoden der Sozialen Arbeit verknüpft. Damit die Leser_innen sich in dem komplexen Geflecht der verschiedenen historischen, theoretischen und praktischen Aspekte des Themas orientieren können, werden an vielen Stellen Querverweise zu vorausgegangenen oder noch kommenden Abschnitten gegeben.

Insgesamt folgt das vorliegende Buch einer Systematik, die von den großen Zusammenhängen über mehrere Zwischenschritte bis zu konkreten Handlungsweisen und Praxisbeispielen führt. Die gleichen Themen tauchen also wie in konzentrischen Kreisen immer wieder auf, aber die jeweilige Darstellung weist unterschiedliche Abstraktionsniveaus auf.

Dieses Vorgehen spiegelt sich auch in der Gliederung des Textes: Die Kapitel 2 und 3 sind in größere Sinnzusammenhänge unterteilt, die Kapitel 4 und 5 kleinschrittiger gegliedert.

Im *zweiten Kapitel* dieses Buches geht es um die theoretische Fundierung der Teilhabe-Thematik. Dazu gehören gesellschaftstheoretische Grundfragen sowie Teilhabe-bezogenes Grundlagenwissen aus Politik- und Demokratietheorien sowie der Politischen Soziologie. Ausführlich wird sodann auf den für Teilhabe zentralen Bereich der Kommunikation und Öffentlichkeit und die besondere Rolle der Medien in modernen Gesellschaften eingegangen. Den Abschluss dieses Kapitels bilden ausgewählte Aspekte aus der Forschung zu Engagement und Teilhabe und die Theorie des Sozialkapitals (▶ Kap. 2).

Das *dritte Kapitel* nimmt zunächst eine historische Perspektive ein und fragt, wie die heutigen Strukturen des politischen Systems, des Sozialstaates und der Sozialen Arbeit entstanden sind. Eine wichtige Rolle spielten dabei soziale Bewegungen, in deren Zusammenhang auch die Vorläufer der heutigen Sozialen Arbeit entstanden sind. Die unterschiedlichen Konzepte des »liberalen« und des »sozialen« Rechtsstaates werden dargestellt. Für Deutschland ist eine starke Stellung der Wohlfahrtsverbände charakteristisch, woraus die Soziale Arbeit für lange Zeit ein Selbstverständnis als »Anwältin schwacher Interessen« abgeleitet hat. Dieses Verständnis hat sich zunehmend mit einer deutlicheren Teilhabe-Orientierung verbunden (▶ Kap. 3).

Im *vierten Kapitel* werden die gesellschaftstheoretischen Grundlagen und die historisch-systematischen Erkenntnisse mit Blick auf eine Teilhabe-orientierte Soziale Arbeit verdichtet. Auf der Makro-Ebene geht es um die Soziale Arbeit als Profession und ihre politischen und rechtlichen Rahmenbedingungen. Auf der Meso-Ebene geht es um das so genannte »Partizipationsdilemma«, um die Interessensvertretung und institutionellen Strukturen der Sozialen Arbeit sowie Teilhabe-förderliche Konzepte. Auf der Mikro-Ebene geht es um die Adressat_innen und die Fachkräfte der Sozialen Arbeit und ihre Beziehungen zueinander (▶ Kap. 4).

Das *fünfte Kapitel* konkretisiert und bündelt die Themen und Aussagen der vorhergegangenen Kapitel mit Blick auf das konkrete Handeln der Sozialen Arbeit. Zunächst wird das Modell der »Partizipationspyramide« vorgestellt. Es folgen Ausführungen zur Förderung einer Teilhabeorientierten Haltung von Fachkräften und der Implementierung entsprechender Strukturen in den Einrichtungen und Organisationen der Sozialen Arbeit. Daran schließen sich Hinweise und Beispiele für die Konzepte der Sozialraumorientierung, der Ressourcenorientierung und des Empowerments sowie für die Teilhabe-orientierte Arbeit mit Menschen in Armutslagen an. Die Bedeutung der (digitalen) Medien für die Eröffnung von Teilhabechancen wird im nächsten Abschnitt unterstrichen. Abschließend werden Teilhabe-Konzepte für bestimmte Zielgruppen der Sozialen Arbeit vorgestellt: Menschen mit Migrationsgeschichte, Kinder und Jugendliche, Menschen im höheren Lebensalter sowie Menschen mit Beeinträchtigungen (▶ Kap. 5).

Noch einige weitere Hinweise

Das Buch verwendet den »Unterstrich« als eine von mehreren Möglichkeiten der geschlechtersensiblen Sprache, also beispielsweise: Leser_innen. Gemeint sind über weibliche und männliche Personen hinaus auch alle Personen, die sich entweder anderen geschlechtlichen Identitäten oder gar keiner geschlechtlichen Identität zuordnen. Wenn in zitierten Quellen andere Möglichkeiten genutzt wurden oder ganz auf eine geschlechtersensible Schreibweise verzichtet wurde, so wird dies in den Zitaten originalgetreu übernommen.

Kürzere Zitate sind durch An- und Abführungszeichen im laufenden Text gekennzeichnet. Zitate, die vier oder mehr als vier Zeilen umfassen, sind im Layout hervorgehoben.

1 Einführung

Die Quellenangaben zur wörtlich oder sinngemäß zitierten Literatur finden sich jeweils an entsprechender Stelle in Klammern im Text. In einigen Fußnoten sind weitere Quellen angegeben. Im Literatur- und Quellenverzeichnis werden alle verwendeten oder erwähnten Quellen alphabetisch aufgeführt.

Die Fußnoten enthalten über die Informationen und Gedankengänge im Text hinaus weiterführende inhaltliche Kommentare oder Erläuterungen und sollten deshalb auch gelesen werden.

Fachbegriffe sind bei ihrer ersten Nennung durch An- und Abführungszeichen gekennzeichnet. Auch solche Begriffe, deren (nicht immer alltagsvertraute) Verwendung hervorgehoben werden soll, werden in An- und Abführungszeichen gesetzt.

Bei Autor_innen, die als ›Klassiker_innen‹ gelten, werden die Lebensdaten bzw. das Geburtsjahr angegeben.

Die Kapitel 2 bis 5 werden jeweils mit einer Zusammenfassung, Fragen und Anregungen zur Diskussion sowie ausgewählten und kommentierten Tipps zum Weiterlesen abgeschlossen. Die Zusammenfassungen markiert mit einem Piktogramm, das einen Stift darstellt, die Abschnitte »Fragen zur Anregung zur Diskussion finden Sie über Sprechblasen am Seitenrand, die Tipps zum Weiterlesen über ein aufgeschlagenes Buch.

2 Theoretische Grundlagen der Teilhabe-Thematik

Kapitelüberblick

In diesem Kapitel werden die theoretischen Grundlagen für ein umfassendes Verständnis von Teilhabe gelegt. Aus soziologischer Sicht geht es vor allem darum, wie das Zusammenleben von Menschen in Gesellschaften erklärt und verstanden werden kann. Wesentlich sind die Fragen nach dem Verhältnis von Stabilität und Veränderbarkeit von Gesellschaften sowie nach den Ursachen und Strukturen gesellschaftlicher Ungleichheit. In modernen Gesellschaften spielt die Gerechtigkeit als normatives Versprechen eine wesentliche Rolle. Grundwerte von Gesellschaften sind in Verfassungen festgeschrieben, die in konkrete Politik und rechtliche Strukturen übersetzt werden müssen und der emotionalen Verankerung in der Bevölkerung bedürfen. Politikwissenschaft und Demokratietheorien befassen sich mit den unterschiedlichen politischen Systemen moderner Gesellschaften – z. B. dem Föderalismus in der Bundesrepublik Deutschland – und den Aufgaben der verschiedenen politischen Akteur_innen – z. B. den politischen Parteien. Die Handlungsmöglichkeiten der Nationalstaaten sind in internationale Staatenbündnisse und globale Wirtschaftsstrukturen eingebunden. Den Medien kommt eine besondere Bedeutung für Kommunikation, politische Willensbildung und Teilhabe zu. Der letzte Abschnitt dieses Kapitels behandelt die Bedeutung des bürgerschaftlichen Engagements für die Teilhabe an der Gesellschaft.

2 Theoretische Grundlagen der Teilhabe-Thematik

2.1 Gesellschaftstheoretische Grundlagen

Menschen sind gesellschaftliche Wesen. Ohne Fürsorge und Zuwendung kann ein neu geborener Mensch nicht überleben und ohne Interaktion und Kommunikation, ohne gemeinsame Deutung von Wirklichkeit, ohne Sinngebung des eigenen und des gemeinsamen Tuns kann keine menschliche Gemeinschaft längerfristig existieren. Selbst Einsiedler_innen tragen die Gesellschaft in sich, in die hinein sie geboren und in der sie sozialisiert worden sind, bevor sie sich entschieden, alleine zu leben.

Damit menschliche Gesellschaften über einen längeren Zeitraum hinweg fortbestehen können, müssen sie eine Reihe von Aufgaben erfüllen. Der amerikanische Soziologe Talcott Parsons (1902–1979) gilt als der Begründer der »struktur-funktionalen Systemtheorie«[6].

Struktur-funktionale Systemtheorie

Die Begriffe »Struktur« und »System« verweisen auf den Grundgedanken dieser Theorie: Gesellschaften werden als soziale »Systeme« betrachtet, deren »Strukturen« geeignet sind, bestimmte »Funktionen«, also Aufgaben für die Gesellschaft zu erfüllen. Die einzelnen funktionalen Bereiche werden als »Subsysteme« der Gesellschaft bezeichnet. Diese entsprechen einerseits den allgemeinen Funktionsweisen und Werten der jeweils betrachteten Gesellschaft, können aber auch eigene Logiken ausprägen und dadurch in Konkurrenz oder Konflikt miteinander geraten (vgl. Parsons 2009/1972) – beispielsweise können sich die Leistungsorientierung des ökonomischen Subsystems und die Orientierung der Sozialen Arbeit an den Bedürfnissen ihrer einzelnen Adressat_innen widersprechen.

---

6 Auf andere soziologische Systemtheorien, beispielsweise die von Niklas Luhmann, wird hier nicht näher eingegangen. Luhmann betonte im Gegensatz zu Parsons vor allem die Eigenlogik jedes sozialen (Sub-)Systems, die auf jeweils spezifischen Kommunikationsweisen beruht (vgl. Luhmann 2020).

2.1 Gesellschaftstheoretische Grundlagen

Als erste Grundaufgabe müssen Gesellschaften ›Lebensmittel‹ im weitesten Sinne, also Nahrung, Kleidung, Wohnraum, materielle Güter aller Art herstellen und verteilen. Diesem Bereich wird das Subsystem der Ökonomie zugeordnet. Zweitens geht es darum, Entscheidungen über gemeinsame Angelegenheiten zu treffen und mögliche Konflikte zu regulieren, wofür in modernen Gesellschaften die Subsysteme der Politik und des Rechts zuständig sind. Drittens ist es erforderlich, dass über Generationen hinweg die Gesellschaftsmitglieder so in die Gesellschaft hineinwachsen, dass gemeinsame Werte und Normen sowie verbindliche Verhaltensmuster entstehen. Hierfür sorgen außer der Familie sämtliche Institutionen der Erziehung und Sozialisation, der Bildung und Kultur. Ob und wie weit diese gesellschaftlichen Institutionen jeweils eigene Subsysteme bilden oder ob sie alle einem sehr weit verstandenen Subsystem »Kultur« zuzuordnen sind, wird unterschiedlich definiert. Viertens muss jede Gesellschaft Beziehungen zu der sie umgebenden Welt und anderen Gesellschaften aufbauen sowie sich gegen mögliche Bedrohungen von außen schützen, wofür wiederum in erster Linie das politische Subsystem zu sorgen hat (vgl. hierzu: Mogge-Grotjahn 2011, S. 66f). – Hinzu kommen viele weitere Aufgaben, die ökologisches Handeln, religiöse Sinndeutung und anderes mehr betreffen; hierauf kann an dieser Stelle nicht näher eingegangen werden.

Die hier nur grob skizzierten Grundannahmen der strukturfunktionalen Systemtheorien sind absichtlich sehr abstrakt gehalten. Denn in verschiedensten Epochen und unterschiedlichsten Kulturkreisen sind viele verschiedene Gesellschaftstypen entstanden, die alle auf ihre je eigene Art und Weise diese Grundaufgaben erfüllen. Bis man konkrete Fragen zum Verständnis einer ganz bestimmten Gesellschaft beantworten kann, z.B. die Frage danach, welche Werte und Normen in dieser Gesellschaft gelten, wie ihre Mitglieder in sie hinein sozialisiert werden oder auf welchen Funktionsweisen ihre ökonomischen und politischen Entscheidungen und Handlungen beruhen, bedarf es vieler weiterer Informationen und Analysen.

Talcott Parsons und viele Systemtheoretiker_innen nach ihm interessierte besonders die Frage, wie sich gesellschaftliche Systeme selbst erhalten, wie und wodurch sie ihre Mitglieder integrieren bzw. inkludieren[7], und unter welchen Umständen sie sich verändern lassen.

> **Sozialkonstruktivistische Theorien**
>
> Eine grundsätzlich andere Perspektive nehmen »sozialkonstruktivistische Theorien« ein, zu deren Begründern George Herbert Mead (1863–1931) gehörte. Diese gehen von den Subjekten aus und versuchen zu verstehen, wie die Individuen durch Interaktion und Kommunikation ihre soziale Welt selbst »konstruieren«. Erst durch verbale und nonverbale, vor allem symbolische Kommunikation entsteht demzufolge die für die Menschen bedeutsame Wirklichkeit. Für dieses Verständnis von Kommunikation prägte Mead den Begriff des »Symbolischen Interaktionismus« (vgl. Mead 1978/1900). Diese theoretischen Konzepte sind weniger an der Stabilität als vielmehr an der Dynamik und stetigen Veränderung gesellschaftlicher Systeme orientiert.

Das Spannungsverhältnis zwischen »objektiver« und »subjektiver« Wirklichkeit, zwischen »Tatbeständen« und »Konstruktionen« ist auch in der Gegenwart noch oder wieder ein brisantes Thema. Ein Beispiel hierfür sind die politischen und medialen Auseinandersetzungen um so genannte »Fake News«. – In einem anderen Kontext stellen sich ähnliche Fragen, wenn es darum geht, ob es »Behinderung« tatsächlich gibt oder ob sie erst dadurch entsteht, dass einzelne Merkmale von Personen als Behinderung gedeutet werden (vgl. Fußnote 5 in ▶ Kap. 1.2; ▶ Kap. 5.10).

Aus einer wissenssoziologischen Sicht setzen sich Peter Berger und Thomas Luckmann mit dieser Frage auseinander und rücken die Alltagswelt und die subjektiven Wirklichkeiten in den Mittelpunkt des Interesses (vgl. Berger, Luckmann 1989). Hieraus ergeben sich vielfältige Verbindungen zum Konzept der »Lebenswelt« und der »Lebensweltorientierten Sozialen Arbeit«, das in Kapitel 4.3.1 erläutert wird (▶ Kap. 4.3.1).

---

7 Auf den Inklusionsbegriff wurde in der Einführung ausführlich eingegangen. Im konkreten Kontext stellt er eine Erweiterung des Integrationsbegriffs dar, der häufig im Bereich der Migrationsforschung und -politik verwendet wird und weniger deutlich als der Begriff der Inklusion auf die strukturellen Barrieren von Teilhabe hinweist.

2.1 Gesellschaftstheoretische Grundlagen

Der Begriff und das Verständnis des »guten Lebens« sind ein zentrales Thema verschiedener Gesellschaftstheorien und Philosophien. Woher kommen die Vorstellungen vom »guten Leben«? Welche normativen Maßstäbe gibt es? In welchem Verhältnis zueinander stehen die Selbstverwirklichung des oder der Einzelnen und die Erfordernisse des Zusammenlebens? Ist das ›Gute‹ auch das ›Gerechte‹? Was soll geschehen, wenn unterschiedliche Konzepte des »guten Lebens« miteinander in Konflikt geraten? Gibt es irgendwelche religiösen und/oder säkularen Werte, die für alle Menschen in einer Gesellschaft oder sogar für die Weltgesellschaft verbindlich sind – z. B. die von den Vereinten Nationen vereinbarten Menschenrechte? Wie können die Subjekte an der Entwicklung und Verwirklichung der gemeinsamen Vorstellungen vom »guten Leben« teilhaben?

Die Art und Weise, in der diese Fragen formuliert sind, entspringt einem modernen, ›aufgeklärten‹ Denken und Verständnis von Gesellschaft, das sich seit der Mitte des 17. Jahrhunderts vor allem in Westeuropa entwickelte. Die christlich-jüdische religiöse Tradition ist eine wesentliche Wurzel des modernen Verständnisses von Menschenwürde, die jedem einzelnen Individuum ohne Vorbehalte zukommt[8]. Zugleich gehören die Religionsfreiheit und die Trennung von religiösen und politischen Bereichen in Gesellschaft und Politik zu den Grundelementen modernen Denkens und moderner Gesellschaftstheorie. Ein wesentliches Element ist die Auffassung, dass Staat, Gesellschaft und Religion je eigenen Gesetzlichkeiten unterliegen (vgl. Jonas 1974, S. 11ff).

Mit dem Konzept der Menschenwürde ist die Frage der Gerechtigkeit eng verbunden[9]. Für das Selbstverständnis der meisten heute existierenden Gesellschaften ist es von großer Bedeutung, was ihre Mitglieder als »Gerechtigkeit« empfinden (vgl. Liebig u. a. 2013). Davon, ob Gerech-

---

8 In politischen Diskussionen über die universelle Gültigkeit der Menschenrechte wird ihre Herkunft aus der christlich-jüdischen Philosophie und Religion mitunter kritisch kommentiert. Staub-Bernasconi setzt sich damit auseinander und versucht, die Universalität des Konzeptes von Menschenrechten und Menschenwürde nachzuweisen (vgl. Staub-Bernasconi 2018), was wiederum Kritik hervorgerufen hat (vgl. Kunze 2019).
9 Eine erste Hinführung zu Gerechtigkeitstheorien und zum Begriff der »Teilhabegerechtigkeit« bietet Forst 2015.

tigkeit zumindest prinzipiell als erreichbar empfunden und erlebt wird, hängt es ab, ob die Gesellschaftsmitglieder sich der Gesellschaft positiv zugehörig fühlen und die jeweiligen politischen Machtverhältnisse als legitim betrachten.

Grundsätzlich gibt es zwei Quellen für gesellschaftliche Gerechtigkeit: die als gerecht betrachtete Verteilung von materiellen Ressourcen sowie die als gerecht betrachtete Verteilung von immateriellen Ressourcen im Sinne von Chancengleichheit, Status, Wertschätzung und »Anerkennung«[10]. Daraus folgen zwei zentrale Ursachen von Ungleichheit und gesellschaftlicher Hierarchiebildung: zum einen die Zugehörigkeit zu unterschiedlichen ökonomischen »Klassen«, die in erster Linie in den Mechanismen des Wirtschaftssystems verwurzelt sind; zum anderen die unterschiedlichen »Status«-Positionen, die überwiegend auf institutionalisierten kulturellen Wertmustern basieren und zu mehr oder weniger Anerkennung führen (vgl. Fraser in Fraser, Honneth 2017, S. 250).

Klasse und Status können zusammenpassen, wenn beispielsweise gutverdienende Berufsgruppen zugleich gesellschaftlich hohes Ansehen genießen. Sie können aber auch auseinanderfallen. Beispiele hierfür sind:

- vermögende Personen, die ihren Reichtum auf gesellschaftlich nicht angesehene Weise erworben haben;
- erwerbslose, aber akademisch ausgebildete und alleinerziehende Personen (überwiegend Frauen), die zwar gesellschaftlich anerkannt sind, aber von sozialstaatlichen Leistungen leben müssen;

---

10 Dem komplexen Verhältnis von »Verteilung« bzw. »Umverteilung« und »Anerkennung« ist ein Buch gewidmet, das Nancy Fraser als Verfechterin der »Umverteilungstheorie« und Axel Honneth als Verfechter der »Anerkennungstheorie« gemeinsam veröffentlicht haben. Fraser kommt darin zu dem Schluss, dass »beide Kategorien als gleichursprüngliche und daher als wechselseitig nicht reduzierbare Dimensionen von Gerechtigkeit begriffen werden sollten«, während Honneth ein Konzept von Anerkennung entwickelt, das »neben der ›Liebe‹ auch die ›rechtliche Achtung‹ und die ›soziale Wertschätzung‹ in einer Weise umfasst, dass darin auch die Problematik der Umverteilung behandelt werden kann« (Fraser, Honneth 2017, S, 8f).

2.1 Gesellschaftstheoretische Grundlagen

- Geflüchtete, die zwar eine berufliche Qualifikation aufweisen, in der Aufnahmegesellschaft aber einen ungesicherten Rechtsstatus haben und einem Arbeitsverbot unterliegen.

Wie schon an diesen Beispielen deutlich wird, sind die beiden Grundmuster von Ungleichheit (Ökonomische Hierarchie und Status-Hierarchie) mit vielfältigen weiteren Ungleichheitsursachen verbunden, wie z. B. der rechtlichen Position, der Geschlechtszugehörigkeit, der Lebensform u. a. m. Diesen Zusammenhängen und Wechselwirkungen geht die »Intersektionalitätsforschung« nach.

Intersektionalität

Intersektionalität ist ein theoretisches Konzept, das im Kontext der internationalen Frauenbewegungen und der feministischen Wissenschaft entstanden ist und erstmals 1989 von der schwarzen US-amerikanischen Juristin Kimberlé W. Crenshaw (geb. 1959) formuliert wurde (vgl. Crenshaw 2013/1989). Im Mittelpunkt intersektionaler Forschung steht die Frage nach den mehrdimensionalen Begründungszusammenhängen von Machtverhältnissen und den daraus resultierenden sozialen Ungleichheiten und Ungerechtigkeiten (vgl. Mogge-Grotjahn 2016).

Als Folge der ungerechten Machtstrukturen sind die Chancen der Gesellschaftsmitglieder, an allen Bereichen der Gesellschaft und an gesellschaftlicher Anerkennung teilzuhaben, ungleich verteilt. Dies widerspricht dem »kulturellen Gleichheitspostulat« der Moderne, demzufolge allen Menschen von Geburt an die gleichen Rechte zukommen (vgl. Liebig u. a. 2013, S. 287, unter Bezug auf Schimank 2005). Fraser spricht im gleichen Zusammenhang vom Grundsatz der »partizipatorischen Parität«, der durch strukturelle soziale Ungleichheiten verletzt wird (vgl. Fraser in Fraser, Honneth 2017, S. 250).

Schärfer als Honneth und Fraser kritisiert Maren Schreier die Ungerechtigkeiten als Ausdruck von »Unterdrückung, Ausbeutung, Kulturimperialismus und Gewalt« und verweist darauf, dass diese Strukturen vor allem dadurch aufrechterhalten werden, dass sie »als Normalitäten unreflektiert und unwidersprochen bleiben« (Schreier 2019, S. 70f).

Mit dem von Nancy Fraser und Axel Honneth geprägten Ausdruck der »partizipatorischen Parität« sind Verhältnisse und Strukturen gemeint, in denen alle Individuen das gleiche Maß an Autonomie erfahren und ihre Lebensziele verwirklichen können. Dabei sollen sie weder strukturell benachteiligt noch in ihrem Ansehen unterschiedlich behandelt werden (vgl. Honneth in Fraser, Honneth 2017, S. 298). Um dieses Ziel erreichen zu können, müssen zum einen wirtschaftliche Ungleichheiten und die ihnen zugrunde liegenden Strukturen überwunden und Ressourcen umverteilt werden. Zum anderen müssen auch Status-Hierarchien in Hinblick auf unterschiedliche Lebenslagen, Lebensentwürfe und Identitäten abgebaut werden, um ihnen zur Anerkennung zu verhelfen.

Hieraus ergibt sich die Frage, wie in einer gegebenen Gesellschaft dafür gesorgt werden kann, dass sowohl die strukturellen als auch die kulturellen und subjektbezogenen Hindernisse der partizipatorischen Parität überwunden werden können.

»Welche Politik und Reform kann zugleich Status- und Klassenungleichheiten mindern? Welche programmatische politische Ausrichtung kann sowohl den berechtigten Ansprüchen auf Umverteilung als auch denen auf Anerkennung genügen, während sie zugleich die negativen Wechselwirkungen minimiert, die entstehen, sobald man beiden Arten von Ansprüchen zugleich zu genügen versucht?« (Fraser in Fraser, Honneth 2017, S. 97)

Allerdings ist nicht davon auszugehen, dass diejenigen, die von den bestehenden Verhältnissen und Hierarchien profitieren, sie bereitwillig aufgeben würden – die Forderungen nach Umverteilung und Anerkennung sind mit Machtfragen eng verknüpft.

Selbst wenn Machtverhältnisse sich so verändern lassen, dass die rechtlichen, politischen und ökonomischen Voraussetzungen und Strukturen von Gerechtigkeit und Teilhabe hergestellt werden können, ist das allein noch keine hinlängliche Antwort auf die Frage nach dem »guten Leben« für alle. Denn diese Frage zielt auf tiefergehende anthropologische, philosophische und gesellschaftstheoretische Dimensionen der Thematik – und auf die Werte und Ziele, um die es einer Gesellschaft geht.

2.1 Gesellschaftstheoretische Grundlagen

Gesellschaftliche Ziele und Grundwerte sind zumeist in Verfassungen festgeschrieben und rechtlich geschützt.

> **Die Grundwerte in der Bundesrepublik Deutschland**
>
> Die ersten drei Artikel des Grundgesetzes der Bundesrepublik Deutschland definieren als Grundwerte des demokratischen Zusammenlebens die Menschenwürde jedes und jeder Einzelnen, die Freiheit und die rechtliche Gleichheit aller Bürger_innen (vgl. Grundgesetz der Bundesrepublik Deutschland).

Für die deutsche Philosophin Hannah Arendt (1906–1975) ist Freiheit das Ziel allen politischen Handelns. Sie unterschied zwischen »Befreiung«, etwa von ungerechtfertigten Zwängen, und »Freiheit« als dem politischen Recht, sich an allen öffentlichen Angelegenheiten zu beteiligen. Im historischen Rückblick sieht Arendt die Befreiung von Armut als eine der wesentlichen Voraussetzungen politischer Freiheit (vgl. Arendt 2018/1963). Freiheit, auch und gerade die des Individuums, kann nach Arendt nur im Rahmen einer staatlichen Ordnung gewährleistet werden. Sie besteht also nicht in völliger »Souveränität« bzw. Loslösung des oder der Einzelnen von sozialen Beziehungen, sondern darin, die Beziehungen so zu gestalten, dass ein Höchstmaß an Freiheit und Autonomie für alle gewährleistet wird (vgl. Arendt 1958).

Diese grundlegenden Fragen nach dem gesellschaftlichen Miteinander und dem »guten Leben« für alle beschäftigen auch die amerikanische Philosophin Martha Nussbaum (geb. 1947). Sie betrachtet den Menschen als ein bedürftiges und verletzliches Wesen, das über ein bestimmtes Fähigkeitspotenzial verfügt. Dieses Potenzial stellt ihr zufolge eine »anthropologische Konstante« dar, d.h., es ist allen Menschen gemeinsam, unabhängig von der Kultur und Gesellschaft, in der sie leben. In Zusammenarbeit mit Amartya Sen (geb. 1933)[11] hat sie dieses

---

11 Dem indischen Wirtschaftswissenschaftler und Philosophen Amartya Sen wurden 1998 der Nobelpreis für Ökonomie und 2020 der Friedenspreis des deutschen Buchhandels verliehen. Damit wurde seine jahrzehntelange Forschung u.a. zu den

Fähigkeitspotenzial in zehn Punkten zusammengefasst[12]. Die Fähigkeiten werden in Interaktionen mit dem gesellschaftlichen, wirtschaftlichen, häuslichen und politischen Umfeld eingeübt und ausgeprägt (vgl. Nussbaum 2015, S. 30) – aber die Möglichkeiten und Bedingungen zur Ausprägung aller Fähigkeiten unterliegen vielfältigen Benachteiligungen, die u. a. an das Geschlecht, die Position im sozialen und ökonomischen Gefüge oder die ethnische Herkunft geknüpft sein können.

Nussbaum geht es um die Möglichkeit zur Ausprägung dieser Fähigkeiten und die dafür notwendigen gesellschaftlichen Rahmenbedingungen, nicht aber unbedingt um ihre tatsächliche Realisation. Ob und wie weit Menschen ihre grundlegenden Fähigkeiten entwickeln und einsetzen wollen, ist ihnen selbst überlassen. Nussbaum unterscheidet deshalb zwischen Fähigkeiten (»capabilities«) und den tatsächlich realisierten Tätigkeiten in der konkreten Lebenspraxis (»functionings«) (vgl. Nussbaum 2016, S. 57).

In Nussbaums Theorie wie auch bei Amartya Sen werden die Freiheit des oder der Einzelnen, die Chancengleichheit und die Gerechtigkeit miteinander verbunden und in einen globalen Kontext eingebettet (vgl. Huster 2018a, S. 120ff). Vor allem für Nussbaum spielt der Staat eine entscheidende Rolle. Er muss rechtliche und politische Rahmenbedingungen schaffen, die es allen Menschen ermöglichen, ihre Fähigkeiten auszuprägen und, sofern sie dies wünschen, auch zu realisieren. Die für die Realisierung nötigen Ressourcen – allen voran Bildung, politische Rechte und Freiheiten sowie gesundheitsförderliche Lebensbedingungen – müssen vom Staat bereitgestellt und rechtlich garantiert werden. – Auf diese und auch auf andere Auffassungen von den Aufgaben des (Sozial-)Staates wird in Kapitel 3.1 und 3.2 näher eingegangen (▶ Kap. 3.1; ▶ Kap. 3.2).

Selbst wenn Rahmenbedingungen und Ressourcen so ausgestaltet und zugänglich sind, dass sie ein Höchstmaß an Freiheit und Lebens-

---

Themen Armut, soziale Ungleichheit, Verteilungsgerechtigkeit und Entwicklungspolitik gewürdigt.
12 Zum Menschenbild Martha Nussbaums und ihrer Liste der menschlichen Fähigkeiten vgl. die ausführliche Darstellung in Kuhlmann, Mogge-Grotjahn, Balz 2018, S. 43–53.

2.1 Gesellschaftstheoretische Grundlagen

chancen für alle ermöglichen, bleibt eine zentrale Frage offen: Wie und unter welchen Bedingungen können und wollen sich Menschen über ihre eigenen Bedürfnisse und Interessen hinaus mit dem Gemeinwesen und dem Staat, den Menschenrechten und dem allgemeinen Guten identifizieren? Eine ausschließlich kognitive Einsicht in die Notwendigkeit von verbindlichen Maßstäben und Regeln des Zusammenlebens reicht nach Nussbaum hierfür nicht aus. Vielmehr bedarf es solcher »politischer Emotionen«, durch die sich Menschen positiv mit den Grundwerten der Freiheit, Gerechtigkeit und Menschenwürde identifizieren können und motiviert sind, sich für das Gemeinwohl einzusetzen (vgl. Nussbaum 2016, 17f).

In ihrer allgemeinen Theorie der Emotionen bezieht Nussbaum sich auf kognitionspsychologische und neurowissenschaftliche Forschung. Zentral für ihre Argumentation ist die Erkenntnis, dass Emotionen – anders als Instinkte – stets an kognitive und bewertende Inhalte gekoppelt sind. Emotionen können dazu beitragen, wichtige Ziele eines Landes bzw. einer Nation voranzutreiben – z. B. das Ziel, Not und Elend zu überwinden, die Menschenwürde aller Menschen zu achten und die Inklusion von Menschen mit Beeinträchtigungen zu realisieren. Auf der anderen Seite sind es aber gerade auch Emotionen, die genau solche politischen Ziele behindern, indem sie gesellschaftliche Spaltungen herbeiführen und Konflikte auslösen oder verstärken (vgl. Nussbaum 2016, S.11f). Hierfür gab und gibt es immer wieder Beispiele, wie etwa Gewalt und Übergriffe gegen Flüchtlingsunterkünfte oder Menschen mit Migrationsgeschichte, gegen Angehörige jüdischen Glaubens, gegen Menschen, die andere als heterosexuelle Orientierungen leben, sowie die in der Einleitung erwähnten gewaltbereiten und antidemokratischen Bewegungen.

Nussbaum setzt sich dafür ein, eine »öffentliche Gefühlskultur« zu fördern, durch die Emotionen wie Mitgefühl und Zuneigung unterstützt werden (vgl. Nussbaum 2016, S. 13). Nur so könne eine Spaltung der Gesellschaft in solche, die ›dazugehören‹, und solche, die ausgegrenzt werden, vermieden werden. Durch Politik, Gesetzgebung und Rechtsprechung können und müssen demnach die Voraussetzungen dafür geschaffen werden, Zugehörigkeit und Respekt sowie Teilhabe für alle zu garantieren und zu erhalten.

2.2 Politik- und demokratietheoretische Grundlagen

Im vorangegangenen Abschnitt wurden moderne Grundwerte wie Menschenrechte, Freiheit, Gerechtigkeit und Teilhabe angesprochen. Im Folgenden geht es nun um die politischen Strukturen moderner Gesellschaften. Seit dem 16. Jahrhundert entwickelten sich, vorwiegend in Westeuropa, neuartige Herrschaftsstrukturen, die sich u. a. durch eine Zentralisierung der Macht und die Entwicklung ebenfalls zentraler Verwaltungsstrukturen auszeichneten. Die staatliche Herrschaft bezieht sich auf ein bestimmtes Territorium, das so genannte »Staatsgebiet«, dessen Bevölkerung das »Staatsvolk« bildet (vgl. de Wall 2016, Sp. 1470ff).

Die meisten Staaten sind »Nationalstaaten«, d. h., das zu ihnen gehörende und von ihnen organisierte Gemeinwesen ist gleichbedeutend mit einer Nation.

> **Nation**
>
> Der Begriff der Nation zielt eher auf die kulturelle Identität ab, die häufig durch eine tatsächliche oder vermeintliche gemeinsame Abstammung, eine gemeinsame Sprache und/oder religiös und historisch begründet wird. Mit dem Begriff des Staates ist dagegen die Gesamtheit der politischen, rechtlichen und bürokratischen Strukturen gemeint. Beides bezieht sich in der Regel auf das gleiche Staatsgebiet, doch gibt es in Geschichte und Gegenwart auch immer wieder Beispiele dafür, dass »Staat« und »Nation« nicht identisch sind[13].

Immer wieder gab und gibt es politische und häufig sogar bewaffnete Auseinandersetzungen über die Gründung neuer Staaten, weil die Bevölkerung eines bestimmten Territoriums sich nicht der Mehrheitsbe-

---

13 Speziell zur »deutschen Nation«, ihrer Entstehungsgeschichte und heutigen Positionsbestimmungen vgl. Münkler 2013.

2.2 Politik- und demokratietheoretische Grundlagen

völkerung im vorhandenen Staatsgebiet zugehörig fühlt und/oder als Minderheit politisch und kulturell unterdrückt wird. Aktuelle Beispiele für solche Auseinandersetzungen sind etwa die Unabhängigkeitsbewegung der baskischen Bevölkerung im Norden Spaniens oder der Kampf der in der Türkei, in Syrien und auch im Irak lebenden Kurd_innen um einen eigenen Staat. – In der Regel verbinden sich der Wunsch nach einer Übereinstimmung von Staatsgebiet und kultureller Zugehörigkeit bzw. nationaler Identität mit politischen und ökonomischen Interessen. Umgekehrt gilt dies auch für die staatliche Bekämpfung solcher regionaler Autonomiebestrebungen.

Ob alle Menschen, die in einem Staatsgebiet leben, auch als dessen »Staatsbürgerinnen und Staatsbürger« gelten, hängt von der Verfassung und den Gesetzen des betreffenden Staates ab[14]. Mitglied einer Gesellschaft zu sein, ist also nicht immer gleichbedeutend damit, Bürgerin oder Bürger des Staates zu sein, auf dessen Territorium sich diese Gesellschaft befindet. Dieser Tatbestand kann erhebliche Auswirkungen auf die Teilhabechancen von Personen oder Personengruppen haben. So werden Geflüchteten oder Menschen, die in einem anderen Staat geboren wurden als dem, in dem sie dauerhaft leben, häufig die staatsbürgerlichen Teilhaberechte nicht zugestanden. Ebenso ist es möglich, dass Personengruppen zwar über die Staatsbürgerschaft verfügen, aber als Angehörige kultureller oder religiöser Minderheiten diskriminiert und von Teilhaberechten ausgeschlossen werden.

Staaten verfügen über politische Institutionen, durch die die Wege der Entscheidungsfindung und die Verfügung über Macht und Einfluss in ihren Staatsgrenzen festgelegt sind. Der heute in Europa vorherrschende Staats- und Gesellschaftstypus ist der eines demokratisch verfassten Nationalstaates mit einer hochgradig arbeitsteiligen Ökonomie und ei-

---

14 Beispielsweise hängt in der Bundesrepublik Deutschland die Staatsbürgerschaft von der Herkunft, also der Nationalität der Eltern, ab, während in den Vereinigten Staaten von Amerika alle diejenigen Personen als Staatsbürger_innen gelten, die auf dem Territorium der USA geboren wurden. Auf Besonderheiten wie die doppelte Staatsbürgerschaft oder das so genannte Optionsmodell für in Deutschland geborene Kinder nicht-deutscher Eltern kann hier nicht näher eingegangen werden. – Zum gesamten Themenkomplex der Staatsbürgerschaft und Bürgerschaft vgl. Faist 2013.

nem mehr oder minder umfassenden System sozialstaatlicher Versicherung, Versorgung und Fürsorge (vgl. Boeckh u. a. 2017, S. 154ff). Im Einzelnen gibt es aber große Unterschiede in den Verfassungen und Regierungsformen (vgl. Kimmel 2000). »Demokratie« bedeutet die Herrschaft bzw. Machtausübung des Volkes.[15] Demokratische Regierungen müssen auf eine geregelte und auf Konsens beruhende Weise vom Volk gewählt werden und kontrollierbar sein, wobei die Wahlsysteme große Unterschiede aufweisen können. Demokratieformen unterscheiden sich darin,

- wie stark die repräsentativen und die direktdemokratischen Elemente ausgeprägt sind;
- welche Rolle politische Parteien spielen;
- ob die Parlamente mehrere Ebenen umfassen; ob es sich um zentralistische oder um föderale Staaten handelt;
- welche Rolle dem Staatsoberhaupt zukommt;
- wie und von wem dieses gewählt wird, u. a. m.

Diese vielen verschiedenen Systeme zu analysieren und miteinander zu vergleichen, ist einer der Gegenstände politikwissenschaftlicher und insbesondere demokratietheoretischer Forschung. Sie trägt auch dazu bei herauszufinden, welche Vor- und Nachteile die verschiedenen Systeme in Blick auf die Teilhabechancen der Bevölkerung haben (vgl. Schmidt u. a. 2007; Schmidt 2010).

Entscheidende Kriterien dafür, ob es sich bei einem gegebenen Staat um eine Demokratie handelt, sind das Vorhandensein einer (zumindest kumulativen[16]) Verfassung (Grundgesetz) und eine funktionierende Gewaltenteilung. Letztere sorgt dafür, dass die Gesetzgebung (»Legislative«), die ausführenden Organe der Regierung und der Verwaltung

---

15 Die unterschiedlichen Formen von Herrschaft (und Macht) hat der deutsche Soziologe Max Weber (1864–1920) grundlegend erforscht. Wesentliche Unterschiede bestehen ihm zufolge zwischen legitimen, bürokratischen, traditionalen und charismatischen Herrschaftsformen (vgl. Weber 2008; ursprünglich 1922/1956).
16 So hat das Vereinigte Königreich kein einzelnes, umfassendes Verfassungsdokument.

2.2 Politik- und demokratietheoretische Grundlagen

(»Exekutive«) und die Rechtsprechung (»Judikative«) unabhängig voneinander arbeiten und sich gegenseitig kontrollieren

Nach dem Ende des Zweiten Weltkrieges und des Nationalsozialismus kam den vier Siegermächten, also den Vereinigten Staaten von Amerika (USA), der Sowjetunion (SU), Frankreich und Großbritannien, die Aufgabe zu, für einen demokratischen Wiederaufbau der deutschen Gesellschaft zu sorgen. Zwischen 1945 und 1949 entstanden in konfliktreichen Prozessen die Grundstrukturen der beiden deutschen Staaten, also der Bundesrepublik Deutschland (BRD) im Westen und der Deutschen Demokratischen Republik (DDR) im Osten Deutschlands. Diese beiden Staaten gehörten unterschiedlichen weltpolitischen Bündnissen an. Während in der DDR ein sozialistisches Gesellschafts- und Wirtschaftssystem etabliert wurde, entstand die BRD als parlamentarische Demokratie mit einem kapitalistischen Wirtschaftssystem, das als soziale Marktwirtschaft ausgestaltet werden sollte. Nach der Vereinigung beider deutscher Staaten zur jetzigen Bundesrepublik Deutschland (BRD) im Jahr 1990 wurden das bis dahin in Westdeutschland etablierte politische und ökonomische System und auch die wohlfahrtsstaatlichen Strukturen des früheren Westdeutschlands zur Basis der weiteren Entwicklung der gesamten BRD gemacht.[17]

Die wiederholten Bemühungen darum, in Deutschland eine demokratische Gesellschaft entstehen zu lassen, waren geprägt von den Erfahrungen zunächst des Kaiserreiches (1871–1918) und dann des Nationalsozialismus (1933–1945) nach dem Scheitern der demokratisch verfassten Weimarer Republik (1918–1933), aber auch von den damals

---

17 Zwischen 1989, dem eigentlichen Ende der DDR, und 1990, der offiziellen Vereinigung beider deutscher Staaten, gab es vielfach Bemühungen von Mitgliedern der ostdeutschen Bürgerrechtsbewegungen, bestimmte Elemente der ostdeutschen politischen und gesellschaftlichen Strukturen in eine neue gesamtdeutsche Verfassung aufzunehmen. Warum dies nicht gelungen ist und stattdessen eine nahezu vollständige Integration in das bestehende westdeutsche System stattgefunden hat, kann an dieser Stelle nicht ausgeführt werden (vgl. hierzu Bundeszentrale für politische Bildung 2010). Für den hier dargestellten Zusammenhang der politischen Strukturen mit der Teilhabe-Thematik wird deshalb die Geschichte der DDR nicht weiter berücksichtigt, was aber keineswegs als Ausdruck von Bedeutungslosigkeit gewertet werden sollte. – Für eine erste Orientierung zum politischen System der DDR vgl. Voigt 2013.

aktuellen Entwicklungen in den kommunistischen Staaten der SU (1917–1991) und des sich nach 1945 bildenden Ostblocks. Um zukünftig die demokratischen Strukturen vor totalitären Machtübernahmen und antidemokratischen Bewegungen zu schützen, wurde die »freiheitlich-demokratische Grundordnung« entwickelt.

> **Freiheitlich-demokratische Grundordnung**
>
> Die freiheitlich-demokratische Grundordnung zeichnet sich dadurch aus, dass über die schon erwähnte, allgemeine Gewaltenteilung hinaus föderalistische Strukturen eingeführt, die Bedeutung der politischen Parteien gestärkt und, zumindest auf der zentralen Bundesebene, plebiszitäre, d. h. direktdemokratische Elemente begrenzt wurden. Dadurch sollte die Macht auf die verschiedenen politischen Ebenen des Bundes, der Bundesländer und der Kommunen verteilt und der Einfluss antidemokratischer Kräfte begrenzt werden (vgl. Rudzio 2019, S. 25ff).

Dass die Bundesrepublik Deutschland ein föderal gegliederter Staat ist, bedeutet, dass die zentrale Ebene der Bundesregierung in einem Wechselspiel steht mit der dezentralen Ebene der Bundesländer. Innerhalb der Bundesländer wird wiederum den Kommunen ein großer Handlungsspielraum zugestanden.

Bundespolisch werden die Rahmenbedingungen durch Gesetze vom Deutschen Bundestag festgelegt, die (je nach Politikfeld) von der Vertretung der Bundesländer, dem Bundesrat, gebilligt und von den Ländern umgesetzt und ausgestaltet werden müssen. Dies betrifft etwa die Sozial-, Wirtschafts- und Steuerpolitik, nicht aber die Außenpolitik, die »Bundessache« ist und daher vom Bundestag allein verantwortet wird. Unter anderem in der Bildungs- und Kulturpolitik haben die einzelnen Bundesländer auch eigenständige gesetzgeberische Aufgaben, ebenso bei der Gestaltung der öffentlichen Verwaltung und in Teilen der Gesundheits- und Sozialpolitik (vgl. Rudzio 2019, S. 35f)[18].

Über die Vor- und Nachteile dieser föderalen Struktur wurde und wird immer wieder kontrovers diskutiert – zuletzt im Zusammenhang

2.2 Politik- und demokratietheoretische Grundlagen

mit der Corona-Pandemie ab 2020, als die Maßnahmen zur Bekämpfung der Pandemie von Bundesland zu Bundesland sehr unterschiedlich getroffen wurden. Aber auch in der Ausgestaltung der Schulpolitik oder der Kinderbetreuung werden die unterschiedlichen politischen Zielvorstellungen der in den jeweiligen Landesparlamenten vertretenen politischen Parteien sehr deutlich.

Das Grundgesetz (GG) sieht eine starke Stellung der Kommunen vor. So wird ihnen in Artikel 28 Absatz 2 das Recht eingeräumt, »alle Angelegenheiten der örtlichen Gemeinschaft im Rahmen der Gesetze in eigener Verantwortung zu regeln«, wobei sie verpflichtet sind, »gleichwertige Lebensverhältnisse im Bundesgebiet« herzustellen (GG Art. 72 Abs. 2). Auch auf europäischer Ebene werden den Kommunen der Mitgliedsstaaten starke Selbstverwaltungsrechte und Gestaltungsfreiheiten zugesichert (vgl. Becker 2020a, S. 32).

Den Kommunen kommt vor allem die Aufgabe der »Daseinsvor- und -fürsorge« zu. Dazu gehört die Versorgung der Bürger_innen mit allen für sie nötigen Gütern und Dienstleistungen. Diese umfassen

- den Bereich der Bildung und Kultur (z. B. Schulen, Volkshochschulen, Theater, Bibliotheken, Museen etc.),
- die soziale und gesundheitliche Hilfe und Versorgung (z. B. Kindertagesstätten, Jugendzentren, Altenheime, Krankenhäuser etc.),
- den Wohnungsbau,
- die technische Versorgung (z. B. öffentlicher Nahverkehr, Müllentsorgung, Feuerwehr, Friedhofsverwaltung etc.) sowie
- Einrichtungen der Freizeit und Erholung (z. B. Grün- und Sportanlagen, Schwimmbäder, Spielplätze etc.) (vgl. Rudzio 2019, S. 321f).

Weil diese Bereiche die alltägliche Lebensqualität der Bürger_innen unmittelbar betreffen, ist die politische Ebene der Kommunen sowohl für

---

18 Diese Form von Föderalismus wird auch als »Exekutionsföderalismus« bezeichnet, da den Bundesländern vor allem exekutive Aufgaben im Sinne der Umsetzung von allgemeinen Gesetzen zukommen. Anders ist dies im »Trennföderalismus«, der das politische System der USA kennzeichnet; hier haben die Einzelstaaten und der Bundesstaat weitgehend getrennte Zuständigkeiten (vgl. Rudzio 2019, S. 36).

die Soziale Arbeit als auch für die politische Teilhabe der Bürger_innen von zentraler Bedeutung. Allerdings konkurrieren die kommunalen Angebote der Daseinsvorsorge gerade im sozialen und gesundheitlichen Bereich häufig mit privatwirtschaftlichen Angeboten der Daseinsvorsorge, zumal viele Kommunen aus finanziellen Gründen einen Teil ihrer Aufgaben privatisiert haben. Das wiederum hat Rückwirkungen sowohl auf die Verbindlichkeit von Qualitätsstandards als auch auf die Teilhabemöglichkeiten der Bürger_innen (vgl. Burmester 2018).

Auf der nationalstaatlichen, also der Bundesebene, ist die Direktdemokratie in Deutschland nur schwach ausgeprägt; hier überwiegen die repräsentativ-demokratischen Mechanismen. So wird der Bundespräsident oder die Bundespräsidentin nicht direkt gewählt. Dagegen sind in den Landesverfassungen der Bundesländer Initiativrechte und Volksabstimmungen als direktdemokratische Elemente vorgesehen. Am stärksten ausgeprägt ist die unmittelbare Bürgerbeteiligung auf der kommunalen Ebene.

Die Rechte der Bürger_innen, z. B. Versammlungs- und Beteiligungsrechte, sind in zahlreichen Bundes- und Landesgesetzen sowie in den Gemeindeordnungen verankert. Auf kommunaler Ebene gehören dazu je nach Bundesland unterschiedlich ausgestaltete Bürger_innen- oder Einwohner_innenversammlungen, Bürger_innenfragestunden oder Bürger_innenbegehren sowie »Beiräte sachkundiger Bürgerinnen und Bürger«, etwa Integrations- bzw. Migrationsbeiräte, Senior_innenbeiräte, Jugendparlamente, Quartiersbeiräte u. a. m. (vgl. Becker 2020a, S. 33f).

Die erwähnten Teilhabemöglichkeiten von Bürger_innen, vor allem auf kommunaler Ebene, sind nur ein Element des hier grob skizzierten gesamten Systems der geteilten Staatsfunktionen und -gewalten. In diesem System bewegen sich die politischen Akteur_innen, Parteien und Organisationen, durch die die einzelnen Staatsbürger_innen Einfluss nehmen können auf die politischen Entscheidungen.

Politische Parteien

Politische Parteien formulieren und vertreten die Interessen und den politischen Willen ihrer Mitglieder und ihrer Wähler_innen und

2.2 Politik- und demokratietheoretische Grundlagen

> bringen diese in repräsentativer Art und Weise in die politischen Institutionen, vorzugsweise in Parlamente, ein.

Allerdings haben es bestimmte Bevölkerungsgruppen schwerer als andere, ihre Interessen mithilfe der repräsentativ gewählten Gremien zu verfolgen – hierauf wird in Kapitel 3.4 im Abschnitt über »starke und schwache Interessen« näher eingegangen (▶ Kap. 3.4).

Außerdem gibt es auch politische Akteur_innen, die nicht gewählt sind. Dazu gehören Lobbyisten, die ihre zumeist ökonomischen Interessen dadurch verfolgen, dass sie durch persönliche Kontakte oder sonstige Anreize versuchen, Einfluss auf die Gesetzgebung und/oder das Abstimmungsverhalten von Abgeordneten zu nehmen. Schwer kontrollierbar ist auch der Einfluss von Expert_innen wie Wissenschaftler_innen oder anderen fachkundigen Personen. Je komplexer die Sachverhalte sind, um die es im Gesetzgebungsverfahren gilt, desto notwendiger, aber unter Teilhabe-Gesichtspunkten und im Sinne der parlamentarischen Demokratie problematischer erscheint das. Dieses Dilemma wurde während der Corona-Pandemie besonders deutlich (vgl. Kropp 2020).

Grundsätzlich wird in den meisten Demokratietheorien davon ausgegangen, »dass ein politisches System dann gut ist, wenn möglichst viele Bürgerinnen und Bürger an Entscheidungsprozessen teilhaben können« (Wurzbacher 2014, S. 100). Damit ist aber kein naives Verständnis von Demokratie gemeint, das sich ausschließlich auf die Verfahren zur Mehrheitsgewinnung bezieht. Vielmehr geht es immer auch um die Bewahrung und/oder Realisierung der demokratischen Grundwerte der Freiheit, Menschenwürde und Gleichheit. Das Grundgesetz der Bundesrepublik Deutschland definiert diese und weitere Grundwerte in seinen ersten Artikeln und stellt diese ausdrücklich unter Schutz. Dadurch soll verhindert werden, dass antidemokratische Kräfte Mehrheiten gewinnen können, so wie es nach dem verlorenen Ersten Weltkrieg und der Weltwirtschaftskrise Ende der 1920er Jahre in Deutschland geschehen ist. Damals verloren die demokratischen Parteien der Weimarer Republik die parlamentarische Mehrheit, und die Nationalsozialisten konnten, durch Wahlen formal legitimiert, die Macht ergreifen (zunächst erst mithilfe einer bürgerlich-rechtsextremen Koalition). Wie leicht die Demokratie gefährdet werden kann, zeigen die aktuellen Erfolge populistischer Bewegungen, die sich nicht an den Grundrechten der Menschenwürde und der Demokratie orientieren (vgl. Rudzio 2019, S. 30ff). Dies gilt nicht nur für die Bundesrepublik Deutschland, sondern auch für viele andere demokratisch verfasste Gesellschaften.

Trotz – oder gerade wegen – dieser kritisch zu beurteilenden Tendenzen ist an dem Ziel möglichst umfassender Teilhabechancen für alle Bürger_innen festzuhalten. Dieses Ziel geht über eine Repräsentation vielfältiger Interessen in Parteien und politischen Entscheidungsgremien weit hinaus. Die empirische Parteienforschung zeigt, dass das Spektrum der demokratischen Parteien weder in ihrer Mitglieder- noch in ihrer Wählerschaft die Gesamtbevölkerung repräsentiert (vgl. Schäfer 2015) und einen solchen Anspruch auch gar nicht erfüllen könnte (vgl. Rudzio 2019, S. 136ff). Schon aus diesem Grunde erscheint es sinnvoll und notwendig, dass es über die politischen Parteien hinaus weitere Organisationsformen zur Interessenvertretung und Teilhabe breiter Bevölkerungsgruppen gibt.

In beteiligungstheoretischer Perspektive geht es nicht allein um das korrekte Zustandekommen politischer Entscheidungen, sondern Teilhabe gilt als Wert an sich und als das eigentliche Ziel eines umfassenden, alle gesellschaftlichen Bereiche umfassenden Politikverständnisses.

Allerdings muss es dann auch tatsächlich etwas zu entscheiden – und nicht nur mitzureden – geben. So merkt Wurzbacher kritisch an, dass auf der kommunalen Ebene die direktdemokratischen Elemente zu einem Zeitpunkt ausgebaut wurden, als die tatsächlichen Handlungsspielräume der Kommunen aus finanziellen Gründen deutlich zurückgingen: »Zugespitzt könnte man sagen, die BürgerInnen dürfen jetzt zwar mehr mitentscheiden, faktisch gibt es aber immer weniger zu gestalten, weil das Geld dazu fehlt« (Wurzbacher 2014, S. 107). Teilhabe, die diesen Namen verdient, braucht auch ausreichende Ressourcen.

Der britische Soziologe Thomas Humphrey Marshall (1893–1982) hat bereits 1950 eine umfassende Theorie über die Bürgerrechte und den Wohlfahrtsstaat vorgelegt. In seiner Theorie wird deutlich, dass es mehr als nur der repräsentativen politischen Institutionen und des Wahlrechtes bedarf, um wirklich allen Bürger_innen zur Teilhabe zu verhelfen. Ausgangspunkt für Marshall ist die Spannung zwischen der

2.2 Politik- und demokratietheoretische Grundlagen

durch die kapitalistische Ökonomie verursachten sozialen Ungleichheit einerseits und dem Gleichheitsanspruch der politischen Demokratie andererseits. Für diesen Anspruch steht bei Marshall der Begriff der »Citizenship«, d. h., dass durch die Zuerkennung der Staatsbürgerschaft allen Bürger_innen die gleichen Rechte garantiert werden.

Marshall unterscheidet verschiedene »Ebenen« bzw. Arten von Rechten:

- »Civil rights«, das sind die individuellen Rechte zur Gestaltung des gesellschaftlichen Lebens, z. B. das Versammlungs- und das Vertragsrecht sowie die Redefreiheit.
- »Political rights«, das sind die Partizipationsrechte in der Politik, z. B. das aktive und das passive Wahlrecht und das Recht, politischen Parteien oder Organisationen anzugehören.
- »Social rights«, das sind die Rechte und Ansprüche auf wohlfahrtsstaatliche Leistungen und Unterstützung.
- »Industrial rights«, das sind die Arbeitnehmerrechte, die u. a. in Tarifverträgen zwischen Arbeitgebern und Gewerkschaften ausgehandelt werden (vgl. Marshall 1992/1950, S. 40f).

Erst durch die Sicherstellung der »Social Rights« wird die mit der Staatsbürgerschaft versprochene Teilhabe aller Bürger_innen an der Gesellschaft sichergestellt. Wohlfahrtsstaatliche Maßnahmen sollen nach Marshall die Lebensbedingungen der Armen verbessern und dazu führen, dass soziale Ungleichheit verringert wird. Vor allem das Bildungssystem, das Gesundheitssystem und das System der sozialen Sicherheit sollen so ausgestaltet werden, dass alle Menschen »ein kulturell angemessenes, dem allgemeinen gesellschaftlichen Wohlstand entsprechendes Lebensniveau« genießen können (Kronauer 2010, S. 29, unter Bezug auf Marshall 1992, S. 40).

Die meisten Staats- und Demokratietheorien setzen den Nationalstaat als Grundeinheit voraus, innerhalb dessen Grenzen dann Fragen der Verteilung von Ressourcen, der Gerechtigkeit und Anerkennung sowie Fragen der Repräsentativität und Teilhabe gelöst werden müssen. Tatsächlich aber sind »viele der drängendsten Probleme ..., vor denen Menschen stehen, die in Nationalstaaten leben, ... heute auch internationale Probleme« (Nussbaum 2016, S. 31). Dazu gehören internationale Wirtschaftsstrukturen und Konzerne, Zoll- und Handelsfragen, Finanzpolitik, aber auch die Umwelt- und Klimapolitik, die Flüchtlings- und Asylpolitik, Menschenrechtsfragen und vieles mehr. Neben weltweit agierenden Institutionen, wie etwa der Welthandels- und der Weltgesundheitsorganisation, gibt es regional begrenzte Institutionen, wie z. B. den Verband Südostasiatischer Staaten. Die Europäische Union umfasst im Vergleich solcher regionalen Zusammenschlüsse ein besonders umfangreiches Gefüge von Institutionen (etwa das direkt gewählte Europäische Parlament), Regelungskompetenzen (etwa in der Geld- und der Gleichstellungspolitik) sowie deren Nutzung (Vereinbarung europäischer Mindeststandards etwa in der Steuer- und Umweltpolitik) und weist damit staatsähnliche Strukturen auf (vgl. Rudzio 2019, S. 369).

Die Bundesrepublik Deutschland ist in diese vielfältigen internationalen Systeme eingebunden, wodurch viele Fragen aufgeworfen werden, z. B.: Welche Rolle spielen EU-weite Abkommen und Gesetze bei der Ausgestaltung der bundesrepublikanischen Sozial- und Wirtschaftspolitik? Wie weit kann und will die Europäische Union Einfluss nehmen auf die Rechtsstaatlichkeit und Meinungsfreiheit in einzelnen ihrer Mitgliedstaaten? Was bedeutet es für die Teilhabe von Menschen mit Behinderungen, dass die Bundesrepublik Deutschland die UN-Behindertenrechtskonvention (UN-BRK) unterzeichnet und ratifiziert hat?

Generell führt die »Mehr-Ebenen«-Struktur von föderaler, nationalstaatlicher, europäischer und globaler Politik dazu, dass die nationale Politik überfordert ist und in zunehmende Legitimationszwänge gerät (vgl. Huster 2018a, S. 125). Auch die Frage nach der sozialen Gerechtigkeit lässt sich nicht mehr ohne Weiteres im Rahmen von Nationalstaaten beantworten, denn zu den ungleichen und damit tendenziell ungerechten Strukturen innerhalb der einzelnen Gesellschaften kommen die ebenso ungleichen und damit tendenziell ebenso ungerechten Strukturen zwischen den verschiedenen Gesellschaften und auch zwischen den verschiedenen Regionen der Welt hinzu. Vor allem für die Sozialpolitik und in der Folge für die Soziale Arbeit haben diese internationalen Verflechtungen erhebliche Konsequenzen (vgl. Mau, Verwiebe 2013).

Die Europäische Union versucht diesen Problemen mit unterschiedlichen Instrumentarien und Strategien zu begegnen. Diese reichen von

2.2 Politik- und demokratietheoretische Grundlagen

umfangreichen Berichtspflichten bis zu gemeinsam beschlossenen und umzusetzenden Programmen, beispielsweise zur Armutsbekämpfung oder auch zur Stärkung politischer und gesellschaftlicher Partizipation (vgl. Zimmermann, Boeckh 2018, S. 794ff).

Für die Bevölkerung sind mit der Internationalisierung und Globalisierung von Ökonomie, Politik, digitalen Medien und vieler anderer Bereiche Vorteile wie Mobilität und weltweite Kommunikationsmöglichkeiten verbunden. Andererseits führen diese Entwicklungen zu großen Hürden für die Teilhabe der Einzelnen. Das liegt vor allem daran, dass ihre Einflussmöglichkeiten, ebenso wie die der nationalstaatlich organisierten politischen Institutionen, auf internationaler Ebene gering sind. Zwar werden regelmäßig Wahlen zum Europaparlament durchgeführt, doch bleibt diese Politikebene dem Verständnis und der realen Einflussnahme der Bevölkerung in den einzelnen Staaten weitgehend entzogen. Die oft sehr abstrakten Zusammenhänge sind nur schwer zu durchschauen, und es gibt wenige Möglichkeiten der Einflussnahme. Zudem ist es schwierig, sich auch emotional mit diesen europäischen und sogar weltweiten Strukturen und Wirklichkeiten zu verbinden bzw. sich mit ihnen zu identifizieren. So entsteht eine zunehmende und

»frustrierende Diskrepanz zwischen unentwegt beschworenen bürgerschaftlichen Kompetenzen einerseits und kaum noch durchschaubaren und beeinflussbaren Verhältnissen der formellen und informellen Mehrebenensteuerung in den modernen Demokratien andrerseits. Auch die verschiedentlich als Heilmittel angepriesenen Mittel ›Dezentralisierung‹ und ›mehr Beteiligung‹ sind zweischneidig: sie vermindern nicht die Komplexität, sondern vergrößern sie« (Schmidt 2010, S. 500).

Ein Beispiel für die Problematik der politischen Teilhabe der Bevölkerung in der Europapolitik war der so genannte »Brexit«, also der Austritt Großbritanniens aus der Europäischen Union. An einer Volksabstimmung im Jahr 2016 beteiligten sich 72,2 % aller Wahlberechtigten, von denen 52 % für den Brexit stimmten und 48 % dagegen. In den darauf folgenden vierjährigen Austrittsverhandlungen gab es immer wieder Initiativen für eine erneute Volksabstimmung, da sich in der Zwischenzeit deutlich mehr als die ursprünglich 72,2 % an der Meinungsbildung beteiligen wollten und viele Bürger_innen sich im Nachhinein nicht ausreichend über die Konsequenzen der Austrittsentscheidung informiert fühlten. Das konnte aber nichts mehr daran ändern, dass Großbritannien am 31. Januar 2021 die EU verlassen hat (vgl. Bundeszentrale für politische Bildung 2020a).

2.3 Kommunikation und Öffentlichkeit und die besondere Rolle der Medien in modernen Gesellschaften

Im vorhergehenden Abschnitt ging es um die Strukturen und Ebenen der politischen Meinungsbildung und Entscheidungsprozesse. Bürger_innen, die sich daran beteiligen wollen, stehen verschiedene Möglichkeiten offen: Sie können sich an konventionellen Politikformen beteiligen, also an Wahlen und Abstimmungen teilnehmen, oder in politischen Parteien und Organisationen mitarbeiten; sie können aber auch unkonventionelle Politikformen nutzen, sich z. B. in Bürger_inneninitiativen engagieren oder an Protestaktionen und Initiativen unterschiedlichster Art beteiligen.

Seit Ende der 1960er Jahre hat die Bedeutung der unkonventionellen Formen der politischen Beteiligung in allen Demokratien zugenommen. Einer von vielen Indikatoren hierfür ist der Rückgang der Mitgliederzahlen von politischen Parteien und Gewerkschaften, während gleichzeitig immer mehr Menschen sich in Vereinen und Initiativen aller Art engagieren (vgl. Adloff 2013, S. 917ff). Vor allem jüngere und gut gebildete Menschen haben sich in den letzten Jahrzehnten für solche Politikformen engagiert und dadurch auch zu einem erweiterten Verständnis von Partizipation und Teilhabe beigetragen. Dieses umfasst alle Lebensbereiche, also die gesamte »soziale Welt« (vgl. Biermann u. a. 2014, S. 9). Zur sozialen Welt gehören der politische und der ökonomische Bereich ebenso wie der Alltag und alle Erscheinungsformen von Kultur. Prinzipiell können alle Themen und Anliegen von Bürger_innen in den Fokus ihrer Teilhabe-Wünsche bzw. -Ansprüche gelangen.

2.3 Kommunikation und Öffentlichkeit und die besondere Rolle der Medien

Die weiter oben im Zusammenhang der »strukturfunktionalen Systemtheorie« (▶ Kap. 2.1) erwähnte Spezialisierung eines Teilbereichs der Gesellschaft auf die »Politik« und das damit verbundene Expertentum wird dadurch in Frage gestellt. Zugleich gewinnen sowohl Expert_innen als auch soziale Bewegungen und Gruppierungen aller Art an Einfluss.

Um an der sozialen Welt aktiv teilhaben zu können, bedarf es der Sprache und der Interaktion, mehr noch: Sprache und Interaktion erschaffen erst die soziale Welt. In Weiterführung der bereits erwähnten sozialkonstruktivistischen Theorien und des damit eng verwandten Symbolischen Interaktionismus hat der deutsche Soziologe Jürgen Habermas (geb. 1929) die Bedeutung von Sprache für die »Menschwerdung« des Menschen herausgearbeitet. Nur durch die Sprache ist es, so Habermas in seiner »Theorie des kommunikativen Handelns«, möglich, verschiedene Handlungsmöglichkeiten zu entwickeln und sie normativ zu beurteilen sowie sich über die Gültigkeit von Normen zu verständigen (vgl. Habermas 1981). Habermas spricht hier von »kommunikativer Rationalität«, die er auf »die zentrale Erfahrung der zwanglos einigenden, konsensstiftenden Kraft argumentativer Rede« zurückführt (Habermas 1981, S. 28).

Eine solche Art von Kommunikation erfordert idealerweise Situationen, in denen alle über die gleichen Rechte und Möglichkeiten der Teilnahme – z. B. genügend Zeit – verfügen, sodass ein »herrschaftsfreier Dialog« entstehen kann. Dieser stellt hohe Anforderungen an die Teilnehmenden. Unter anderem müssen sie die Fähigkeit besitzen, sich umfassend zu informieren und an einem durch starke Regeln gekennzeichneten und kognitiv anspruchsvollen Kommunikationsprozess sachgemäß teilzunehmen. Der Fachbegriff für solche »argumentativ abwägende, verständigungsorientierte Beratschlagung« ist »Deliberation« (Schmidt 2010, S. 237).

Deliberation braucht Öffentlichkeit, also nicht-private soziale Räume, in denen Informationen, Erfahrungen und Meinungen ausgetauscht und kollektive Lösungen für anstehende Fragen und Probleme entwickelt werden können.

> **Öffentlichkeit**
>
> Es können drei Ebenen von Öffentlichkeit unterschieden werden: Als »Encounter-Öffentlichkeit« werden die zahllosen Kommunikationen des Alltags bezeichnet, bei denen der Übergang vom Privaten ins Öffentliche fließend ist, also beispielsweise Begegnungen in öffentlichen Verkehrsmitteln oder in Geschäften. Als »Themen- oder Versammlungsöffentlichkeit« werden orts- und zeitgebundene Veranstaltungen, Tagungen, Podiumsdiskussionen, Bürger_innenforen und weitere Formate bezeichnet. Dies sind klassische Orte der Deliberation. Die dritte Ebene ist die »Medienöffentlichkeit«, ohne die moderne Gesellschaften nicht funktionsfähig wären (vgl. Pappert, Roth 2019, S. 23f).

Die klassischen Medien der Öffentlichkeit – also Zeitungen, Rundfunk, Fernsehen und auch Kino – genügen den Ansprüchen an deliberative Verständigungsprozesse nicht unmittelbar. Sie sind im Wesentlichen ›Einbahnstraßen‹, auf denen die Produzent_innen von Informationen und Meinungen ihre Botschaften an die Konsument_innen übermitteln. Deren Macht reduziert sich weitgehend auf ihre Kauf- oder Abonnementsentscheidungen bzw. Einschaltquoten und auf die begrenzten Möglichkeiten von Leser_innenbriefen, Hörer_innen- und Zuschauer_innenpost. Mitunter können Zuschauer_innen oder -hörer_innen sich auch in Live-Foren zu Wort melden. Als Voraussetzung für die Teilhabe der Bürger_innen sind die öffentlichen Medien aber unverzichtbar, denn sie garantieren den freien und allgemeinen Zugang zu Informationen aller Art.

Die Bedeutung der (Massen-)Medien wird schon dadurch unterstrichen, dass sie häufig als »vierte Gewalt« im Staat bezeichnet werden (vgl. Hauser u. a. 2019, S. 11). In demokratischen Staaten existiert in der Regel eine Mischung aus privatwirtschaftlichen und öffentlich-rechtlichen Medien. Im Grundgesetz der Bundesrepublik Deutschland garantiert Artikel 5 die Meinungs- und Pressefreiheit. Auch die europäische Grundrechtecharta verankert die Medienfreiheit als hohes Gut. Die Schutzrechte für die Medienfreiheit betreffen auch die Kontrolle von

2.3 Kommunikation und Öffentlichkeit und die besondere Rolle der Medien

Medienkonzentrationen und sollen dafür sorgen, dass die Berichterstattung vielfältig, ausgewogen und frei ist und bleibt (vgl. Hepp, Höhn 2013, S. 572f).

In undemokratischen Gesellschaften bemächtigt sich der Staat der Kontrolle über die Massenmedien, um die Bevölkerung gezielt zu beeinflussen. Kritische Berichterstattung oder kritische Auseinandersetzungen der ›Konsument_innen‹ mit den medialen Inhalten – und sei es auch nur in Form von Leser_innenbriefen oder Ähnlichem – sind unerwünscht und werden häufig sogar rechtlich verfolgt; in manchen Ländern riskieren unabhängige und kritische Journalist_innen ihr Leben. Zunehmend gewinnen privatwirtschaftliche Medien an Bedeutung. Deren Macht wurde 2020 auf extreme Weise deutlich., als der Wahlkampf um die Präsidentschaft der Vereinigten Staaten von Amerika (USA) entscheidend über private Fernsehsender und Social Media ausgetragen wurde.

Die Vorschläge von Jürgen Habermas gehen aber weit über die öffentlich zugänglichen Medien hinaus. Es geht ihm und anderen Vertreter_innen partizipatorischer Demokratietheorien um die Schaffung von Meinungs- und Diskussionsforen, in denen sich alle interessierten Personen versammeln und in alle Fragen des Gemeinwesens einbringen können. Dabei wird grundsätzlich davon ausgegangen, dass die Bürger_innen in der Lage sind, sich an solchen Foren kompetent zu beteiligen oder aber durch entsprechende Angebote dazu befähigt werden können. Aus dieser Annahme spricht ein positives und optimistisches Bild vom Menschen als Staatsbürger_in, das mit dem Menschenbild der Sozialen Arbeit in vielerlei Hinsicht verwandt erscheint

Damit solche deliberativen Verfahren erfolgreich sein können, müssen alle Interessierten gleichermaßen Zugang zu Diskussionsforen haben. Die Beteiligten sollen auf Machtstreben verzichten und sich an hohen Standards, z. B. dem der Ehrlichkeit, orientieren. Dies setzt voraus, dass sie sowohl bereit als auch befähigt sind, sich auf solche Regeln einzulassen bzw. diese zu erlernen. Es erfordert also viel Zeit und organisatorischen Aufwand sowie Schulungs- oder Weiterbildungsmöglichkeiten, um solche Bürger_innenforen anbieten und an ihnen teilnehmen zu können (vgl. Schmidt 2010, S. 240ff).

Mit den Voraussetzungen und Bedingungen von Teilhabe-orientierter Kommunikation in großen Gruppen befasst sich u. a. die diskurstheoretische Forschung.

> **Diskurstheoretische Forschung**
>
> Es geht dabei um den jeweiligen Kontext unterschiedlicher Diskursverfahren, insbesondere um die nicht immer offenkundigen Herrschaftsverhältnisse, und um die Frage, wie rational und vernunftorientiert die Deliberation ablaufen kann und soll (vgl. Saam, Kriz 2020, S. 9–32, unter Bezug auf Habermas 1981 und 2004).

Die (zu) starke Betonung der kognitiven und rationalen Dimensionen der Kommunikation und Interaktion wird von Vertreter_innen des »demokratischen Symbolismus« kritisiert. Sie verweisen darauf, dass zur Verständigung über die Ziele und Wege gemeinsamen Handelns nicht nur der rationale Austausch von Argumenten gehört, sondern auch geteilte Erfahrungen und Affekte sowie die emotionale Identifikation (vgl. Maykus 2019, unter Bezug auf Richter 2016).

Aus den hohen Anforderungen an die Beteiligung an einer deliberativen demokratischen Praxis lässt sich allerdings auch der Umkehrschluss ziehen: Viele Bürger_innen können auf diesen Wegen keinen Zugang zur politischen Partizipation bzw. zur umfassenden Teilhabe an der sozialen Welt finden und/oder sie fühlen sich von diesen Verfahren überfordert. Die Beteiligungsforschung hat immer wieder nachgewiesen, dass sowohl der Umfang als auch die Qualität politischer Beteiligung in hohem Maße von den Ressourcen der Einzelnen abhängen, und diese Ressourcen sind gesellschaftlich ungleich verteilt. Meistens sind es politisch ohnehin schon interessierte und zudem mit starken Ressourcen wie Bildung und gutem Einkommen ausgestattete Einzelne und Gruppen, die sich in die partizipatorischen Verfahren einbringen können und wollen. Im Endeffekt kann Teilhabe also zu einer Verstärkung der politischen Ungleichheit führen (vgl. Schmidt 2010, S. 246).

Bei allen Verfahren der Teilhabe geht es immer auch um Machtverteilung zwischen den verschiedenen Akteur_innen, die durch das Schaffen von Diskussionsforen alleine nicht abgebaut werden können. Vielmehr bedarf es auch der Bereitschaft der auf den jeweiligen Handlungsfeldern politisch Verantwortlichen, Entscheidungsmacht abzugeben – und der Bereitschaft der Bürger_innen, Verantwortung zu übernehmen (vgl. Mayrberger 2014, S. 265).

Hinzu kommt, dass Partizipationsmöglichkeiten nicht grundsätzlich demokratisch oder im Sinne des Abbaus sozialer Ungleichheit bzw. gleicher Rechte und Chancen wirken. Sie können ebenso gut von demokratiefeindlichen Gruppen und Organisationen genutzt werden (vgl. Wimmer 2014, S. 59), z. B. um Stimmung gegen ›Fremde‹ zu machen oder ›Verschwörungstheorien‹ zu verbreiten. Diese Gefahr besteht nicht nur bei tatsächlichen Zusammenkünften wie beispielsweise Bürger_innenversammlungen, in denen es zu mehr oder minder offenem Gruppendruck oder auch zu unüberprüfbaren Fehlinformationen kommen kann. Gerade auch in analogen und in digitalen Medien können die Ansprüche und Regeln der rationalen Kommunikation leicht außer Kraft gesetzt werden. Deshalb weisen Kritiker_innen der partizipatorischen Demokratietheorie u. a. auf die Gefahr systematisch verzerrter Kommunikation hin – zumal »das Ideal der diskursiven Demokratie vor allem auf hoher Bewertung der kognitiven Fähigkeiten und weniger auf den affektiven Aspekten« (Schmidt 2010, S. 249) beruht. Letztere sind aber häufig viel wirksamer und handlungsleitender als rationale Einsichten – die oben erwähnte Bedeutung »politischer Emotionen« wird hier nochmals deutlich. Hinzu kommt, dass es kaum institutionalisierte Formen für deliberative Praxis gibt, dass mögliche Bürger_innenforen oder Beiräte oft intransparent zusammengesetzt sind und die Qualität und der Wahrheitsgehalt von in die Debatte eingebrachten Argumenten nicht wirklich überprüft werden können.

Spätestens an dieser Stelle muss auf die stetig gewachsene Bedeutung digitaler Medien eingegangen werden. Die Digitalisierung hat längst alle Bereiche des gesellschaftlichen Lebens erfasst – seien es die beruflichen, die privaten oder die öffentlichen und politischen Zusammenhänge.

Im politischen Bereich wurden die Möglichkeiten der digitalen Medien anfänglich mit der Hoffnung verbunden, den Bürger_innen durch technische Unterstützung und eigens entwickelte Softwareprogramme die Möglichkeit zu geben, jederzeit zu politischen Themen Vorschläge und Initiativen einzubringen, über die dann abgestimmt werden könnte. Tatsächlich können durch die Digitalisierung Verwaltungsvorgänge beschleunigt und eventuell auch bürgernäher gestaltet werden.

Unter dem Schlagwort »Liquid Democracy« wurde vor allem von der deutschen Piratenpartei das Projekt einer »verflüssigten Internet-Demokratie« (Moser 2014, S. 35f) verfolgt, um die repräsentative Demokratie durch direktdemokratische, digitale Einflussmöglichkeiten zu ergänzen. Aber nicht erst mit dem weitgehenden Abgleiten der Piratenpartei in die Bedeutungslosigkeit wurde klar, dass der Fortschrittsoptimismus nur begrenzt gerechtfertigt war und ist. Denn ob Facebook oder andere Soziale Medien: Das ›Engagement‹ der Bürger_innen beschränkt sich zumeist darauf, einige wenige ›Clicks‹ auf ihrem Computer vorzunehmen und auf diese Weise Zustimmung oder Ablehnung zu Positionen zu signalisieren, deren Urheber_innen oft nicht wirklich erkennbar sind. Wer warum in den Sozialen Medien welche Positionen verbreitet, ist oft schwer erkennbar, wird mitunter in unzutreffender Weise als privat dargestellt und bleibt häufig anonym (vgl. Moser 2014, S. 33).

Eine Kultur der Teilhabe entsteht also nicht einfach dadurch, dass neue, digitale Medien und Techniken zur Verfügung stehen. Die aus tradierten Medien wie Presse und Fernsehen bekannten Probleme der Informationsfilterung und der Beeinflussung von Meinungsbildung bestehen auch bei der Nutzung digitaler Medien weiterhin oder sogar in verschärfter Weise. Gerade in Anbetracht der Fülle von Informationen, der leichten Zugänglichkeit digitaler Medien und der technischen Manipulationsmöglichkeiten verschärft sich das Problem der Auswahl und Bewertung von Informationen (vgl. Dörre, Bukow 2014, S. 89ff). Hinzu kommt, dass die Weiterleitungsalgorithmen, beispielsweise bei YouTube oder Google, stets zu »ähnlichen« Internetseiten führen, sodass die Nutzer_innen in ihrer Weltsicht einseitig bestärkt werden.

Um ihnen zu tatsächlicher Teilhabe zu verhelfen, müssten die Bürger_innen nicht nur an den Produkten, sondern auch an den Entstehungsprozessen der digitalen Medienangebote beteiligt sein, und das hieße zunächst mal: Es müssten Möglichkeiten für alle geschaffen werden, die hierfür notwendigen Kompetenzen zu erwerben.

2.3 Kommunikation und Öffentlichkeit und die besondere Rolle der Medien

> **Digital Citizenship**
>
> Der Begriff des »Digital Citizenship« (vgl. Moser 2014, S. 44ff) umfasst den freien Zugang zu den digitalen Medien, die Kompetenz, mit ihnen aktiv umzugehen und damit die Chance, auf diesem Wege zu einer umfassenden Teilhabe an allen gesellschaftlichen Entscheidungen und Entwicklungen zu gelangen. Hier verknüpfen sich die Grundgedanken der Liquid Democracy mit einigen Fragen, die in Kapitel 5.6 im Zusammenhang mit der Stärkung medialer Kompetenz nochmals aufgegriffen werden (▶ Kap. 5.6).

Durch die Digitalisierung hat sich die politische Meinungsbildung und Partizipation grundlegend verändert. Denn anders als bei den klassischen Medien der Öffentlichkeit sind die Adressat_innen hier nicht einfach die Empfänger_innen vorstrukturierter Botschaften, sondern sie gestalten die Medieninhalte mit, verbreiten sie weiter und verändern sie – und das nicht als Einzelne, sondern als Mitglieder größerer Gemeinschaften und Netzwerke (vgl. Moser 2014, S. 39). In Posts, Blogs und Foren können die Mediennutzer_innen sich rasch und tendenziell grenzenlos zu Wort melden, und durch das Teilen von bestimmten Sprachstilen und bevorzugten Inhalten entstehen neuartige, virtuelle »Interaktionsgemeinschaften«. Die Kehrseite der Vergemeinschaftung ist eine immer stärkere Polarisierung der verschiedenen »Communities« (vgl. Antos 2019, S. 56ff).

Manche Autor_innen sprechen sogar davon, dass zu den klassischen drei Gewalten (Legislative, Exekutive, Judikative) und der ergänzenden vierten Gewalt (Massenmedien) nun die digitalen Medien als »fünfte Gewalt« hinzu gekommen seien, »die aus den vernetzten Vielen besteht und zu einer eigenen öffentlichkeitswirksamen Macht geworden ist« (Hauser u. a. 2019, S. 11).

Die Akteur_innen der fünften Gewalt können so genannte alternative Öffentlichkeiten bilden, Themen positiv oder negativ besetzen, Stimmungen erzeugen und zu Protestkundgebungen aufrufen. Sie können sowohl Politiker_innen als auch Unternehmer_innen und andere Personen oder Institutionen unter Druck setzen oder auch unterstützen. Ein

Beispiel für die große Wirksamkeit medialer Öffentlichkeit nicht nur, aber vor allem im Internet ist die #MeToo-Bewegung, die seit 2017 die Problematik sexualisierter Gewalt gegen Frauen in ein breites öffentliches Bewusstsein gerückt hat (vgl. Gnau, Wyss 2019). – Die unterschiedlichsten Ausformungen digitaler Aktivitäten und der aus ihnen folgenden öffentlichen Stimmungen konnten im Jahr 2020 bei den Auseinandersetzungen um den richtigen Umgang mit der Corona-Pandemie beobachtet werden.

Eine der wichtigsten Folgen der Digitalisierung besteht darin, dass die tradierten Grenzen zwischen »öffentlicher«, »privater« und »kommerzieller« Kommunikation verschwimmen. Zwar können die Nutzer_innen den Adressatenkreis ihrer Mitteilungen bestimmen, doch behalten sie nur bedingt die Kontrolle über ihre Daten, weil Nutzungsprofile an Dritte weitergegeben und kommerziell interessante Informationen herausgefiltert werden können. Hauser u. a. sprechen in diesem Zusammenhang von einem »Partizipationsparadox«:

> »Soziale Medien bieten einerseits vielfältige Möglichkeiten, sich an gesellschaftlichen Themen zu beteiligen, andererseits verfolgen viele Anbieter sozialer Medien kommerzielle Interessen und haben eher wenig Interesse daran, die Nutzer an Entscheidungen über die Organisationsformen des Angebots mitreden zu lassen« (Hauser u. a. 2019, S. 12).

Politainment

Vielfältige Formen des »politischen Entertainments«, wie z. B. die allgegenwärtigen Talkshows mit Politiker_innen oder die zahllosen Blogs von »Influencer_innen« führen zum so genannten »Politainment«, in dem sich Politik, Unterhaltung und Populärkultur vermischen (vgl. Wimmer 2014, S. 56f). Dadurch erscheinen Sachfragen und argumentativ vertretene inhaltliche Positionen als weniger wichtig gegenüber der Art und Weise ihrer Darstellung und dem Bemühen um Aufmerksamkeit. Im Extremfall, so wie es im US-amerikanischen Präsidentschaftswahlkampf im Jahr 2020 zu beobachten war, ist der Unterschied zwischen Politiker_innen und Popstars, zwischen Argumentation und Performance kaum noch zu erkennen. So ist zu befürchten, dass die »Ernsthaftigkeit der Beteiligung an vielen digita-

> len Protestaktivitäten nicht wirklich gegeben ist (Stichwort Silly Citizenship), aber nichtsdestotrotz politische Wirkmächtigkeit erfahren kann.« (Wimmer 2014, S. 64f).

In Anbetracht dieser Entwicklungen ist es nicht verwunderlich, dass auch der Begriff der »Öffentlichkeit« als solcher unscharf geworden ist. Traditionell und demokratietheoretisch gilt Öffentlichkeit als Garant von Transparenz und Machtkontrolle durch Teilnahme an einem durchschaubaren und umfassenden Prozess der Information und politischen Willensbildung. Aber längst ist klar, dass es durch die digitalen Medien viele konkurrierende Teil-Öffentlichkeiten gibt, bei denen es sich um Pseudo-Öffentlichkeiten handelt. Viel stärker als in den klassischen Medien eröffnet das Internet kaum noch überschaubare Möglichkeiten, Informationen und Meinungen der Kontrolle zu entziehen und sie für nicht ausgewiesene ökonomische und/oder politische Interessen zu nutzen. Die erbitterten Auseinandersetzungen um so genannte »Fake News« im US-amerikanischen Präsidentschaftswahlkampf 2020 sind nur ein Beispiel hierfür.

2.4 Engagement und Teilhabe und die Theorie des Sozialkapitals

Bislang wurde deutlich, dass Kategorien, die lange Zeit als klar und eindeutig galten, nicht mehr ohne Weiteres die soziale Welt und das politische Gemeinwesen abbilden. Dies trifft auf das Verständnis von (politischer) Partizipation und auch auf den Begriff der Öffentlichkeit sowie das Verständnis von (Massen-)Medien zu. Das Partizipationsverständnis hat sich über den klassischen Bereich der Politik hinaus auf vielfältige Formen von Teilhabe an der sozialen Welt ausgeweitet. Durch die Digitalisierung sind die Grenzen zwischen öffentlicher und privater Sphäre unscharf geworden. Auch die herkömmliche Unterscheidung zwischen politischer Partizipation bzw. Teilhabe an allen öffentlichen Angelegenheiten einerseits, ehrenamtlichen Tätigkeiten und sozialem Engagement andererseits erscheint schon lange nicht mehr als trennscharf.

> **Engagement/Ehrenamt**
>
> Als »Engagement« oder »Ehrenamt« werden die unterschiedlichsten Formen nicht bezahlter, entweder auf das Wohl konkreter anderer Menschen oder auf das Gemeinwesen insgesamt gerichteter Tätigkeiten bezeichnet. In der Einleitung war der Begriff der »sozialen Teilhabe« weitgehend bedeutungsgleich eingeführt worden (▶ Kap. 1.1). Unklar waren schon immer die Übergänge von »Engagement« zu rein persönlichen, zumeist familiären Unterstützungsleistungen und/oder zum Bereich der Selbsthilfe und/oder zu in erster Linie privaten sozialen Netzwerken.
>
> Diejenigen Formen des Engagements, in denen längerfristig unbezahlte Arbeiten und Wahlfunktionen in organisatorischen Strukturen übernommen werden, gelten in der Regel als Ehrenamt (vgl. Erlinghagen 2013, S. 199). Dazu gehört z. B. die Mitarbeit in Kirchen, Gewerkschaften, Sportvereinen, Musikgruppen oder Parteien.

Unterschieden wird in manchen Veröffentlichungen zwischen dem »alten« und dem »neuen« Ehrenamt. Dem alten Ehrenamt wird dann zugeschrieben, dass es langfristig wahrgenommen wird und in erster Linie altruistisch, also am Wohl anderer orientiert sei. Das neue Ehrenamt dagegen sei eher projektorientiert und somit zeitlich befristet, folge stärker den eigenen Interessen und Bedürfnissen und diene auch der Selbstverwirklichung. Zunehmend wird aber der Begriff des Ehrenamtes durch andere Begrifflichkeiten ersetzt, z. B. denen des »zivilgesellschaftlichen« oder »bürgerschaftlichen« oder auch »sozialen« Engagements. Besonders der Begriff des »bürgerschaftlichen Engagements« weist eine starke Nähe zur Teilhabe-Thematik auf, da er sich als Grundfigur den »aktiven und engagierten Bürger« vorstellt, »der die Gesellschaft, den Staat und die Politik mitgestalten will« (Hilse-Carstensen u. a. 2019, S. 13f).

2.4 Engagement und Teilhabe und die Theorie des Sozialkapitals

Seit den 1980er Jahren gibt es eine Fülle empirischer Studien zum Themenbereich Ehrenamt und bürgerschaftliches Engagement. Die Ergebnisse ähneln den Ergebnissen der bereits erwähnten Beteiligungsforschung: Es zeigt sich auch hier, dass längst nicht alle Bevölkerungsgruppen Zugang zu diesen Tätigkeiten und den damit verbundenen Erfahrungen der Wirksamkeit (oder auch der Frustration) und der sozialen Zugehörigkeit haben. So erfordern viele ehrenamtliche Tätigkeiten von den Engagierten bestimmtes Fachwissen und/oder die Bereitschaft, an Schulungen oder Weiterbildungen teilzunehmen (vgl. Mogge-Grotjahn 2010, S. 379). Häufig entsprechen die Kommunikationsformen in ehrenamtlichen Kontexten auch nicht den Erfahrungen und biografisch eingeübten Handlungsweisen von benachteiligten Personengruppen, sodass es eher zu erneuten Ausgrenzungs- anstatt Beteiligungserfahrungen kommt[19]. Rudzio spricht in diesem Zusammenhang sogar von einer »Partizipations-Elite von Jüngeren mit höherem Bildungsgrad« (Rudzio 2019, S. 78).

Insgesamt sind das Einkommen und das Bildungsniveau entscheidende Faktoren, die das Engagement und die Beteiligungsbereitschaft fördern. Im Jahr 2009 waren mehr als 40 % der Bürger_innen mit hohem, aber nur knapp 12 % der Bürger_innen ohne Bildungsabschluss ehrenamtlich engagiert (vgl. Mogge-Grotjahn 2010, S. 379). Hinzu kommen Geschlecht, Alter und Migrationsstatus als weitere Merkmale, die die Engagementsbereitschaft beeinflussen (vgl. Vandamme 2018, S. 819f; ausführlich hierzu auch Steinbrecher 2016). Im Umkehrschluss bedeutet das, dass es besonderer Maßnahmen bedarf, um auch strukturell benachteiligten Gruppen einen Weg zu mehr Teilhabe durch bürgerschaftliches Engagement zu öffnen (vgl. hierzu Zimmermann 2019, S. 129; Deremetz u. a. 2019, S. 223).

Die Thematik des ehren- oder zivilgesellschaftlichen Engagements und der damit verbundenen Teilhabechancen sowie Teilhabehindernis-

---

19 Im Zusammenhang einer Studie zum Engagement von Migrant_innen referiert Munsch Befunde, die sich auf »marginalisierte« Gruppen insgesamt beziehen. Ihr zufolge »wird Ausgrenzung nicht mehr explizit, sondern implizit – oft unbewusst – durch Normalisierung reproduziert: im Kontext von Engagement, indem die Engagementformen statushöherer sozialer Gruppen für alle verallgemeinert werden« (Munsch 2015, S. 261).

se ist in einen größeren gesellschaftstheoretischen Zusammenhang eingebettet: der Theorie des »Sozialkapitals«. Hierauf soll im Folgenden näher eingegangen werden.

Schon 1916 vom amerikanischen Pädagogen und Gesellschaftsreformer Lyda Judson Hanifan (1879–1992) in die Diskussion eingebracht, wurde dieser Begriff immer wieder neu ›erfunden‹ und unterschiedlich definiert (zur Begriffsgeschichte vgl. Putnam, Goss 2001, S. 16ff). Der Kern des Konzeptes besteht in der Auffassung,

»dass Familie, Freunde und Bekannte einer Person einen wichtigen Wert darstellen, auf den man in Krisensituationen zurückgreifen kann, den man um seiner selbst willen genießen und zum materiellen Vorteil nutzen kann. Was für den Einzelnen gilt, gilt umso mehr auch für Gruppen. Mit einem vielschichtigen sozialen Netzwerk ausgestattete Gemeinschaften und bürgergesellschaftliche Vereinigungen haben Vorteile, wenn es darum geht, Armut und Verwundbarkeit zu begegnen, Konflikte zu lösen und Vorteile aus neuen Möglichkeiten zu ziehen« (Putnam, Goss 2001, S. 19f).

Die als Sozialkapital bezeichneten Strukturen und sozialen Netzwerke beziehen sich sowohl auf die private Lebenswelt als auch auf den öffentlichen und politischen Bereich. Wer über ein starkes Sozialkapital verfügt, findet wesentlich mehr Unterstützung bei der Gestaltung des eigenen Lebens als diejenigen, deren Lebenslage durch einen Mangel an Sozialkapital gekennzeichnet ist. Aber nicht nur für die Einzelnen ist das Sozialkapital eine wichtige Ressource. Vielfältige Kontakte und Beziehungen von Menschen untereinander werden auch als wichtige Quelle des sozialen Zusammenhaltes einer Gesellschaft betrachtet. Es gibt enge Zusammenhänge zwischen Erfahrungen des gesellschaftlichen Zusammenhaltes, politischen Orientierungen und der Bereitschaft zur Teilhabe an der Gesellschaft. Hierzu hat die Bertelsmann-Stiftung unter dem Titel »Radar gesellschaftlicher Zusammenhalt« eine ausführliche Zusammenstellung empirischer Daten aus den Jahren 1989 bis 2012 vorgelegt. Die Daten wurden zu neun verschiedenen Dimensionen erhoben, die wiederum zu drei Bereichen gebündelt wurden – den Bereichen »soziale Beziehungen«, »Verbundenheit« und »Gemeinwohlorientierung« (vgl. Bertelsmann-Stiftung 2016, S. 15ff).

Das Verständnis von Gemeinwohlorientierung konkretisieren die Autor_innen der Studie in Blick auf Solidarität und Hilfsbereitschaft, ge-

2.4 Engagement und Teilhabe und die Theorie des Sozialkapitals

sellschaftliche Teilhabe sowie die Anerkennung sozialer Regeln. Eine Schlussfolgerung aus den vorgelegten Daten ist, dass diejenigen Bürger_innen, die sich sozial engagieren, dadurch Kontakte und Beziehungen aufbauen und Anerkennung erfahren. Außerdem haben sie größeres Vertrauen in den Staat und seine Institutionen und nehmen stärker am politischen Leben teil als nichtengagierte Personen (vgl. Bertelsmann-Stiftung 2016a, S. 30).

Eine erneute Befragung führte die Bertelsmann-Stiftung im Februar/ März und im Mai/Juni 2020 unter dem Eindruck der Corona-Pandemie durch. Dabei zeigte sich, dass der gefühlte gesellschaftliche Zusammenhalt in dieser Zeit nicht ab-, sondern zugenommen hatte und das Vertrauen in die Institutionen insgesamt stabil war (vgl. Bertelsmann-Stiftung 2020). Allerdings haben seit dem Zeitpunkt der Erhebung und dem Verfassen dieses Buches die Proteste der so genannten »Querdenker« und »Impfgegner« an Bedeutung gewonnen, sodass inzwischen möglicherweise andere Werte gemessen werden könnten. Überdies erscheint zumindest im Zusammenhang der Proteste gegen die staatlichen Maßnahmen zur Bekämpfung der Corona-Pandemie oder in Hinblick auf populistische Bewegungen die Verknüpfung von »aktiver Teilhabe an sozialen Bewegungen« und »Vertrauen in die staatlichen Institutionen« diskussionsbedürftig.

Die pure Tatsache des ehrenamtlichen Engagements ist nicht einfach gleichzusetzen mit demokratischem Potenzial – auch antidemokratische Gruppierungen leben vom Engagement und den ehrenamtlichen Tätigkeiten ihrer Mitglieder. In diesem Zusammenhang ist Putnams Differenzierung zwischen »brückenbildendem« und »bindendem« Sozialkapital von Bedeutung (vgl. Putnam, Goss 2001, S. 28f). Brückenbildendes Sozialkapital bringt demnach unterschiedliche Menschen in sozialen Netzwerken zusammen, während bindendes Sozialkapital Menschen (noch enger) zusammen schmiedet, die ohnehin schon über starke Gemeinsamkeiten verfügen, beispielsweise hinsichtlich ihrer ethnischen oder religiösen Zugehörigkeiten, ihres Alters oder ihre sozialen Herkunft. Diese Art der sozialen Bindung und Zugehörigkeit bietet zwar ein hohes Potenzial an Solidarität innerhalb der jeweiligen Gruppen, führt aber tendenziell dazu, sich von allen ›Anderen‹ abzugrenzen und trägt deshalb nicht wirklich zur allgemeinen und demokratischen Teilhabe an gesellschaftlichen Prozessen und Belangen bei.

> **Kapital nach Pierre Bourdieu**
>
> Wesentlich kritischer hat der französische Soziologe Pierre Bourdieu (1930–2002) die Folgen eines stark ausgeprägten Sozialkapitals beurteilt. Bourdieu unterscheidet zunächst einmal drei Arten von »Kapital«:
>
> - das ökonomische Kapital (Geld, Besitz und Vermögen),
> - das kulturelle Kapital (Bildung, Besitz kultureller Güter, verinnerlichte Verhaltensstandards) und
> - das soziale Kapital (soziale Netzwerke, Beziehungen).
>
> Diese verschiedenen Kapital-Arten verstärken sich gegenseitig positiv oder negativ. Wer also ökonomisch gut gestellt ist, hat in der Regel auch leichteren Zugang zu Bildung und kulturellen Gütern und kann soziale Netzwerke knüpfen, die ihn oder sie in der privilegierten Position unterstützen. Umgekehrt verstärken sich auch die negativen Auswirkungen mangelnder Kapitalien und tragen dazu bei, die Strukturen sozialer Ungleichheit immer wieder neu hervorzubringen und zu verfestigen. Ähnlich wie Putnam schätzt Bourdieu die Bedeutung des Sozialkapitals, das in erster Linie auf der Zugehörigkeit zu einer bestimmten sozialen Gruppe gehört, hoch ein. Er betont aber nicht die positiven Wirkungen für das Gemeinwesen, sondern eher die problematischen Folgen im Sinne einer Aufrechterhaltung von Machtstrukturen und Privilegien (vgl. Bourdieu 1982 und 1992).

Bourdieus Analyse macht nochmals deutlich, dass ehrenamtliches Engagement und damit die Teilhabe am Sozialkapital der Gesellschaft nicht voraussetzungslos ist und allenfalls sehr bedingt dazu beitragen kann, die soziale Exklusion benachteiligter Personengruppen zu überwinden. Dieser Aspekt wird im Kapitel 5.4 nochmals aufgegriffen, in dem es um Teilhabe durch zivilgesellschaftliches Engagement und um die Teilhabeförderung durch Sozialraumorientierung und Empowerment geht (▶ Kap. 5.4).

Studienhilfen

Zusammenfassung

Teilhabe gehört zu den grundlegenden Menschen- und Bürgerrechten in modernen Gesellschaften. Zu ihren Voraussetzungen gehören materielle und immaterielle Güter, also Einkommen und Wohlstand, Bildung, politische Rechte und soziale Anerkennung. Teilhabehindernisse entstehen vor allem durch soziale Ungleichheiten.
Teilhabe umfasst sowohl politische als auch soziale Beteiligungsrechte und -möglichkeiten. Im politischen Bereich bedarf sie geregelter Verfahren der Meinungs- und Entscheidungsfindung auf allen Ebenen – in Deutschland also von den Kommunen über die Bundesländer und den Bundestag bis zur Europäischen Union. Im zivilgesellschaftlichen Bereich – von Nachbarschaftsinitiativen, Vereinen, Selbsthilfegruppen bis hin zu sozialen Bewegungen – sind die Teilhabeformen und -verfahren vielfältiger, müssen sich aber auch an demokratischen Standards messen lassen.

Jede Art der Teilhabe setzt einen freien Zugang zu Informationen durch öffentliche und private Medien voraus, wobei die digitalen Medien über einen zunehmenden Einfluss verfügen und ihre aktive Nutzung umfassende Medienkompetenz erfordert. Ferner bedürfen die Bürger_innen verschiedener Ressourcen, wie z. B. Zeit oder Bildung, um sich politisch und zivilgesellschaftlich engagieren zu können.

Fragen und Anregungen zur Diskussion

1. Welchen Erscheinungsformen sozialer Ungleichheit sind Sie bislang in Ihrem persönlichen und/oder beruflichen Umfeld begegnet? Wel-

che Auswirkungen haben die sozialen Ungleichheiten auf die Teilhabechancen der Betroffenen? Könnten die jeweiligen Ungleichheiten, Ihrer Meinung nach, in erster Linie durch »Umverteilung« oder durch »Anerkennung« überwunden werden?
2. Welche Bedeutung schreiben Sie den klassischen und den digitalen Medien für Ihre persönliche Meinungsbildung zu politischen und gesellschaftlichen Themen zu? Wie überprüfen Sie die Qualität der medial zugänglichen Informationen?
3. Haben Sie selbst bereits Erfahrungen mit ehrenamtlichem (zivilgesellschaftlichem) Engagement gemacht? Wenn ja: Welche Motive waren für Sie ausschlaggebend, sich zu engagieren? Erleben Sie Ihr Engagement als Teilhabe an gesellschaftlichen Entwicklungen?

Tipps zum Weiterlesen

Einen Überblick über unterschiedliche soziologische Theorien, ihre Grundannahmen und Besonderheiten bietet das Buch von Max Haller »Soziologische Theorie im systematisch-kritischen Vergleich«. Darin werden u. a. die Theorien von Talcott Parsons und Niklas Luhmann ausführlich vorgestellt und diskutiert.
→ Haller, M. (1999)

In ihrem Buch »Soziale Inklusion. Theorien, Methoden, Kontroversen« gehen Carola Kuhlmann, Hildegard Mogge-Grotjahn und Hans-Jürgen Balz auf einige der hier referierten Theorien, ihre Menschenbilder und Bezüge zur Sozialen Arbeit ein – u. a. auf die Theorien von Martha Nussbaum und Pierre Bourdieu. Sodann wird die Bedeutung solcher Theorien für die Soziale Arbeit diskutiert, bevor auf kontroverse Positionen zur Inklusion in Wissenschaft und Politik eingegangen wird. Die Verwandtschaft zwischen der Inklusions- und der Teilhabe-Thematik wird auch in den weiteren Kapiteln deutlich, in denen es um inklusive Handlungsstrategien und Methoden, Paradoxien der Inklusion sowie politische und professionelle Widerstände gegen Inklusion geht.
→ Kuhlmann, C., Mogge-Grotjahn, H., Balz, H.-J. (2018)

Um sich mit den politischen Strukturen der Bundesrepublik Deutschland vertraut zu machen, empfiehlt sich die Lektüre des Buches von Wolfgang Rudzio »Das politische System der Bundesrepublik Deutschland«. Die zehnte und aktualisierte Auflage von 2019 enthält neben einer Darstellung der Grundlagen unseres politischen Systems eine Übersicht über die verschiedenen politischen Akteur_innen (Parteien, Verbände, Bürger_inneninitiativen etc.) und ihres Kräfteverhältnisses. Ferner werden die politischen Institutionen als »komplexes Mehrebenensystem« verständlich gemacht und schließlich wird auf aktuelle gesellschaftspolitische Themen wie die Rolle der Medien oder die Veränderung der politischen Kultur eingegangen.
→ Rudzio, W. (2019)

Der politische Teilbereich der Sozialpolitik ist für die Soziale Arbeit von besonderer Bedeutung. Eine umfassende Darstellung dieses Politikbereichs bieten Jürgen Boeckh, Ernst-Ulrich Huster und Benjamin Benz in ihrem Buch »Sozialpolitik in Deutschland«. Die 2017 erschienene vierte Auflage wurde von ihnen aktualisiert und erweitert. Die Autoren gehen zunächst auf die historischen Phasen der Sozialpolitik in Deutschland ein. Es folgen Darstellungen der Prinzipien, Strukturen und Rahmenbedingungen der Sozialpolitik sowie ihrer aktuellen Problemlagen. Schließlich geht es um die Sozialpolitik im europäischen Kontext und um den Zusammenhang von Sozialpolitik und Sozialstaat.
→ Boeckh, J., Huster, E.-U., Benz, B. (2017)

Eine Einführung in die gesellschaftlichen Zusammenhänge der Medienentwicklung und Mediennutzung bietet das 2014 veröffentlichte Buch von Elke Wagner »Mediensoziologie«. Die Autorin geht darin auf die kommunikationstheoretischen Grundlagen der Mediensoziologie und die Bedeutung von Sprache und Emotionen für die Nutzung von medialen Inhalten ein.
→ Wagner, E. (2014)

Unterschiedliche Theorien zur Erklärung ehrenamtlichen Engagements und empirische Befunde zu seiner Verbreitung stehen im Mittelpunkt des 2015 von Bettina Hollstein veröffentlichten Buches »Ehrenamt verstehen. Eine handlungstheoretische Analyse«. Die Autorin geht auch auf die Theorie des Sozialkapitals näher ein und diskutiert, wie sich die Motivation von Bürger_innen, an ehrenamtlichen Tätigkeiten teilzuhaben, fördern lässt.

→ Hollstein, B. (2015)

3 Übergänge zur Sozialen Arbeit

Kapitelüberblick

Die Geschichte des Sozialstaates und die Entstehung der Sozialen Arbeit waren eng miteinander verbunden. In diesem Kapitel werden die Grundzüge dieser historischen Entwicklungen nachgezeichnet und ihre Bedeutung für die heutigen sozialstaatlichen Hilfesysteme und die Strukturen der Interessensvertretung im sozialen Bereich aufgezeigt. Die Konzepte des liberalen bzw. des sozialen Rechtsstaates führen zu unterschiedlichen Ausgestaltungen des Sozialstaates und weisen der Sozialen Arbeit unterschiedliche Aufgaben zu. Aber auch soziale Bewegungen, an denen die Soziale Arbeit häufig beteiligt war und ist, tragen zur Veränderung des Sozialstaates, der Sozialen Arbeit und den Möglichkeiten demokratischer Teilhabe bei. Für das Selbstverständnis der Sozialen Arbeit ist es entscheidend, ob und wie sie sich als anwaltschaftliche Vertretung so genannter »schwacher Interessen« sieht und in welcher Weise sie die Selbstvertretung ihrer Zielgruppen unterstützt.

Im Kapitel 2.2 wurden der Begriff des Nationalstaates eingeführt und die politischen Strukturen eines modernen Staates am Beispiel der Bundesrepublik Deutschland erläutert. Dabei wurde auch auf die Bedeutung der sozialen Bürgerrechte für die Teilhabemöglichkeiten verwiesen. Ferner wurde deutlich gemacht, dass das nationalstaatliche Denken und Handeln wegen der vielfältigen internationalen Verflechtungen und allgemeinen Globalisierungstendenzen fragwürdig geworden sind.

3 Übergänge zur Sozialen Arbeit

Dennoch werden in diesem Abschnitt die Entstehung des Sozialstaates und die unterschiedlichen Auffassungen über die Aufgaben des Staates weitgehend in nationalstaatlicher Perspektive dargestellt, da dies der historischen Entwicklung entspricht. In den Kapiteln 3.4 und 4.1.2 werden die europäischen Aspekte nochmals aufgegriffen.

3.1 Entstehung des Sozialstaates und der Sozialen Arbeit

Der heutige Sozialstaat ist als Folge der Industrialisierung seit dem 18./19. Jahrhundert entstanden. Mit der Industrialisierung war eine radikale Umwälzung aller Lebensverhältnisse verbunden. Ein großer Teil der Bevölkerung verlor den Lebensunterhalt in Landwirtschaft, Handwerk oder Handel, und Arbeit wurde zur abhängigen, bezahlten Erwerbsarbeit mit dem Risiko, durch ihren Verlust ohne jegliches Einkommen dazustehen. Da die neu gegründeten Fabriken in den Städten angesiedelt wurden, entstand eine Binnenmigration vom ländlichen Raum in die rasch anwachsenden Städte. In deren Arbeiterquartieren hausten die Menschen eng gedrängt unter gesundheitsschädlichen Bedingungen. Die bisherigen Möglichkeiten der Versorgung von alten und kranken Menschen im Familien- bzw. Haushaltsverband nahmen ab. Zusätzlich entstand ein Bedarf an Bildungs- und Betreuungseinrichtungen für Kinder. Die aus dem Mittelalter tradierten Formen christlicher Mildtätigkeit und die herkömmliche kommunale Armenfürsorge reichten nicht mehr aus, den neuartigen Notlagen zu begegnen (vgl. Schäfer 2018)[20].

---

20 Armut und Notlagen hat es auch vor der Industrialisierung in großem Umfang gegeben. Den Armen und Bedürftigen zu helfen, war teils Aufgabe christlicher Kirchen und Ordensgemeinschaften, teils Aufgabe der Städte. Die Armengesetzgebung war nicht nur auf Fürsorge, sondern auch auf Zwang, z. B. durch Einweisung in »Arbeitshäuser«, gegründet, je nachdem, auf welche Ursachen Armut zurückgeführt wurde: als gottgewolltes Schicksal oder als selbst verschuldetes Versagen. Die Unterscheidung von »würdigen« und »unwürdigen« Armen konnte

Die »Soziale Frage«

Mit der Industrialisierung und der kapitalistischen Wirtschaftsform entstand somit die »Soziale Frage« als zentrale Herausforderung der gesellschaftlichen Entwicklung: Wie konnte der Verelendung breiter Bevölkerungsgruppen, vor allem der damals neu entstehenden Arbeiterklasse, begegnet werden? Wer sollte zuständig sein für Hilfe und Unterstützung? Welche Ursachen für die massenhaft zu beobachtenden sozialen Probleme (Armut, Krankheit, Vernachlässigung von Kindern und anderes mehr) wurden erkannt, und welche politischen Schlussfolgerungen wurden daraus gezogen? Ganz neu musste darüber nachgedacht werden, welche sozialen Folgen veränderte ökonomische Verhältnisse mit sich bringen, und welche Aufgaben dem Staat bei der Bewältigung der Probleme und der Steuerung der gesellschaftlichen und ökonomischen Entwicklung zukommen sollten.

Antworten auf diese Fragen wurden in Westeuropa, aber auch in den Vereinigten Staaten von Amerika im 19. und 20. Jahrhundert in heftigen politischen Auseinandersetzungen gesucht (vgl. hierzu de Swaan 1993). An diesen waren Wirtschaftsunternehmen, Gewerkschaften, politische Parteien, Kirchen und soziale Bewegungen wie die Arbeiter- und die Frauenbewegungen beteiligt.

Kuhlmann unterscheidet insgesamt neun verschiedene Ansätze, die zur Bewältigung der Sozialen Frage entwickelt wurden[21] und deren

---

entweder zu Hilfeansprüchen oder auch zu Zwangsmaßnahmen führen (vgl. Kuhlmann 2014, S. 21ff; Huster 2018b, S. 342ff).

21 Kuhlmann referiert die Grundzüge dieser neun Konzepte zum Umgang mit der Sozialen Frage und benennt jeweils einen oder auch zwei Hauptvertreter_innen. Für die neunte der von ihr dargestellten Positionen, die medizinische oder sozialhygienische, wurde hier der Name Alfred Grotjahn hinzugefügt. – Sowohl Grotjahns sozialmedizinische als auch von Schmollers nationalökonomische Theorie weisen Affinitäten zur Ideologie des Nationalsozialismus auf. Alfred Grotjahn hatte sich als sozialdemokratisch orientierter Mediziner für eine Verbesserung der (hygienischen) Lebensbedingungen der Bevölkerung eingesetzt und sich in diesem Zusammenhang für die »Hygiene der menschlichen Fortpflanzung« im Sinne der Eugenik positioniert. Auch bei seinem akademischen Lehrer Gustav von Schmol-

Grundzüge bis heute in verschiedenen politischen Positionen und Konzepten der Sozialen Arbeit erkennbar sind:

1. die Aufklärung des Menschen durch Bildung und Erziehung zur Sittlichkeit (Johann Heinrich Pestalozzi);
2. die Verringerung der Armutsbevölkerung durch deren Enthaltsamkeit und eine Begrenzung des Bevölkerungswachstums (Thomas Robert Malthus);
3. die revolutionäre Umwälzung der Verhältnisse und Überwindung der kapitalistischen Wirtschafts- und Gesellschaftsform (Karl Marx);
4. die Reformierung der Verhältnisse und im Sinne der Diakonie organisierte christliche Nächstenliebe (Johann Hinrich Wichern);
5. die Verbesserung der Lebensverhältnisse in den Wohnquartieren und soziokulturelle Angebote für die Armen (Arnold Toynbee);
6. die sozialpädagogische Erziehung zur Verantwortung nicht nur der Armen, sondern der gesamten Bevölkerung (Paul Natorp);
7. die Beschränkung der ökonomischen Freiheit und Entwicklung von Sozialversicherungen und sozialpolitische Reformen (Gustav von Schmoller);
8. die Gleichberechtigung von Frauen und der Ausgleich der sozialen und ökonomischen Ungerechtigkeiten durch Fürsorge und Verantwortung (Henriette Schrader-Breymann und Alice Salomon);
9. Sozialhygiene und Gesundheitsfürsorge (Alfred Grotjahn) (vgl. insgesamt Kuhlmann 2014, S. 33–51).

Die hier genannten, unterschiedlichen Initiativen zur Bewältigung der Sozialen Frage, die Auseinandersetzungen darüber, welcher Weg der richtige sei, und die tatsächlich ergriffenen politischen Maßnahmen zur Bewältigung der Sozialen Frage erstreckten sich über mehrere Jahrzehnte. Zu den herausragenden Ereignissen gehörten die Einführung des »Elberfelder Systems« 1852 und die Bismarck'sche Sozialgesetzgebung zwischen 1883 und 1889, mit denen die Kranken-, Unfall-, Invaliden- und Altersversicherung eingeführt und gesetzlich verankert wur-

---

ler, einem interdisziplinären Vertreter von Nationalökonomie, (Sozial-)Politik und Soziologie, finden sich »rassentheoretische« Positionen.

den[22]. 1927 folgte die Arbeitslosenversicherung (vgl. Müller 2013). In der Weimarer Republik, also in der Zeit zwischen 1918 und 1933, wurden zudem das Reichsjugendwohlfahrtsgesetz verabschiedet, die Jugendämter etabliert und die Familienfürsorge eingeführt (vgl. Kuhlmann 2014, S. 66ff).

Schon 1908 hatte Alice Salomon (1879–1848)[23] die erste Soziale Frauenschule in Berlin gegründet und damit den Grundstein für eine Professionalisierung der Sozialen Arbeit gelegt. Die »Pionierinnen« der Sozialen Arbeit in Deutschland nahmen viele Impulse aus den USA und Großbritannien auf (vgl. Müller 2013, S. 22–51) so das Konzept der Einzelfallhilfe von Mary Richmonds, die »Settlement House Movement« als Vorläufer gemeinwesenorientierter Sozialer Arbeit in den USA oder auch die Settlementbewegung in Großbritannien (vgl. die Beiträge von Schotte und Lau in Franke-Meyer, Kuhlmann 2018). Aus der bürgerlichen und der proletarischen Jugendbewegung kamen wichtige Impulse für die soziale Gruppenarbeit (vgl. Müller 2013, S. 68–84). Viele Ideen und Konzepte, die in den sozialen Bewegungen der 1960er und 1970er Jahre diskutiert und politisch wirksam wurden, haben ihre

---

22 Das »Elberfelder System« löste die »geschlossene Armenhilfe«, etwa in Form von Arbeitshäusern, durch die »offene Armenpflege« ab, die auf der Basis von Stadtquartieren als aufsuchende, überwiegend von Ehrenamtlichen durchgeführte Hilfeleistung organisiert wurde. – Im Wesentlichen durch den Einfluss des damaligen Reichskanzlers Otto von Bismarck wurden Sozialgesetze verabschiedet, die die arbeitende Bevölkerung vor den oben genannten Lebensrisiken schützen sollten. An der Finanzierung der somit gesetzlich verankerten Versicherungen mussten sich von da an Arbeitgeber_innen und Arbeitnehmer_innen beteiligen (vgl. Müller 2013, S. 19ff, 52ff).

23 Alice Salomon gilt als die Gründerin der modernen Sozialarbeit in Deutschland. Ihre Erfahrungen aus dem ehrenamtlichen Engagement in den Berliner »Mädchen- und Frauengruppen für soziale Hilfsarbeit« führten nicht nur zur Gründung der »Sozialen Frauenschulen« als den Vorläuferinnen der heutigen (Fach-)Hochschulen für Soziale Arbeit. Über die Ausbildung der Frauen und die konkrete Hilfe für Bedürftige hinaus ging es Salomon um soziale Gerechtigkeit, Chancengleichheit und Solidarität, also die Anliegen, die in der heutigen Teilhabe-Debatte (wieder) hoch aktuell sind. Sie war in der internationalen Frauen- und Friedensbewegung aktiv und gründete 1928 die Internationale Vereinigung der Schulen für Soziale Arbeit (zum Leben und Werk von Alice Salomon vgl. Kuhlmann 2007).

Ursprünge in den frühen, vor allem von Frauen getragenen Bewegungen im ersten Drittel des 20. Jahrhunderts. Schon diese wenigen Stichworte lassen die komplexen Wechselwirkungen zwischen politischen und sozialen Bewegungen[24], dem entstehenden Sozialstaat und den Vorläufern der heutigen Sozialen Arbeit erkennen. Auch wenn damals der Begriff der Teilhabe noch nicht bekannt war, ging es vielen der damaligen Akteur_innen nicht nur um konkrete Hilfen zur Überwindung sozialer Notlagen, sondern auch um die politischen Rechte der Arbeiter und Armen, der Frauen[25] und Kinder. Dieser doppelte Fokus von tätiger Hilfe und politischem Engagement ist auch für aktuelle soziale Bewegungen kennzeichnend (vgl. hierzu Stövesand 2014, Benz 2018, Roth 2019).

Historisch war die Entwicklung von den Anfängen der Industrialisierung bis in die zweite Hälfte des 20. Jahrhunderts nicht nur durch die Soziale Frage, die vielfältigen sozialen Bewegungen und die allmähliche Ausgestaltung des Sozialstaates bestimmt, sondern ebenso durch die Auseinandersetzung um die Etablierung demokratischer Gesellschaften, durch den Nationalismus und Kolonialismus der europäischen Staaten und durch den Ersten und Zweiten Weltkrieg. In Deutschland wurde durch die Novemberrevolution 1918 die Monarchie abgeschafft und die Weimarer Republik gegründet, die wiederum durch die nationalsozialistische Diktatur beendet wurde[26].

---

24 In der Zeit des späten 19. Jahrhunderts bis 1933 gab es eine Fülle von reformorientierten sozialen Bewegungen in Deutschland, deren Anliegen von den »neuen sozialen Bewegungen« ab der zweiten Hälfte des 20. Jahrhunderts teilweise wieder aufgegriffen (aber neu akzentuiert) wurden. In einem von Diethart Kerbs und Jürgen Reulecke herausgegebenen Handbuch werden vierzig soziale Bewegungen vorgestellt, zu denen die Frauen- und die Jugendbewegung, ökologische Bewegungen, pädagogische und sozialpädagogische Bewegungen, Bewegungen für alternative Wirtschaftsformen und viele andere mehr gehörten (vgl. Kerbs, Reulecke 1998).
25 Die bürgerlichen und demokratischen Freiheiten wurden zunächst nur für Männer erkämpft. Die Frauenbewegung konnte das Wahlrecht für Frauen in Deutschland erst 1918 durchsetzen. Von der völligen rechtlichen Gleichstellung waren Frauen auch dann noch weit entfernt.
26 Zu den vielfältigen Ursachen, die die Machtübernahme durch die Nationalsozialisten ermöglichten, gehörten neben antidemokratischen Einstellungen weiter Bevölkerungsteile die Verelendung der Bevölkerung nach dem verlorenen Ersten Welt-

Von der frühen Phase der Industrialisierung bis zum Beginn des Nationalsozialismus waren diejenigen Organisationen und Verbände entstanden, die bis heute prägend sind für den deutschen Wohlfahrtsstaat.

> **Die korporatistische Struktur der Interessenvertretung**
>
> Im Vergleich zu anderen Ländern hatte und hat sich in Deutschland eine stark ausgeprägte »korporatistische« Struktur der Interessenvertretung etabliert. Das bedeutet, dass ein Teil der ökonomischen, politischen, sozialen und religiösen Interessensorganisationen nicht ausschließlich zivilgesellschaftlichen Charakter haben, sondern auch mit dem staatlichen Bereich verflochten sind – beispielsweise durch ihre Rechtsform und/oder durch steuerrechtliche Privilegien. Darüber hinaus nehmen sie nicht nur ›von außen‹ Einfluss auf staatliche Entscheidungen, sondern sind teilweise auch systematisch in sie eingebunden (= »inkorporiert«). Zum Beispiel sind Arbeitgeber_innen, Gewerkschaften und Sozialverbände an der Ernennung von Richter_innen an Arbeits- und Sozialgerichten beteiligt (vgl. Rudzio 2019, S. 69ff).

Die ungeheure Zahl und Vielfalt von Interessensorganisationen lässt sich grob den Bereichen der Ökonomie, des Sozialen, der Bürger_inneninitiativen, der Freizeit, den politischen und ideellen Vereinigungen, den Religionsgemeinschaften sowie den Gebietskörperschaften zuordnen (vgl. Rudzio 2019, S. 51ff).

Im ökonomischen Bereich sind Arbeitgeberverbände und Gewerkschaften, Genossenschaften sowie Berufsverbände und »Kammern«, in denen bestimmte Berufsgruppen organisiert sind, von Bedeutung (vgl. Nullmeier 2013, S. 660)[27]. Im sozialpolitischen und sozialen Bereich

---

krieg, die Massenarbeitslosigkeit und die Weltwirtschaftskrise von 1929 (vgl. hierzu u. a. Huster 2018b, S. 355f sowie Boeckh, Huster, Benz 2017, S. 68ff).

27 Die Berufskammern sehen, anders als Gewerkschaften, eine verpflichtende Mitgliedschaft für die Angehörigen bestimmter Berufe vor, um deren Interessen politisch zu vertreten. Zur Frage einer möglichen Kammer für die Soziale Arbeit gibt es sehr kontroverse Positionen (vgl. Benz 2019a, S. 103ff).

verfügen vor allem die Kirchen und die Verbände der freien Wohlfahrtsverbände über politischen Einfluss. Dazu gehören als bundesweite Spitzenverbände

- die Arbeiterwohlfahrt (AWO),
- der Deutsche Caritas-Verband (DCV),
- das Diakonische Werk (DW),
- die Zentralwohlfahrtsstelle der Juden in Deutschland (ZWST),
- das Deutsche Rote Kreuz (DRK) und
- der Deutsche Paritätische Wohlfahrtsverband (DPWV) (vgl. Huster 2018b, S. 352ff).

Vereine, wie z. B. Sportvereine oder Kegelclubs, gelten dagegen nicht als Interessensorganisationen, da sie sich vorrangig auf die gemeinsamen Aktivitäten ihrer Mitglieder konzentrieren und allenfalls bei der Beantragung von öffentlichen Zuschüssen politisch aktiv werden.

Der Pluralismus der Interessenverbände und der Träger Sozialer Arbeit wurde nach dem Ende der Weimarer Republik im nationalsozialistischen Staat durch die Nationalsozialistische Volkswohlfahrt ersetzt. Nur die kirchlichen Verbände (Innere Mission/Diakonie und Caritas) und das Deutsche Rote Kreuz konnten weiter existieren, verloren aber weitgehend ihre Selbständigkeit bzw. passten sich den neuen Verhältnissen an (vgl. Zimmermann, Boeckh 2018, S. 792f). Ob Säuglingspflege oder Mütterberatung, Unterstützung für Arme (»Winterhilfswerk«) oder Arbeitsbeschaffungsmaßnahmen, Psychiatrie oder Behindertenhilfe: Der gesamte Bereich der »Volkswohlfahrt« folgte nun der »rassehygienischen« Unterscheidung zwischen »lebenswertem« und »-unwertem« Leben. Während »arischen« Familien umfassende Unterstützung zukommen und ihre Kinder im nationalsozialistischen Sinne erzogen werden sollten – u. a. durch staatliche Jugendorganisationen –, wurden »nicht-arische«, »erbkranke« sowie »gemeinschaftsfremde« Personengruppen zunächst von Leistungen ausgeschlossen, in speziellen Heimen eingesperrt und schließlich systematisch und massenhaft ermordet.[28]

---

28 Wocken bezeichnet diese »Vernichtungspolitik« als »Extinktion« und kennzeichnet sie damit als extremen Gegenpol zur auf umfassende Teilhabe gerichteten »Inklu-

3.1 Entstehung des Sozialstaates und der Sozialen Arbeit

Den Gesundheitsämtern und Gesundheitsfürsorgerinnen kam dabei eine zentrale Rolle zu (vgl. Müller 2013, S. 100–118). Während Alice Salomon und andere jüdische Vertreterinnen ins Exil gezwungen wurden, passten sich die meisten Träger und Fachkräfte der sozialen Berufe der NS-Politik an oder unterstützten sie sogar. Der Widerstand gegen das Regime aus den Reihen der Sozialen Arbeit war sehr begrenzt (vgl. Kuhlmann 2014, S. 89–105; Amthor 2018).

Nach dem Ende des Nationalsozialismus und des Zweiten Weltkrieges wurden im Westen Deutschlands die in der Weimarer Republik entwickelten Strukturen und Prinzipien des Sozialstaates wieder etabliert und weiterentwickelt. Politisch begann eine Phase des Wiederaufbaus und einer weitgehend konservativen Gesellschaftspolitik. In den ersten Jahren standen Politik und Soziale Arbeit vor ungeheuren Herausforderungen: Wohnraum und Lebensmittel waren kaum vorhanden, Flüchtlinge und Heimkehrer_innen mussten versorgt, elternlose Kinder untergebracht und Arbeitsmöglichkeiten für entwurzelte Jugendliche geschaffen werden. An die fortschrittlichen Konzepte und Methoden der fürsorgerischen Arbeit in der Weimarer Republik wurde dabei nur selten angeknüpft (vgl. Müller 2013, S. 165ff).

Weitgehend herrschten in der Sozialen Arbeit konservative und autoritäre Zielvorstellungen, Konzepte und Methoden vor – besonders krass in den Bereichen der Heimerziehung, der Arbeit mit behinderten Menschen und in der Psychiatrie. Allerdings wurden seit den 1950er Jahren in den Ausbildungsstätten bereits moderne und emanzipatorische Konzepte entwickelt und vermittelt, z. B. die Idee des »Casework«, die auf der Achtung und dem Respekt vor der Persönlichkeit der Klient_innen beruht und an der Stärkung ihrer Persönlichkeit orientiert ist (vgl. Kuhlmann 2014, S. 108ff).

In der DDR wurde eine gänzlich andere, sozialistische Gesellschaftsordnung errichtet. Entsprechend dem Leitbild eines Staates der Werktätigen, in dem das Recht auf Arbeit garantiert wurde, übernahmen die

---

sion« (vgl. Wocken 2010). Demgegenüber schließt »Exklusion« zwar von Teilhabemöglichkeiten aus, entlässt die von ihr betroffenen Menschen aber nicht aus der Geltung gesellschaftlicher Ein- und Ausgrenzungsmechanismen (vgl. Türcke 1996).

Betriebe wesentliche Aufgaben im Sozialsystem der DDR, zu denen neben Freizeitangeboten auch soziale Unterstützungsleistungen gehörten. Der einzige Wohlfahrtsverband, die »Volkssolidarität« (heute im Rahmen des DPWV organisiert), kümmerte sich vorrangig um Probleme älterer Menschen. Kinder- und Jugendbetreuung wurden einerseits über Kinderkrippen und Schulen, andererseits über die staatliche Jugendorganisation (Freie Deutsche Jugend) organisiert. In Kinder- und Erziehungsheimen herrschten ähnliche Missstände wie in Westdeutschland. Die Gesundheitsversorgung war staatlich organisiert und kostenfrei; die staatlich garantierte Mindestrente wurde ergänzt durch eine Sozialversicherung (vgl. Boeckh u. a. 2017, S. 98ff; Kuhlmann 2014, S. 114–122).

3.2 Konzepte des liberalen und des sozialen Rechtsstaates

Bei den vielen historischen und auch aktuellen Auseinandersetzungen um die Grundstrukturen des Sozialstaates und der Sozialpolitik – und in der Konsequenz auch um die Funktionsbestimmung Sozialer Arbeit – ging und geht es bis heute um unterschiedliche Grundprinzipien des gesellschaftlichen Zusammenlebens und die damit verbundenen Werthaltungen. Liberale Philosophien betonten die Freiheit des oder der Einzelnen, die sozialistische Arbeiterbewegung verfocht das Prinzip der Solidarität und die Kirchen betonten das christliche Gebot der Nächstenliebe. Mit der Modernisierung der Gesellschaft und dem Vordringen aufklärerischen Denkens wurden die Bürger_innen zunehmend als autonome Individuen und Träger_innen individueller Grund- und Menschenrechte betrachtet, die vor staatlichen Eingriffen geschützt werden und über demokratische Teilhaberechte verfügen sollen. Zugleich (und in einem gewissen Widerspruch zur Abwehr von staatlichen Eingriffen) bedürfen die Einzelnen aber auch des Schutzes durch den Staat, denn die Strukturen und Folgen sozialer Ungleichheit und die vielen Risiken im Lebensverlauf können nur bedingt durch die Einzelnen und ihre familiären und persönlichen Netzwerke aufgefangen werden. Deshalb sollen Versicherungen und sozialstaatliche Leistungen für einen Ausgleich und eine Bewältigung der Lebensrisiken sorgen.

Hierfür gelten drei Prinzipien, die miteinander in Beziehung gesetzt werden müssen: die Eigenverantwortung der Einzelnen, die Solidarität der Gemeinschaft und die Subsidiarität, also die Unterstützung dort, wo der oder die Einzelne bzw. die privaten Systeme überfordert sind (vgl. Huster 2018a, S. 97).

Das Prinzip der Subsidiarität

Das in Deutschland besonders stark ausgeprägte Prinzip der Subsidiarität sieht die Aufgaben und die Verantwortung zur Lösung sozialer Probleme immer bei der kleinsten sozialen Gemeinschaft, die zu deren Bewältigung in der Lage ist. So soll die Familie für ihre Mitglieder sorgen, die der Unterstützung bedürfen, und die Hilfeträger treten erst dann ein, wenn die Familien überfordert sind (= »begrenzende Seite der Subsidiarität«). Zugleich sollen die größeren Einheiten die kleineren aber darin unterstützen, Aufgaben in eigener Verantwortung bewältigen zu können (= »unterstützende Seite der Subsidiarität«). Ein Beispiel für beide Seiten des Prinzips[29] ist das System der Studienfinanzierung, die zwar nachrangig gegenüber familiären Unterhaltspflichten gewährt wird, die Familien aber über Kindergeldzahlungen auch entlastet.

Die unterschiedlichen Grundstrukturen der heutigen Wohlfahrtsstaaten gehen auf die politischen Auseinandersetzungen seit den Anfängen der Industrialisierung zurück, die weiter oben dargestellt wurden (▶ Kap. 3.2). Bis heute wird immer wieder neu ausgehandelt, welche Lebensrisiken wie und durch wen abgesichert werden – beispielsweise wurde 1994/1995 die Pflegeversicherung in Deutschland neu eingeführt. Im Ergebnis verändert sich immer wieder der so genannte »Welfare Mix« oder auch »Wohlfahrtspluralismus« (zum Begriff des Welfare Mix vgl.

---

29 Grundlegend zum Subsidiaritätsprinzip: Nell-Breuning 1976.

Thiel 2007). Dabei geht es um die Gewichtung und Ausgestaltung der privaten Daseinsvorsorge, der Sozialversicherungen, der sozialstaatlichen Leistungen, der privaten und öffentlichen Sorgetätigkeiten in den Bereichen Erziehung, Pflege und Betreuung und des zivilgesellschaftlichen Engagements. Im jeweiligen »Welfare Mix« sind hoch wirksame, implizite Geschlechterordnungen enthalten, indem bestimmte Tätigkeiten bezahlt oder nicht bezahlt und bestimmte Lebensmodelle bevorzugt werden – z. B. das »männliche Ernährermodell« im Unterschied zum »Adult Worker-Modell« (vgl. Winker 2015; Mogge-Grotjahn 2020).

Neben dem Zugang zum Erwerbsarbeitsmarkt und den daraus direkt oder indirekt abgeleiteten Chancen, an materiellen Gütern teilzuhaben, geht es immer auch um die Teilhabe an immateriellen Gütern und letztlich um die Frage, wie weit die Einzelnen ihr Leben selbst in die Hand nehmen können. Die sozialpolitische Ausgestaltung des »Welfare Mix« hat unmittelbare Konsequenzen für die Zielbestimmungen Sozialer Arbeit, da sie bestimmte Lebensentwürfe als ›normal‹ und ›anstrebenswert‹ nahelegt und unterstützt. Dies wird exemplarisch deutlich an dem bereits weiter oben erläuterten Konzept des »aktivierenden Sozialstaates« (▶ Kap. 1.1) und der Erwartung an die Soziale Arbeit, dass sie ihre Klient_innen vor allem dazu befähigt, sich den Anforderungen des Erwerbsarbeitsmarktes und den damit verbundenen Anforderungen formaler Bildung zu orientieren.

Den theoretischen wie politischen Hintergrund dieser Problematik bilden unterschiedliche Auffassungen von den Aufgaben des Staates. Vertreter_innen des »liberalen Rechtsstaates« sind der Auffassung, dass das staatliche Handeln im Wesentlichen auf das Gewährleisten der vorhandenen Ordnung im Inneren und auf die Verteidigung der Gesellschaft und des Staates nach außen beschränkt bleiben sollte. Nur dadurch könne eine optimale Entfaltung der ökonomischen Kräfte entstehen, was zu einer allgemeinen Wohlstandssteigerung führe und sich letztlich für alle Bürger_innen positiv auswirke. Staatliche Eingriffe in das Marktgeschehen und/oder sozialpolitische Regulierungen führen dieser Auffassung nach zu einer Einschränkung von Freiheit und zu einer Verringerung des eigenverantwortlichen Handelns aufseiten der Bürger_innen (vgl. Schmidt 2010, S. 229). In der Konsequenz solle sich

3.2 Konzepte des liberalen und des sozialen Rechtsstaates

der Sozialstaat darauf beschränken, soziale Mindeststandards abzusichern und extreme Notlagen zu vermeiden.

Vertreter_innen des »sozialen Rechtsstaates« dagegen plädieren dafür, dass der Staat in das ökonomische Geschehen korrigierend eingreifen soll. Ziel der staatlichen Eingriffe müsse es sein, die Macht von Unternehmen und Kapital zu begrenzen sowie vorhandene soziale Ungleichheiten durch sozialpolitische Rahmenbedingungen und Maßnahmen abzubauen oder zumindest die Folgen der Ungleichheit abzumildern. Dadurch sollen die staatsbürgerliche Gleichheit und die Freiheit der Einzelnen bestmöglich hergestellt und geschützt und zugleich auch die politische Demokratie gestärkt werden. Nur durch die staatlich garantierten Freiheitsrechte sowie die vom Staat hergestellten Rahmenbedingungen der sozialen Sicherheit werden demnach die Bürger_innen in die Lage versetzt, ihr Leben aktiv gestalten zu können. Dieses Verständnis des »sozialen Rechtsstaates« beruht im Wesentlichen auf der »Theorie der sozialen Demokratie«, der zufolge es das Ziel aller Demokratien sein müsse, Politik, Gesellschaft und Wirtschaft möglichst »inklusiv« zu gestalten (vgl. Schmidt 2010, S. 225).

Das Konzept des sozialen Rechtsstaats schreibt den oben bereits in einer historischen Perspektive dargestellten Verbänden und Organisationen auch systematisch eine wichtige Rolle zu. Sie werden häufig als »Intermediäre Organisationen« bezeichnet. Diese sind auf einer »mittleren Ebene« zwischen den Individuen auf der einen und den zentralen staatlichen Organen auf der anderen Seite angesiedelt und sind vor allem in den gesellschaftlichen Teilsystemen aktiv und mächtig.[30] In den gesellschaftlichen Teilsystemen des Sozialen und der Gesundheit sind die

---

30 »Primäre Funktion von Interessenorganisationen ist die Bündelung von Interessen (bzw. Organisation von Interessenten) und deren Vertretung gegenüber der politischen und gesellschaftlichen Umwelt. Ihre direkten Adressaten sind neben den staatlichen Instanzen und Organen der politischen Willensbildung die Öffentlichkeit und andere gesellschaftliche Gruppen. Als intermediäre Organisationen vermitteln sie zwischen der Lebens- und Sozialsphäre ihrer Mitglieder und den politischen und gesellschaftlichen Institutionensystemen« (Müller-Jentsch 2003, S. 141f). – Zur Geschichte der Interessenorganisationen in Deutschland, ihren gegenwärtigen Organisationstypen und Aufgaben einschließlich der Berufskammern vgl. neben den bereits herangezogenen Quellen auch Lengfeld 2013.

Wohlfahrts- und Sozialverbände angesiedelt, auf die weiter oben eingegangen wurde (vgl. Zimmermann, Boeckh 2018, S. 787f) (▶ Kap. 3.1).

3.3 Soziale Bewegungen, die Weiterentwicklung Sozialer Arbeit in Westdeutschland und ihr Verhältnis zur Sozialpolitik

In den vorangegangenen Abschnitten wurden bereits unterschiedliche historische und gegenwärtige Akteur_innen erwähnt, die für die Gestaltung und Veränderung von Gesellschaften wichtig sind – so z. B. politische Parteien, Kirchen, Verbände und Organisationen, öffentliche und private Medien und viele mehr. Von besonderer Bedeutung für die Soziale Arbeit, die Ausgestaltung der Sozialpolitik und die Teilhabe der Bürger_innen sind »soziale Bewegungen«.

> **Organisatorische Merkmale sozialer Bewegungen**
>
> Unter sozialen Bewegungen werden längerfristige und überregionale Netzwerke verstanden, die zwar eine kollektive Identität entwickeln und ein gemeinsames Anliegen verfolgen, nicht aber an formale Mitgliedschaften oder verbindliche Satzungen gebunden sind. Diese Merkmale unterscheiden sie von – ausschließlich lokal agierenden – Bürger_inneninitiativen ebenso wie von – formal strukturierten – Parteien oder Organisationen (vgl. Lahusen 2013).

Während es weitgehend unstrittig ist, welche organisatorischen Merkmale eine »soziale Bewegung« auszeichnen, gibt es sehr kontroverse Positionen zu der Frage, ob soziale Bewegungen auch inhaltlich bestimmte grundlegende Merkmale aufweisen müssen, ob also beispielsweise auch antidemokratische Bewegungen wie die »Pegida«-Bewegung[31] als soziale

3.3 Soziale Bewegungen, Sozialpolitik und Soziale Arbeit

Bewegungen betrachtet werden können (vgl. Franke-Meyer, Kuhlmann 2018). Auch für die Soziale Arbeit ist diese Problematik bedeutsam, da es durchaus Überschneidungen in der Sozialen Arbeit mit der »Neuen Rechten« gibt (vgl. Stövesand 2014; Gille u. a. 2020). Es bedarf also der kritischen Diskussion über die Zielsetzungen, die von der Sozialen Arbeit mit getragene oder unterstützte soziale Bewegungen verfolgen.

In den 1960er und 1970er Jahren erstarkten in Westdeutschland die gesellschaftlichen Akteur_innen, die sich für eine umfassende Demokratisierung der Gesellschaft engagierten[32]. Die Anlässe und Zielsetzungen waren vielfältig:

- gegen den Vietnamkrieg, den die Bundesrepublik als Verbündete der USA unterstützte;
- für demokratische Erziehung und Bildung sowie Mitbestimmung in Schulen und Universitäten;
- für die Gleichberechtigung und Selbstbestimmung von Frauen;
- für das Recht auf Abtreibung und sexuelle Selbstbestimmung;
- für ein Ende der gewaltförmigen Erziehung in Heimen;
- für gesundheitliche Selbstbestimmung und Patientenrechte;
- für die Rechte von Lehrlingen und eine Ausweitung der betrieblichen Mitbestimmung.

Durch diese und weitere soziale Bewegungen[33] und Bürger_innenproteste erfuhr der Begriff der Partizipation eine deutliche Ausweitung und wurde mehr und mehr mit »gesellschaftlicher Teilhabe« gleichge-

---

31 »Pegida« ist eine Abkürzung und bedeutet: »Patrioten Europas gegen die Islamisierung des Abendlandes«. Seit 2015 haben sich in vielen Städten eigene Gruppen gebildet, die sich zunehmend radikalisierten (vgl. u. a. Bundeszentrale für politische Bildung 2015 und 2016).
32 Allerdings hatte es schon in den 1950er Jahren Protestbewegungen gegeben – in Westdeutschland beispielsweise gegen die Wiederbewaffnung der Bundesrepublik Deutschland durch die Einführung der Bundeswehr, in Ostdeutschland gegen eine zunehmend autoritäre Parteipolitik. Die Übergänge zwischen kurzzeitig aufflackernden Protesten (beispielsweise der so genannten »halbstarken« Jugendlichen in den 1950er Jahren) und sozialen Bewegungen waren und sind fließend.
33 Zum Begriff und zur Geschichte der sozialen Bewegungen vgl. Rucht 2013 sowie Roth, Rucht 2008. – Den reflexiven Umgang mit den sozialen Bewegungen in der

setzt. Die Forderung nach (mehr) Partizipation bezieht sich seitdem auf alle Bereiche und alle Ebenen des gesellschaftlichen Lebens – seien es Schulen, Universitäten oder Betriebe, seien es direktdemokratische Verfahren der Politik in Ergänzung zu oder anstelle von repräsentativen Wahlen.

Auch die Soziale Arbeit war in die Aufbrüche der 1960er und 1970er Jahre involviert. Zum einen gehörten Fachkräfte aus vielen Bereichen der sozialpädagogischen und sozialarbeiterischen Praxis zu den Initiator_innen von Gruppen und Projekten, die sich vor allem für die Veränderung der Heimerziehung und die Unterstützung von Mädchen und Frauen engagierten. Zum anderen wurde die Soziale Arbeit selbst in den Fokus der kritischen Reflexion gerückt. Verstärkt wurde diese Entwicklung durch die Akademisierung der Ausbildung zur Sozialen Arbeit in den ab 1971 gegründeten Fachhochschulen für Sozialarbeit/Sozialpädagogik, deren Studiengänge viele sozial und politisch engagierte Studierende anzog (vgl. Kuhlmann 2014, S. 124).

Im Oktober 1968 gründeten etwa 150 Sozialarbeiter_innen ein Komitee, aus dem verschiedene Arbeitsgruppen und schließlich der Arbeitskreis Kritischer Sozialer Arbeit (AKS) entstanden. Im Mittelpunkt der Diskussionen standen die kritische Auseinandersetzung mit der gesellschaftlichen Funktion der Sozialen Arbeit, die Veränderung der Konzepte und Methoden der Sozialen Arbeit sowie die inhaltliche Ausrichtung der Ausbildungs- bzw. Studiengänge (vgl. Müller 2013, S. 236–270; zur jüngeren AKS-Geschichte siehe Grießmeier 2019).

Es entstanden zahlreiche Initiativen und soziale Bewegungen, die Kuhlmann neun Bereichen zuordnet:

1. die *Kinderladenbewegung*, in deren Einrichtungen die Kinder antiautoritär erzogen werden sollten, um ihre kreative Entwicklung und Selbstbestimmung zu fördern;
2. die *Heimkampagnen*, in deren Verlauf viele autoritär geführte Lehrlings- und Erziehungsheime aufgelöst wurden und statt dessen demokratische »Jugendwohnkollektive« etabliert werden sollten;

BRD und der DDR untersucht ein Projekt der Hans-Böckler-Stiftung: »Erinnerungskulturen der sozialen Demokratie« (Hans-Böckler-Stiftung 2021).

3. die *Jugendzentrumsbewegung*, die im Freizeitbereich den Jugendlichen ein hohes Maß an Selbstverwaltung und Selbstbestimmung ermöglichte;
4. die *Krüppelbewegung*, in der Menschen mit Behinderungen sich für ihre Rechte einsetzten, u. a. in Blick auf Wohnformen und sexuelle Selbstbestimmung;
5. die *Reform des Strafvollzugs*, durch die der Resozialisierungsgedanke in den Vordergrund der Arbeit mit Inhaftierten gerückt wurde;
6. die *Kritik an der Sozialpsychiatrie*, die zur Psychiatrie-Enquete von 1975 führte[34] und gemeindenahe Wohn- und Arbeitsmöglichkeiten für psychisch Kranke einforderte;
7. die *Suchthilfe*, in der Alkohol- und Drogenkonsum als psychosoziale Probleme anerkannt und entsprechend veränderte Hilfekonzepte gefordert wurden;
8. die *Frauenhausbewegung* und der *Ausbau von Frauenberatungsstellen*, durch die physische, psychische und sexuelle Gewalt gegen Frauen aus dem vermeintlich »privaten« Bereich herausgeholt wurde;
9. die vielfältige *Selbsthilfebewegung* im Sozial- und Gesundheitsbereich (vgl. Kuhlmann 2014, S. 130–135).

Die Selbsthilfegruppen und die Gesundheitsbewegung hatten wesentlichen Anteil daran, dass 1986 die Weltgesundheitsorganisation (WHO) die so genannte »Ottawa-Charta« verabschiedete. Darin werden ein Paradigmenwechsel von der Krankheitsverhütung zur Gesundheitsförderung und gesundheitsförderliche Lebensbedingungen gefordert sowie partizipatorische Konzepte der Gesundheitsförderung formuliert (vgl. WHO 1986).

Diese vielen verschiedenen Initiativen wiesen einige Gemeinsamkeiten auf:

---

34 Die öffentliche Kritik hatte dazu geführt, dass ab 1970 Expert_innen und Betroffene im Auftrag des Deutschen Bundestages einen umfangreichen Bericht über die Zustände und Missstände im Bereich der Psychiatrien erarbeiteten, der nach seiner Veröffentlichung 1975 zu umfangreichen Reformen geführt hat.

3 Übergänge zur Sozialen Arbeit

- zum einen die kritische Auseinandersetzung mit der Funktion Sozialer Arbeit und ihrem Verhältnis zum Sozialstaat;
- zum zweiten die Forderungen nach einer Demokratisierung und Veränderung der Gesellschaft;
- zum dritten die Auseinandersetzung mit Konzepten und Methoden der Sozialen Arbeit unter dem Aspekt der Teilhabe und Selbstbestimmung für ihre Klient_innen;
- zum vierten die Professionalisierung Sozialer Arbeit.

Als eine zentrale Zielsetzung für die Soziale Arbeit wurde formuliert, dass die Adressat_innen Sozialer Arbeit nicht mehr bevormundet, sondern in ihrem Wunsch nach einem selbstbestimmten Leben unterstützt werden sollten (vgl. Roth 2019, S. 61).[35]

In den letzten gut zwei Jahrzehnten haben sich der Sozialstaat und die Soziale Arbeit erneut und tiefgreifend verändert. Die demografische Entwicklung machte neue Angebote und damit auch Finanzierungsstrukturen für die Pflege und Betreuung alter Menschen nötig. Der Gesundheitssektor expandierte und wurde dabei immer marktförmiger organisiert. Die Strukturen des Erwerbsarbeitsmarktes haben sich verändert, und viele Erwerbstätige unterliegen neuartigen Risiken der Arbeitslosigkeit sowie der prekären Beschäftigung. Hinzu kommen eine Pluralisierung der Haushalts- und Lebensformen, der Zuzug von Migrant_innen und geflüchteten Menschen sowie vielfältige Herausforderungen an das Bildungssystem.

Durch diese Entwicklungen hat sich der weiter oben bereits erwähnte »Welfare Mix«, also die Mischung aus sozialstaatlich finanzierten und garantierten Leistungen, privat erbrachten Leistungen wie z. B. die häusliche Pflege, kommerziell organisierten und angebotenen Dienstleistungen sowie den ehrenamtlich von Bürger_innen erbrachten Leistungen

---

35 Ähnliche Problemanzeigen und Forderungen waren auch schon von den Vordenkerinnen der 1920er Jahre, allen voran Alice Salomon, veröffentlicht worden. Salomon vertrat die Auffassung, dass die Soziale Arbeit dann, wenn sie in Notlangen überindividuelle Ursachen ausmacht, für politische Lösungen der Probleme eintreten müsse. Zugleich trat sie dafür ein, die Einzelnen so zu stärken, dass sie ihre eigenen Kräfte und Energien entfalten können (vgl. Kuhlmann 2014, S. 82ff, unter Bezug auf Salomon 1926 und 1928).

3.3 Soziale Bewegungen, Sozialpolitik und Soziale Arbeit

erneut verändert. Politisch wird nicht nur eine stärkere Eigenverantwortung der Bürger_innen gefordert, sondern auch zunehmend auf das »Sozialkapital« in Form zivilgesellschaftlichen Engagements gesetzt. Huster bewertet die Tendenz, von den Bürger_innen vermehrtes Engagement im sozialen Bereich zu erwarten, als politisch ambivalent. Denn einerseits würden dadurch soziale Probleme wieder deutlicher in das öffentliche Bewusstsein gerückt und in ihrer politischen Bedeutung wahrgenommen; andererseits entziehe sich der Staat auf diese Weise seiner Verantwortung für bisherige Pflichtaufgaben, sodass politische Probleme tendenziell zur unpolitischen Privatsache werden. In dieser komplexen Situation komme es darauf an,

> »die sozial Ausgegrenzten nicht nur materiell an der Gesellschaft durch Zuweisung teilhaben, sondern sie selbst viel stärker an den Entscheidungsstrukturen partizipieren zu lassen. Teilhabe bzw. Partizipation heißt dann zugleich, Freiheit im Kontext sozialer Bezüge selbst bestimmt mitgestalten zu können, zumindest dazu eine Chance eröffnet zu bekommen« (Huster 2018a, S. 116f).

Zwischen der Sozialpolitik, also den konkreten Strukturen und Entscheidungen des Sozialstaates, und der Sozialen Arbeit besteht nicht nur ein historischer, sondern auch ein systematischer Zusammenhang. So muss sich die Soziale Arbeit immer wieder positionieren, wenn ihr durch die Ausrichtung der Sozialpolitik neue Aufgaben zugewiesen werden. Zum Beispiel erwartet das Konzept des »aktivierenden Sozialstaates« eine verstärkte Fokussierung der Sozialen Arbeit auf die Erfordernisse des Erwerbsarbeitsmarktes (▶ Kap. 1.1.2).

Sozialpolitik muss die Einzelnen und ihre sozialen Probleme so verallgemeinern, dass Personengruppen entstehen, auf die die Angebote und Leistungen des Sozialstaates ausgerichtet werden können (vgl. Schönig 2013). Soziale Arbeit dagegen ist an den Einzelnen und ihren Unterstützungsbedarfen orientiert. Auch wenn die individuellen Probleme mitunter zu den vorgegebenen Strukturen ›passend gemacht‹ werden, damit die Betroffenen als leistungsberechtigt gelten, bleibt doch immer der Anspruch, eine persönliche Beziehung herzustellen und die Einzelnen in ihrer unverwechselbaren Besonderheit zu respektieren und zu würdigen. Allerdings soll sich die Soziale Arbeit auch nicht in der Ausgestaltung der dyadischen Beziehungen zwischen Fachkräften und Klient_innen erschöpfen, sondern ist ebenso aufgerufen, die überindividuellen, also verallgemeinerbaren Ursachen der Hilfebedarfe zu thematisieren und, wo nötig, politisch zu skandalisieren. Benz hat dieses Spannungsfeld zwischen individueller Zuwendung und Unterstützung einerseits und Kritik an den strukturellen Verhältnissen andererseits als »Hilfe unter Protest« charakterisiert (vgl. Benz 2010, S. 319). Bezogen auf das Verhältnis von Sozialpolitik und Sozialer Arbeit hält er fest:

> »Die Qualität der Sozialpolitik lässt sich daran prüfen, ob sie in der Lage ist, dem kritischen Blick und den tätigen Antworten Sozialer Arbeit auf die sozialen Lagen und Perspektiven ihrer Klienten standzuhalten und diese aufzugreifen. Die Professionalität Sozialer Arbeit lässt sich daran erkennen, ob sie ihre (sozial-)politische Dimension theoretisch wie praktisch wahrnimmt« (Benz 2010, S. 317).

3.4 Anwaltschaftlich orientierte Soziale Arbeit (Starke und schwache Interessen)

Das Konzept der »starken« und »schwachen« Interessen ist, wie weiter oben dargestellt, im Kontext des liberalen Staats- und Demokratieverständnisses entstanden.

Interessen

»Interessen« im Sinne von Zielen und Bedürfnissen entweder einzelner Personen oder sozialer Gruppen entstehen aus gesellschaftlichen Verhältnissen und Problemen. Sie stellen eine Art »Rohstoff« dar, »der in den politischen Prozess eingeht, umgeformt wird und zu Entscheidungen führt« (Rudzio 2019, S. 49). Es kann sich zum einen um materielle Interessen handeln, also beispielsweise darum, Zugang zu Erwerbseinkommen und/oder ausreichenden Transferleistungen zu erhalten. Zum anderen kann es auch um immaterielle Interessen gehen, im Sinne sozialer Anerkennung und Teilhabechancen (vgl. Cress 2019, S. 37). Interessen können individuell, aber auch kollektiv

3.4 Anwaltschaftlich orientierte Soziale Arbeit (Starke und schwache Interessen)

> formuliert und vertreten werden (vgl. Zimmermann, Boeckh 2018, S. 785f).

Dieses weit gefasste Verständnis von »Interesse« beruht auf den in Kapitel 2 dargestellten Grundlagen des gesellschaftlichen Zusammenlebens. Es verdeutlicht nochmals, wie wichtig es ist, in Blick auf soziale Ungleichheiten und das damit verbundene Gerechtigkeitsproblem sowohl die Umverteilung materieller Ressourcen als auch die soziale Anerkennung als Zielvorstellung im Blick zu behalten – so wie es in dem weiter oben erwähnten Buch von Nancy Fraser und Axel Honneth exemplarisch diskutiert wird (vgl. Fraser, Honneth 2017) (▶ Kap. 2.1).

Der Staat sorgt durch demokratische Abstimmungsprozesse auf den dafür vorgesehenen repräsentativen Wegen für einen Interessensausgleich zwischen den gesellschaftlichen Gruppen. Die Bürger_innen können sich bei Wahlen auf kommunaler, landes- oder bundespolitischer Ebene für verschiedene Parteien entscheiden, die in ihren Wahlprogrammen unterschiedliche politische Zielvorstellungen formulieren, und sie können sich auch selbst um ein politisches Mandat bewerben. In ihren Programmen versprechen die Parteien, bestimmte Interessen zu verfolgen, z. B. die von Arbeitnehmer_innen oder von älteren Menschen oder von sozial schwächeren Bevölkerungsgruppen oder von mittelständischen Unternehmen.[36] Entsprechend den errungenen Stimmanteilen werden diese Ziele dann durch Regierungs- und Oppositionskräfte in den Parlamenten umgesetzt.

Wie es zu den unterschiedlichen Lebenslagen der Wähler_innen und ihren unterschiedlichen Interessen kommt, spielt für die parlamentarischen Prozesse zunächst einmal keine Rolle. Allerdings haben nicht alle Bürger_innen die gleichen Chancen, ihre Interessen durch ihre Wahlentscheidungen oder auch in den einflussreichen Organisationen, Ver-

---

36 Natürlich vertreten politische Parteien nicht nur die Interessen bestimmter Zielgruppen, sondern verfolgen auch übergreifende politische Ziele, wie z. B. den Klimaschutz oder die Europäische Integration oder die Begrenzung von Zuwanderung u. a. m.

bänden und Institutionen zur Geltung zu bringen. Denn hierfür bedarf es bestimmter Ressourcen.

Strukturell benachteiligte Bevölkerungsgruppen können nicht so ohne Weiteres die nötigen finanziellen Mittel für eine wirksame Organisation ihrer Interessen aufbringen, und sie haben weniger Zugang zur medialen Berichterstattung und öffentlichen Meinungsbildung als einflussreiche, ökonomisch starke Bevölkerungsgruppen. Zu den strukturell benachteiligten Gruppen gehören beispielsweise Erwerbslose, Alleinerziehende, Pflegebedürftige, Geflüchtete, in verschiedener Hinsicht gehandicapte Personen und auch Kinder. Diese Bevölkerungsgruppen sind häufig identisch mit den Klient_innen Sozialer Arbeit. Sie werden politikwissenschaftlich den so genannten »schwachen Interessen« zugerechnet. Die in dieser Perspektive entscheidende Frage ist, ob und wie sie politischen Einfluss gewinnen können (vgl. Toens, Benz 2019, S. 11).

Anders als Erwerbstätige, die sich gewerkschaftlich organisieren und im Konfliktfall durch Streiks eine ökonomische und politische Macht ausüben können, verfügen die Klient_innen Sozialer Arbeit in der Regel über kein eigenes Druckmittel.

Am Beispiel von Menschen in Armutslagen verdeutlichen Schönig und Sellner den Zusammenhang zwischen fehlenden materiellen Ressourcen und politischer Schwäche. Sie weisen aber auch darauf hin, dass »Armut« nicht gleich »Armut« ist, sondern die große Zahl der in Armut lebenden oder von Armut bedrohten Personen eine starke Binnendifferenzierung aufweisen. Ob und wie wirkungsvoll von Armut Betroffene oder bedrohte Personen ihre Interessen selbst vertreten können und wollen, hängt von der Ursache und der Dauer ihrer Armutslagen ab. Wesentlichen Einfluss auf das Vertrauen in die eigenen Änderungspotenziale hat auch, ob die Betroffenen eher das eigene Versagen oder eher strukturelle Benachteiligungen für ihre Armutslage verantwortlich machen (vgl. Schönig, Sellner 2019, S. 124).

Die Chancen, dass auch »sozial schwache« bzw. »geschwächte« Personen und Gruppen ihre Interessen wirksam selbst vertreten können, steigen immer dann, wenn es ihnen gelingt, sich mit sozialen Bewegungen zu verbinden oder solche zu initiieren und die öffentliche Meinung zu beeinflussen. Von besonderer Bedeutung sind die Präsenz und die Reso-

3.4 Anwaltschaftlich orientierte Soziale Arbeit (Starke und schwache Interessen)

nanz in den digitalen Medien. Zwischen der politikwissenschaftlichen Zuordnung zu »schwachen Interessen« und der Selbstwahrnehmung von Betroffenen kann deshalb eine erhebliche Diskrepanz bestehen, wenn Letztere sich beispielsweise medial viel Gehör verschaffen können (vgl. Toens, Benz 2019, S. 12).

In der Regel aber werden die so genannten schwachen Interessen von Wohlfahrtsverbänden und anderen freien Trägern Sozialer Arbeit aufgegriffen und vertreten. In Deutschland haben die Träger Freier Wohlfahrtspflege eine besondere Bedeutung, weil sie durch das Prinzip der Subsidiarität eine starke und durchsetzungsfähige Position im Sozialstaat einnehmen können (vgl. Roth 2019, S. 55ff). Die Wohlfahrtsverbände verstehen sich selbst als »Anwälte« ihrer Klient_innen, deren Belange sie in die öffentliche Meinung und in die (sozial-)politischen Entscheidungsprozesse einbringen. Wesentliche Mittel, dieses Ziel zu verfolgen, sind öffentliche Stellungnahmen, Aushandlungsprozesse (z. B. über die Ausgestaltung von Leistungsansprüchen) und Forderungskataloge von Spitzenverbänden (z. B. zur Bekämpfung von Armut).

Die zunehmenden europäischen und internationalen Verflechtungen von Ökonomie und Politik stellen auch die Wohlfahrtsverbände vor neue Herausforderungen. Die nationalen Verbände, beispielsweise Caritas und Diakonie oder andere Organisationen, unterhalten eigene Dienststellen und Büros in der Regierungszentrale der Europäischen Union in Brüssel, um dort die sozialpolitischen Interessen ihrer Mitglieder zu vertreten. Darüber hinaus haben sie sich in europäischen Netzwerken zusammengeschlossen, z. B. in der 1993 gegründeten transnationalen »Social Platform« oder dem European Anti Poverty Network (EAPN) zur Bekämpfung von Armut (vgl. Zimmermann, Boeckh 2018, S. 794ff).

Im Mittelpunkt des anwaltschaftlichen Handelns von Wohlfahrtsverbänden, ob auf nationaler oder europäischer Ebene, steht häufig weniger der Teilhabe-Gedanke als eine möglichst effiziente Interessenvertretung – was zählt, ist der so genannten »Policy Output«. Dafür ist es erforderlich, von den konkreten und individuellen Lebenssituationen der Einzelnen zu abstrahieren und möglichst verallgemeinerbare Forderungen aufzustellen. Durch wen diese verallgemeinerten Forderungen vertreten werden – durch Verbandsfunktionäre oder durch Betroffene –, erscheint demgegenüber als zweitrangig (vgl. kritisch hierzu Cress 2019, S. 38). Eine solche Haltung steht aber in einem Spannungsverhältnis zu der gewünschten Teilhabe-Orientierung in der Sozialen Arbeit. Häufig besteht ein Wechselspiel, Ergänzungs- und Spannungsverhältnis zwischen der Selbstvertretung benachteiligter Bevölkerungsgruppen, ihrer Mitbestimmung und der anwaltschaftlichen Vertretung ihrer Interessen durch Fachkräfte, Einrichtungen und Wohlfahrtsverbände.

Am Beispiel der Geflüchteten, die ab 2015 in die Bundesrepublik kamen, analysiert Roth, wie anfangs schwache Interessen unter den gegebenen politischen Bedingungen und sozialstaatlichen Strukturen an Beachtung gewinnen und tendenziell zu starken oder zumindest gestärkten Interessen werden können. Roth unterscheidet vier Stufen dieses Prozesses:

- Auf der ersten Stufe organisieren sich Betroffene selbst und artikulieren Protest, beispielsweise gegen ihre Unterbringung. Dadurch lösen sie Solidarisierung und Unterstützung durch engagierte Bürger_innen aus, die sich als »Themen-Anwält_innen« für die Betroffenen verstehen.
- Auf der zweiten Stufe finden die Proteste und Solidarisierungen eine positive Resonanz bei Wohlfahrtsverbänden oder anderen Institutionen, die sich die Anliegen zu eigen machen und in das Spektrum ihrer anwaltschaftlichen Interessensvertretung aufnehmen. Zugleich können sie dadurch ihr eigenes professionelles Angebot sozialer Dienstleistungen ausweiten.
- Auf der dritten Stufe wird dieser Prozess durch eine positive öffentliche Meinung und das Engagement Freiwilliger verstärkt und unterstützt.
- Auf der vierten Stufe münden die Anliegen der ursprünglichen Protestbewegung in ein institutionalisiertes und geregeltes System staatlicher Unterstützungsleistungen (vgl. Roth 2019, S. 75).

Ähnlich verliefen die Entwicklungen in vielen anderen gesellschaftlichen Bereichen. Beispielsweise sind die die inzwischen zumindest in vielen Fällen regelfinanzierten Frauenhäuser aus der Frauenbewegung

3.4 Anwaltschaftlich orientierte Soziale Arbeit (Starke und schwache Interessen)

gegen Gewalt im Geschlechterverhältnis und den von ihr gegründeten autonomen Frauenhäusern entstanden. Aus der Schwulen- und Lesbenbewegung entstanden die AIDS-Hilfe und professionelle Beratungsstellen für Lesben, Schwule, Bisexuelle und Trans*Menschen. Aus der Gesundheitsbewegung im Bereich der Psychiatrie entstanden Ausbildungsangebote wie das zum bzw. zur Genesungsbegleiter_in, durch die Menschen mit Psychiatrieerfahrungen für die Begleitung anderer Betroffener qualifiziert werden[37].

Allerdings werden die Interessen und Forderungen, die von Selbsthilfegruppen oder Sozialen Bewegungen formuliert werden, nicht ohne Abstriche und Veränderungen in die institutionellen Strukturen und gesetzlich fixierten Leistungsansprüche aufgenommen. Sie müssen sich den Logiken anpassen, nach denen Unterstützungsbedarfe und Leistungsansprüche definiert und geregelt werden. Dazu gehört auch, dass nicht die Betroffenen selbst, sondern ausgebildete Fachkräfte für die Art und Durchführung von Hilfeleistungen verantwortlich sind. Daraus kann ein spannungsreiches Verhältnis zwischen Betroffenen, ehrenamtlichen Unterstützer_innen und Angehörigen sowie professionellen Fachkräften entstehen.

So waren im Kontext der zweiten Frauenbewegung Selbsthilfegruppen von Frauen gegen die Gewalt an Frauen entstanden, die autonome Frauenhäuser gründeten und die vermeintlich »private« Gewalt gegen Frauen politisch skandalisierten. Inzwischen gibt es mehr als 350 Frauenhäuser in Deutschland, die weitgehend aus öffentlichen Mitteln finanziert werden und Fachkräfte beschäftigen. Das Problem der Gewalt gegen Frauen ist deutlich weniger tabuisiert als noch vor wenigen Jahrzehnten. Aber das Verhältnis zwischen den betroffenen Frauen, die sowohl Expertinnen in eigener Sache als auch hilfesuchende Klient_innen sind, und den professionellen Fachkräften war vor allem in den Anfangsjahren der Frauenhausbewegung durchaus von Spannungen geprägt.

---

37 Auf diesen Initiativen beruht das 2005 von der Europäischen Union finanzierte Modell »Ex-In«. Es wurde ein umfangreiches Curriculum für die Ausbildung von Psychiatrieerfahrenen als Ausbilder_innen und Genesungsbegleiter_innen entwickelt (vgl. Psychiatrie-Verlag 2019). Zu diesem Themenbereich vgl. auch Hoghe, Walter (2019).

Wie sich durch die Professionalisierung von Hilfeangeboten auch die Wahrnehmung der gesellschaftlichen Dimensionen des Problems verändert, thematisiert Breitenbach am Beispiel der Frauenhausbewegung (vgl. Breitenbach 2018).

Alles in allem müssen die Prozesse und Ergebnisse der Interessensvertretung durch professionelle Fachkräfte und Fachverbände durchaus als ambivalent betrachtet werden. Dem Gewinn von Einfluss und Ressourcen im sozialpolitisch vorgesehenen Rahmen steht ein möglicher Verlust des gesellschaftskritischen Potenzials und der Handlungsautonomie gegenüber.

Im Konzept der anwaltschaftlichen Vertretung schwacher Interessen durch die Freien Wohlfahrtsverbände lassen sich somit (mindestens) drei strukturelle Probleme erkennen:

- Erstens werden die Bedürfnisse und Interessen derer vernachlässigt, denen es nicht gelingt, sich innerhalb der Verbände Gehör zu verschaffen.
- Zweitens sind die Wohlfahrtsverbände nicht nur Anwält_innen schwacher Interessen, sondern selbst auch Anbieter sozialer Dienstleistungen sowie Arbeitgeber für einen großen Teil aller Fachkräfte. Sie vertreten deshalb auch eigene Interessen, die nicht unbedingt mit denen ihrer Klientel und ihrer Mitarbeitenden übereinstimmen müssen (vgl. Roth 2019, S. 61f).
- Und drittens können auf dem Wege der stellvertretenden Interessensvertretung die eigenen Sichtweisen, Wünsche und Bedürfnisse der »Betroffenen« zumindest tendenziell verloren gehen (vgl. Cress 2019, S. 38).

Schreier kritisiert das Konstrukt der schwachen (und starken) Interessen auf sehr grundsätzliche Weise. Ihrer Auffassung nach geht es zu Unrecht von der Annahme aus, dass die Gesellschaft grundsätzlich als gerecht konzipiert sei und strukturell benachteiligte Gruppen ›nur‹ der Unterstützung bedürften, um ihre Interessen politisch vertreten zu können. Dadurch werde der Blick auf die strukturellen Ursachen von Ungleichheit, Unterdrückung und Diskriminierung verstellt und die Frage danach vermieden, ob es nicht auch eine bewusste Verweigerung von

Teilhabechancen für bestimmte Gruppen gebe (vgl. Schreier 2019, S. 72).

Der letzte Punkt führt zu der grundsätzlichen Frage, wer von den vorherrschenden gesellschaftlichen Strukturen und Verhältnissen profitiert, also ein Interesse an der Aufrechterhaltung des »Status Quo« hat, und wer warum strukturell benachteiligt wird. Wenn es um die Überwindung struktureller Benachteiligungen geht, muss aber die Frage gestellt werden, ob das innerhalb des bestehenden Systems dadurch gelingen kann, dass aus schwachen Interessen starke oder zumindest gestärkte Interessen werden, oder ob nicht weiter reichende Veränderungen nötig wären. Nach Schreier würde dies eine radikale Umverteilungspolitik erfordern (vgl. Schreier 2019, S. 72).

Benz und Rieger teilen zwar die Problemanzeigen, die von Schreier formuliert werden, halten aber (unter Betonung selbstvertretender und mitbestimmender Formen) trotzdem daran fest, unterdrückte und benachteiligte Gruppen auch durch advokatorisches Handeln zu unterstützen und zu ermutigen, ihr »Schweigen« bzw. »Nichtgehörtwerden« zu überwinden. Ihrer Auffassung nach ist »Interessenvertretung ... die zweitbeste Wahl in einer suboptimalen politischen Welt, in der alternative ›gerechtere‹ Verfahren (noch) nicht oder allenfalls punktuell existieren« (Benz, Toens 2019, S. 363).

Studienhilfen

Zusammenfassung

Die Geschichte und Entwicklung der Sozialen Arbeit ist eng mit der Entstehung der »sozialen Frage« als Folge der Industrialisierung im 19. Jahrhundert verbunden. Aus den Konflikten und Kompromissen zwischen den vielen verschiedenen politischen und sozialen Akteuren und aus den Initiativen von Hilfeangeboten für Arme und Benachteiligte entstanden die wichtigsten Handlungsfelder der Sozialen Arbeit und die Grundstrukturen des Wohlfahrtsstaates. Diese Entwicklungen waren eng verknüpft mit der Demokratiebewegung.

Wesentliche Zäsuren stellten der Erste Weltkrieg, die Entstehung und das Ende der Weimarer Republik, der Nationalsozialismus und der Zweite Weltkrieg sowie die Teilung und Wiedervereinigung Deutschlands dar.

In Deutschland hatten und haben die Verbände der Wohlfahrtspflege eine starke politische Position. Sie verstehen sich in erster Linie als anwaltschaftliche Vertretung der so genannten »schwachen Interessen«, also der strukturell benachteiligten Bevölkerungsgruppen.

Ab den 1960er und 70er Jahren führten zahlreiche neue soziale Bewegungen zu einer Ablösung autoritärer Strukturen in Politik und Gesellschaft und zu an Selbstbestimmung und Demokratie orientierten Projekten und Initiativen in nahezu allen Bereichen der Sozialen Arbeit. Die Soziale Arbeit erfuhr einen neuen Professionalisierungsschub.

Fragen und Anregungen zur Diskussion

1. Kennen Sie in Ihrer Familie oder anderen Kontexten Personen, die aktiv an einer der sozialen Bewegungen in den 1960er bis 1980er Jahren beteiligt waren? Wenn ja, bitten Sie sie um ein »Interview« und bereiten dafür einige Fragen vor, die Sie ihnen als »Zeitzeug_innen« stellen möchten.
2. Verfolgen Sie über einen Zeitraum von mehreren Wochen die politische Berichterstattung in den Medien (Zeitungen, TV, Social Media). Können Sie erkennen, ob und wie die Konzepte des »liberalen« und des »sozialen« Rechtsstaates dabei eine Rolle spielen?
3. Sollte Ihrer Meinung nach die Soziale Arbeit sich als »Anwältin schwacher Interessen« verstehen? Warum oder warum nicht? Und was bedeutet das ›Pro‹ oder ›Contra‹ Ihrer Meinung nach für die konkrete Ausgestaltung des sozialarbeiterischen Berufsalltags?

Tipps zum Weiterlesen

Diana Franke-Meyer und Carola Kuhlmann haben 2018 das Buch »Soziale Bewegungen und Soziale Arbeit. Von der Kindergartenbewegung zur Homosexuellenbewegung« herausgegeben. Es enthält mehr als 20 Beiträge, in denen Beispiele für soziale Bewegungen vom 16. bis ins 21. Jahrhundert vorgestellt werden. Besonders gut nachvollziehbar wird in den vielfältigen Beiträgen, welche Wechselwirkungen zwischen der Thematisierung sozialer Notlagen durch soziale Bewegungen, der Institutionalisierung neuer Hilfeformen und der Professionalisierung der Sozialen Arbeit bestehen.
→ Franke-Meyer, D., Kuhlmann, C. (2018) (Hrsg.)

Die gegenwärtigen Strukturen und das Selbstverständnis heutiger Sozialer Arbeit lassen sich nur vor dem Hintergrund ihrer Entstehung und Entwicklung verstehen. Die Bücher von Carola Kuhlmann »Geschichte Sozialer Arbeit« und C. Wolfgang Müller »Wie Helfen zum Beruf wurde« bieten aus unterschiedlichen Perspektiven grundlegende Informationen und Orientierungswissen zu diesem Themenbereich an. Kuhlmann konzentriert sich vor allem auf die sozialgeschichtlichen Hintergründe, theoretischen Diskurse und professionellen Entwicklungen. Ihr Buch wird durch einen zweiten Band mit Quellentexten ergänzt. Müller fokussiert seine Darstellung vorrangig auf die Methodengeschichte Sozialer Arbeit.
→ Kuhlmann, C. (2014)
→ Müller, C. W. (2013)

Das Thema der starken und schwachen Interessen steht im Mittelpunkt des von Katrin Toens und Benjamin Benz 2019 herausgegebenen Sammelbandes »Schwache Interessen? Politische Beteiligung in der Sozialen Arbeit«. Die gut 20 Beiträge verschiedener Autor_innen behandeln die theoretischen Grundlagen der Thematik und ihre Bedeutung für die unterschiedlichsten Handlungsfelder der Sozialen Arbeit. Ferner gibt es Beiträge zu den verschiedenen Akteuren und ihren Handlungsebenen, z. B. ehrenamtlich Engagierte, Landesarbeitsgemeinschaften, Arbeitskreise kritischer Sozialer Arbeit und andere mehr.
→ Toens, K., Benz, B. (2019)

3 Übergänge zur Sozialen Arbeit

Benjamin Benz, Günter Rieger, Werner Schönig und Monika Többe-Schukalla haben 2013 und 2014 das zweibändige Werk »Politik Sozialer Arbeit« herausgegeben. Die Beiträge in Band 1 behandeln Grundlagen, theoretische Perspektiven und Diskurse – u. a. zu den Themenbereichen der Demokratie, des Zusammenhangs von Macht, Hilfe und Kontrolle und des Verhältnisses von Sozialer Arbeit und Sozialpolitik. Die Beiträge des zweiten Bandes beschäftigen sich mit den Akteuren, Handlungsfeldern und Methoden Sozialer Arbeit – u. a. zu den Themenbereichen der sozialen Bewegungen, der Wohlfahrtsverbände, der Armenhilfe, der Sozialen Arbeit im Gesundheitsbereich und im Kontext von Migrationspolitik.
→ Benz, B., Rieger, G. u. a. (Hrsg.) (2013 und 2014)

4 Teilhabe-orientierte Haltung Sozialer Arbeit

Kapitelüberblick

Dieses Kapitel thematisiert Anforderungen an eine Teilhabe-orientierte Soziale Arbeit auf unterschiedlichen Ebenen der Konkretion. Zunächst geht es um die Soziale Arbeit als (Menschenrechts-)Profession und die politischen und rechtlichen Rahmenbedingungen, die für ihre Teilhabe-Orientierung von Bedeutung sind (Makro-Ebene). Im nächsten Schritt geht es um die besonderen Schwierigkeiten der Interessensartikulation sozial benachteiligter Gruppen – das so genannte Partizipationsdilemma –, die eigene Interessensvertretung der Sozialen Arbeit, ihre mehr oder weniger partizipativen Strukturen sowie um Konzepte teilhabe-förderlicher Sozialer Arbeit (Meso-Ebene). Schließlich wird auf die Teilhabechancen und -kompetenzen sowohl der Adressat_innen als auch der Fachkräfte Sozialer Arbeit und auf die Beziehungen zwischen ihnen eingegangen (Mikro-Ebene).

Aus den in Kapitel 2 und 3 dargestellten Grundlagen und Diskussionen sowie Problemanzeigen ergeben sich eine Reihe von Anknüpfungspunkten und Ableitungen für die Teilhabe-orientierte Soziale Arbeit. Um die Vielfalt der Aspekte darstellen zu können, werden sie hier entsprechend einer in der Soziologie gebräuchlichen Unterscheidung von Makro-, Meso- und Mikro-Ebene systematisiert. Tatsächlich gehen diese Ebenen aber oft ineinander über.

- In der Soziologie wird als Makro-Ebene die Analyse von gesellschaftlichen Strukturen und Besonderheiten in ihrer Gesamtheit bezeichnet.

Im Zusammenhang der Teilhabe-Orientierung Sozialer Arbeit richtet sich der Blick auf die Soziale Arbeit als Profession, auf die politischen und rechtlichen Rahmenbedingungen der Sozialen Arbeit und auf ihre politische Positionierung als »Menschenrechtsprofession«.

- Die soziologische Meso-Ebene bezieht sich auf die institutionellen Strukturen einer Gesellschaft.

In unserem Zusammenhang geht es um das so genannte »Partizipationsdilemma«, um die Vertretung der eigenen Interessen Sozialer Arbeit und um teilhabe-förderliche Strukturen und Konzepte der Sozialen Arbeit.

- Soziologisch geht es auf der Mikro-Ebene um die Perspektive der Subjekte und ihrer Beziehungen zueinander.

Hier stehen die Teilhabe-Orientierung der einzelnen Fachkräfte in der Beziehung zu ihren Klient_innen und die Entwicklung einer entsprechenden professionellen Grundhaltung im Mittelpunkt.

Diese drei Perspektiven werden im fünften Kapitel zur »Handlung Sozialer Arbeit« nochmals konkretisiert (▶ Kap. 5).

4.1 Die Makro-Ebene

4.1.1 Soziale Arbeit als Profession

Seit Mitte des 19. Jahrhunderts bis in die 1930er Jahre gab es, wie in Kapitel 3.1 bereits erwähnt (▶ Kap. 3.1), eine Reihe von Initiativen und sozialen Bewegungen, denen es vor allem um Hilfe für in Not geratene Kinder und Jugendliche, Frauen, Wohnungslose, Arme und Kranke ging. Diese Gruppen sollten nicht nur materiell unterstützt werden, sondern auch Hilfe finden zur Überwindung ihrer emotionalen und moralischen (»sittlichen«) Verwahrlosung – so der damalige Sprachgebrauch. Die Hilfeangebote wurden häufig autoritär durchgeführt und waren nicht selten auch religiös missionierend und/oder politisch indoktrinierend ausgerichtet. Emanzipatorische Ziele und Verfahrensweisen waren vor allem in reformpädagogischen Angeboten für Kinder und Jugendliche, aber auch in vielen von der Frauenbewegung initiierten Projekten handlungsleitend. Zugleich wurde von vielen Vertreter_innen sozialer Bewegungen Kritik an den jeweils herrschenden gesellschaftlichen Zuständen geübt (zu diesen frühen Initiativen und Bewegungen vgl. die Beiträge in Franke-Meyer, Kuhlmann 2018). – Die emanzipatorischen und demokratischen Impulse der damaligen Bewegungen wurden in den sozialen Bewegungen der 1960er bis 1980er Jahre wieder aufgegriffen und weiterentwickelt. Wie schon in der Zeit vor 1933 erfuhr die Soziale Arbeit auch in dieser Phase einen starken Professionalisierungsschub.

Was eine »Profession« ausmacht und woran sich die »Professionalität« beruflichen Handelns zeigt, ist sowohl eine formale als auch eine inhaltliche Frage.

Profession, Professionalität, Professionalisierung

Der Begriff der »Profession« bezieht sich auf einen besonderen Typus von Berufen, während der Begriff der »Professionalität« die Handlungslogiken und Qualitäten der beruflichen Tätigkeiten fokussiert. Unter »Professionalisierung« wiederum ist der historische Prozess zu verstehen, der aus (ehrenamtlichen und/oder bezahlten) Tätigkeiten eine als solche anerkannte Profession werden lässt (vgl. Loeken 2016).

Auf der formalen Ebene verfügen Professionen über eine umfassende, in der Regel akademische Ausbildung, eine darauf beruhende, wissenschaftsgestützte fachliche Expertise, und es wird ihnen gesellschaftlich ein hohes Maß an Autonomie in der Art und Weise ihrer Berufsausübung zugebilligt. Als »klassische Professionen« gelten die der Ärzt_innen, der Jurist_innen und der Theolog_innen.

Professionen entstehen in modernen, funktional ausdifferenzierten Gesellschaften (▶ Kap. 2.1), und zwar in den Bereichen, die für den Fortbestand der Gesellschaft und die leibliche wie auch psychosoziale

Existenz der Einzelnen von besonderer Bedeutung sind. Sie beziehen sich somit auf zentrale Werte der jeweiligen Gesellschaft und nicht nur auf die Erfordernisse der einzelnen Subsysteme. Anders als etwa bei polizeilichem Handeln geht es im Bereich der Professionen nicht um das äußere Einhalten und Durchsetzen von Ordnungen, sondern um die Stärkung gemeinsamer gesellschaftlicher Werte und die innere Gewährleitung gesellschaftlicher Ordnung und Normalität (vgl. Stüwe 2019).

Im Zuge der gesellschaftlichen Modernisierung haben sich über die klassischen Professionen hinaus weitere Professionen entwickelt und etabliert, vor allem in pädagogischen, psychosozialen und pflegerischen Tätigkeitsfeldern (vgl. Helsper, Krüger, Rabe-Kleberg 2000). Dieser Professionalisierungsprozess ist in der Regel mit einer Akademisierung der Ausbildung, mit der Organisation der Professionsangehörigen in eigenen Berufsverbänden und mit der Entwicklung eigener ethischer Standards (»Code of Ethics«) verbunden[38]. Allerdings ist umstritten, ob die Erfüllung solcher und ähnlicher Kriterien ausreicht, um einen bestimmten Berufbereich als »Profession« zu charakterisieren (vgl. Dewe, Stüwe 2016, 17ff).

Die inhaltliche Bestimmung der Besonderheiten einer Profession im Vergleich zu anderen Berufen erweist sich als wesentlich komplexer. Sie zielt auf die Problemlagen, die professionelles Handeln erforderlich machen und sich dadurch auszeichnen, dass sie wenig standardisierbar sind und sich der ökonomischen Logik eines möglichst effizienten Handelns weitgehend entziehen. Angehörigen einer Profession wird deshalb die Aufgabe zugeschrieben,

> »dass sie mit ihrem Fachwissen über die exklusive Fähigkeit verfügen, die Angemessenheit von sozialen Situationen und einzelnen Entscheidungen zu bewerten. Ausgestattet mit dem gesellschaftlichen Mandat, in die Privatsphäre anderer einzugreifen bzw. für die Öffentlichkeit verbindliche Deutungen zu erbringen, haben Professionsmitglieder im Umgang mit Menschen und Symbolen eine wesentliche Funktion im System gesellschaftlicher Herrschaft inne« (Stüwe 2019, o. S., unter Bezug auf Dewe, Stüwe 2016, S. 13).

---

38 Solche Ethik-Codices wurden 2009 vom Deutschen Berufsverband für Soziale Arbeit (DBSH) und 2013 von der International Federation of Social Workers (IFSW) verabschiedet.

4.1 Die Makro-Ebene

Aus dieser Aufgabenzuschreibung lassen sich eine Reihe kritischer Fragen und unterschiedliche theoretische Positionen ableiten, etwa in Hinblick darauf, ob und wie die Professionen in die Machtstrukturen der jeweiligen Gesellschaften involviert sind und wie dies mit ihrem jeweiligen Selbstverständnis übereinstimmt. In systemtheoretischer, symbolisch-interaktionistischer und strukturfunktionaler Perspektive (▶ Kap. 2.1) wird kontrovers hierüber diskutiert. Zum einen wird die Gefahr beschrieben, dass der (durchaus berechtigte) Wunsch nach Aufstiegsmöglichkeiten, besserer Bezahlung und beruflichem Prestige wichtiger genommen werden könnte als die fachliche Entwicklung und Umsetzung professioneller Qualität. Zum zweiten wird kritisch hinterfragt, ob mit der Professionalisierung sozialer Tätigkeiten nicht auch eine verstärkte expertokratische Kontrolle verbunden sein kann. Vor allem durch eine empirische Rekonstruktion professioneller Prozesse wird versucht, »die Professionen in ihrer Ambivalenz theoretisch zu verorten« (vgl. Helsper, Krüger, Rabe-Kleberg 2001, S. 6).

Im Zusammenhang ihrer Teilhabe-Orientierung führt die Debatte um die Professionalität Sozialer Arbeit und ihren Status als Profession[39] wieder zu ihren impliziten oder expliziten Leitvorstellungen, zur professionellen Haltung der Fachkräfte und zur Qualität der konkreten Arbeitsprozesse.

4.1.2 Politische und rechtliche Rahmenbedingungen der Sozialen Arbeit

Gesellschaftlich und politisch hat sich in den letzten Jahrzehnten eine stärkere Teilhabe-Orientierung durchgesetzt. Seit den 1960er Jahren gelten umfassende Informationen und Transparenz als Qualitätsmerkmal

---

39 Diese Debatte wurde und wird in der wissenschaftlichen Beschäftigung mit der Sozialen Arbeit immer wieder geführt. Die Kontroversen drehen sich u. a. um das Ausmaß der Autonomie Sozialer Arbeit, z. B. bei der Gestaltung ihrer Studiengänge oder auch bei der Definition ihrer Ziele und Aufträge. Auch die empirische Erforschung der professionellen Prozesse und Tätigkeiten in den verschiedensten Handlungsfeldern Sozialer Arbeit führt nicht zu einer einhelligen Beurteilung ihres Professionscharakters. – Zu den Grundzügen dieser Debatten und den unterschiedlichen Positionen vgl. Dewe, Stüwe 2016.

politischer Strukturen, Organisationen und Prozesse. Beispielsweise gibt es Bürger_innensprechstunden, Online-Plattformen von Abgeordneten, innerparteiliche Beteiligungsmöglichkeiten für die jeweiligen Mitglieder, Bürger_innenentscheide und –Befragungen auf kommunaler und Länderebene, kommunale Kinder- und Jugendparlamente und vieles mehr (vgl. Wurzbacher 2014, S. 99ff). Die Europäische Union (EU) hat, gerade wegen der in Kapitel 2.2. dargestellten Problematik des abstrakten und schwer zugänglichen Charakters internationaler Politik (▶ Kap. 2.2), erhebliche Anstrengungen unternommen, das Interesse und die Bereitschaft der Bürger_innen zum Engagement über die nationalen Grenzen hinaus zu wecken und zu unterstützen . So wurde das Jahr 2013 vom Europäischen Rat und dem Europäischen Parlament zum »Jahr der Bürgerinnen und Bürger« ausgerufen, in dessen Mittelpunkt die (Teilhabe-)Rechte der EU-Bürger_innen standen. Über die Teilnahme an den Wahlen zum EU-Parlament hinaus gibt es weitere Möglichkeiten der demokratischen Partizipation, z. B. digitale Bürger_innenkonferenzen, europäische Bürger_inneninitiativen, und Bürger_innendialoge mit EU-Politiker_innen u. a. m. (vgl. Bertelsmann-Stiftung 2020; Bundeszentrale für politische Bildung 2020b). Ob und von wem diese Möglichkeiten tatsächlich genutzt werden, bleibt weitgehend offen.

Die einzelnen Angebote und Strukturen und die konkrete Umsetzung partizipatorischer Möglichkeiten müssen in jedem Fall sehr sorgfältig und auch mit einer gewissen Skepsis betrachtet werden. Ob auf der kommunalen Ebene oder der Ebene der EU, ob in einzelnen Angeboten Sozialer Arbeit oder ihrer Träger: »Partizipation von oben« kann leicht zur Pseudo-Partizipation werden. Dann geht es nur um Mitwirkungsmöglichkeiten, nicht aber um tatsächlichen Einfluss auf wichtige Entscheidungen. Was dies für die konkrete Umsetzung von Teilhabe in der Sozialen Arbeit bedeutet – sowohl in den Bereichen, in denen das Teilhaberecht der Klient_innen gesetzlich verankert ist als auch in den Bereichen, wo dies nicht der Fall ist – wird in Kapitel 5 wieder aufgegriffen.

Bei vielen Verfahren der Bürger_innenbeteiligung sind die realen Möglichkeiten der Einflussnahme eng begrenzt. Die Debatten bleiben meistens auf Interessengruppen und gut gebildete Personenkreise beschränkt, denn die Bürger_innen müssen viele Fähigkeiten und Voraussetzungen mitbringen, um wirksamen politischen Einfluss nehmen zu können (▶ Kap. 2.3; ▶ Kap. 2.4). Wer teilhaben möchte, braucht Zugang zu Informationsquellen und zu Institutionen, in denen Austausch und Kommunikation stattfinden, Entscheidungen vorbereitet und auch umgesetzt werden können. Je weiter die Politikebene vom Alltag der Bürger_innen entfernt ist, desto voraussetzungsvoller wird die Chance auf Teilhabe.

Zwischen dem Bereich der Politik und der Sozialen Arbeit gibt es, gerade in Blick auf die Teilhabe-Orientierung, viele Verbindungen. Klient_innen sind von politischen Entscheidungen unmittelbar betroffen, wenn es beispielsweise um die Infrastruktur in ihrem Stadtteil oder um die Anhebung der Sozialhilfesätze geht. Soziale Fachkräfte wirken in verschiedensten politischen Gremien und Organisationen als Expert_innen mit – vom kommunalen Jugendhilfeausschuss bis zur Vertretung ihrer Wohlfahrtsverbände im Bundesnetzwerk Bürgerschaftliches Engagement (BBE) (vgl. Wurzbacher 2014, S. 105f).

Viele Adressat_innen Sozialer Arbeit befinden sich in strukturell benachteiligten Lebenslagen, die es ihnen schwer machen, Zugang zu politischen Teilhabemöglichkeiten zu finden.

Unter der Überschrift »Ausgrenzung erzeugt Ausgrenzung« stellen Schütte und Günther (2015) exemplarisch die Zusammenhänge zwischen Armut und Ausgrenzung einerseits, mangelnder Partizipation bzw. geringen Partizipationschancen andererseits dar. Benachteiligte Bevölkerungsgruppen leben häufig in auch sozialräumlicher Benachteiligung. Ihre oft beengten Wohnungen befinden sich in Stadtteilen, die durch Belastungen wie Lärm, Luftverschmutzung, geringe Ausstattung mit Grünflächen und Spielplätzen gekennzeichnet sind. Häufig ist auch die medizinische Versorgung unzulänglich. Die Wege zu weiterführenden Schulen sind oft weit, Hilfe- und Unterstützungsangebote sind schwer zugänglich, und das Wohnen an einer ›schlechten Adresse‹ wird zum Nachteil etwa bei der Suche nach Ausbildungs- oder Arbeitsplätzen. Kuhnert spricht in diesem Zusammenhang von »Multiexklusionen in Sozialräumen«, die eine »Ausschlusskette« sich gegenseitig verstärkender Ausgrenzungsprozesse in Gang setzen (vgl. Kuhnert 2020, S. 206).

Schütte und Günther belegen empirisch, dass Bevölkerungsgruppen, die unter sozialräumlichen Benachteiligungen und Armutslagen leiden, sich wesentlich weniger als andere an politischen Wahlen beteiligen und sich deutlich seltener ehrenamtlich oder politisch engagieren. Diese Zusammenhänge bezeichnen sie als »Teufelskreis«, der zum so genannten »Partizipationsdilemma« führt. Demnach sind genau diejenigen »Personen, die am meisten von einer Beteiligung an gesellschaftlichen Entscheidungsprozessen profitieren könnten, am wenigsten an solchen Prozessen beteiligt« (Schütte, Günther 2015, S. 83). Soziale Ausgrenzung und mangelnde Partizipation stehen in einem sich wechselseitig verstärkenden Verhältnis zueinander.

Dieses Beispiel zeigt deutlich, dass es im Interesse von Teilhabe und »gutem Leben« für alle nicht darum gehen kann, *entweder* an den benachteiligenden Strukturen *oder* an den persönlichen Teilhabehemmnissen anzusetzen, sondern dass beide Dimensionen untrennbar zusammengehören. Auch wenn sich durch mehr Teilhabe an der Einkommensarmut und der sozialräumlichen Benachteiligung nicht unmittelbar etwas verändern lässt, erscheint es mittelbar und längerfristig als sehr sinnvoll, gerade diese Personengruppen darin zu unterstützen, sich aktiv für eine Verbesserung ihrer Lebenslage zu engagieren und sich an gesellschaftlichen Debatten und Entscheidungsprozessen zu beteiligen. Schütte und Günther setzen dabei vor allem darauf, möglichst frühe Hilfen anzubieten, beispielsweise durch kommunale Begrüßungsangebote für Neugeborene, um »die Folgen sozialer Ausgrenzung abzubauen und negative Sozialisationszirkel aufzubrechen« (Schütte, Günther 2015, S. 95). – Ein bekanntes Beispiel für die hohe Wirksamkeit frühzeitiger Präventionsangebote ist die »Monheimer Präventionskette« (vgl. Stadt Monheim o. J. sowie zum gesamten Begründungszusammenhang Holz 2018).

4.1.3 Soziale Arbeit als Menschenrechtsprofession

An den historischen wie den aktuellen Beispielen ist deutlich geworden, dass die Förderung von Teilhabe im politischen Bereich wie in den professionellen Handlungsfeldern der Sozialen Arbeit unmittelbar mit dem Selbstverständnis der Sozialen Arbeit verknüpft ist. Anders als in paternalistischen, expertokratischen oder auch advokatorischen Deutungsmustern geht es bei der Teilhabe-Orientierung um eine möglichst konsequente Ausrichtung der Sozialen Arbeit an den Interessen, Erfahrungen und Wünschen sowie den Selbstvertretungsmöglichkeiten ihrer Adressat_innen. Diese werden als die eigentlichen Expert_innen in eigener Sache betrachtet, auch wenn sich der »Eigen-Sinn« ihrer Lebenspraxis nicht immer auf den ersten Blick erschließen lässt (vgl. Herriger 2020, S. 78).

Eine konsequente Weiterentwicklung dieses an den Klient_innen orientierten und (selbst-)kritischen Verständnisses Sozialer Arbeit stellt das Konzept von Sozialer Arbeit als Menschenrechtsprofession dar. Die Grundlagen hierfür hat die Schweizer Sozialarbeiterin und Sozialarbeitswissenschaftlerin Silvia Staub-Bernasconi (geb. 1936) gelegt. In Weiterführung des bekannten »Doppelmandats« der Sozialen Arbeit, nämlich der Hilfe und der Kontrolle, spricht Staub-Bernasconi von einem »Tripelmandat«.

> **Das »dritte Mandat«**
>
> Das »dritte Mandat« der Sozialen Arbeit besteht ihr zufolge aus dem Recht und auch der ethischen Pflicht, als wissenschaftsbasierte Profession[40] eigenständige Arbeitsaufträge zu definieren (vgl. Staub-Bernasconi 2018). Die inhaltlichen Maßstäbe hierfür ergeben sich in erster Linie aus der von den Vereinten Nationen 1948 verabschiedeten Deklaration der Allgemeinen Menschenrechte[41]. Auch die 1992 ge-

---

40 Zu den Kontroversen, die sich an Staub-Bernasconis Professionsverständnis entzündet haben, vgl. u. a. die Beiträge im Themenschwerpunkt des Heftes 44 der Zeitschrift Sozial Extra, insbesondere die Einleitung von Aner und Scherr (2020). – Ferner wird auch Staub-Bernasconis Verständnis und politische Konkretisierung der Menschenrechte verschiedentlich kritisch kommentiert (für eine erste Orientierung hierzu vgl. Kunze 2019).

41 Artikel 21 fordert u. a. das Recht jedes Menschen, »an der Gestaltung der öffentlichen Angelegenheiten seines Landes unmittelbar oder durch frei gewählte Vertreter mitzuwirken«. In Artikel 22 heißt es u. a., dass »Jeder … als Mitglied der Gesellschaft das Recht auf soziale Sicherheit und Anspruch darauf (hat), … in den Genuß der wirtschaftlichen, sozialen und kulturellen Rechte zu gelangen, die für seine Würde und die freie Entwicklung seiner Persönlichkeit unentbehrlich sind« (Vereinte Nationen 1948).

> meinsam vom Centre of Human Rights der UNO und dem internationalen Berufsverband der Sozialarbeiter_innen (IFSW = International Federation of Social Workers) veröffentlichte Erklärung »Human Rights and Social Work« hebt die Bedeutung der Menschenrechtsorientierung für die Soziale Arbeit und ihre Ausbildungsgänge hervor (vgl. IFSW 1992).

Die menschenrechtsorientierte Soziale Arbeit überschreitet die in den jeweiligen Gesellschaften bestehenden sozialpolitischen Systeme dadurch, dass sie nicht die sozialpolitischen Aufträge an die Soziale Arbeit als maßgeblich betrachtet, sondern die Menschenrechte ihrer Klient_innen. Anstatt ihnen Hilfe zuteilwerden zu lassen, sollen sie darin unterstützt werden, ihre Rechte geltend zu machen. Teilhabe soll innerhalb des gesellschaftlichen Status Quo möglich sein, gleichwohl ist dessen Veränderung oder Überwindung auch ein Ziel der Sozialen Arbeit.

Das Recht auf Teilhabe aller an der Gestaltung der sozialen Wirklichkeit wird in dieser Perspektive als ergebnisoffen verstanden. Politische Ziele sind somit nicht vorgegeben, müssen sich aber normativ am Maßstab der Menschenrechte messen lassen. Demokratie wird nicht als fest gefügtes Regelwerk verstanden, sondern muss immer wieder neu durch die Subjekte realisiert werden, die ihr Verständnis eines »guten Lebens« entwickeln und umzusetzen versuchen. Hierfür wird das Konzept des »Empowerments« als besonders geeignet betrachtet, auf das in Kapitel 4.2.4 näher eingegangen wird (▶ Kap. 4.2.4).

4.2 Die Meso-Ebene

Auf der Meso-Ebene geht es nun um eine genauere Analyse des oben angesprochenen »Partizipationsdilemmas«. Dies führt weiter zu den Strukturen von Einrichtungen und Trägern Sozialer Arbeit sowie zu den konzeptionellen Grundlagen einer Teilhabe-orientierten Sozialen Arbeit.

4.2.1 Das Partizipationsdilemma und seine Ursachen

In Kapitel 4.1 wurde dargestellt, dass genau diejenigen Gruppen, die strukturell benachteiligt sind und häufig zu den Adressat_innen Sozialer Arbeit zählen, es schwerer haben als andere, sich politisch zu artikulieren und durchzusetzen (▶ Kap. 4.1). Nun sollen die einzelnen Faktoren erläutert werden, die dazu führen, dass die Chancen zum kollektiven Handeln gesellschaftlich so ungleich verteilt sind. Die verschiedenen Gruppen sozial Benachteiligter unterscheiden sich zum einen durch die sozialen Eigenschaften ihrer Gruppenmitglieder und die Eigenschaften der Gruppen insgesamt. Zum anderen werden sie von externen Akteur_innen, also der Öffentlichkeit, den politischen Institutionen und den Wohlfahrtsverbänden unterschiedlich wahrgenommen und bewertet, weshalb sie mehr oder weniger Unterstützung erhalten (vgl. von Winter 2019, S. 27f).

Strukturelle Benachteiligungen können sehr unterschiedliche Ursachen haben. Entsprechend unterscheiden sich sowohl die Eigenschaften und Ressourcen der jeweiligen Gruppenmitglieder wie auch der Gruppen insgesamt. Auch das Identifikationspotenzial, das die Gruppen bieten, die Dauerhaftigkeit der Gruppenzugehörigkeit und die öffentliche bzw. mediale Wahrnehmung weisen erhebliche Unterschiede auf. Einige Beispiele sollen das verdeutlichen.

- Alleinerziehende können über ein hohes Bildungs- und Qualifikationsniveau, aber über ein extrem niedriges Einkommen verfügen.
- Menschen, die erkranken oder in verschiedener Hinsicht an Handicaps leiden, können sowohl gebildet als auch einkommensstark, in ihren Teilhabechancen aber trotzdem nachhaltig eingeschränkt sein.
- Patient_innen unterscheiden sich darin, ob sie vorübergehend oder chronisch erkrankt sind, während Menschen mit Beeinträchtigungen in der Regel ihr Leben lang in ihren Teilhaberechten benachteiligt werden.
- Während Menschen mit Beeinträchtigungen oder chronisch kranke Menschen ihre Interessen oft sehr selbstbewusst vertreten und gut organisiert sind, trifft dies auf andere Gruppen wie z. B. Wohnungslose oder Inhaftierte nicht zu.

Die Zugehörigkeit zu solchen Gruppen ist oft mit Scham besetzt, und viele Gruppenzugehörige verfügen über eher geringe Ressourcen zur Interessenvertretung. Auch haben sie in Politik und Öffentlichkeit deutlich weniger Unterstützer_innen als andere Gruppen. Es zeigt sich: Je weniger Mitglieder einer Gruppe über Ressourcen verfügen, je weniger sie sich mit der Gruppe identifizieren können oder wollen, desto schwieriger wird es für die Gruppe, sich zu organisieren und ihre Interessen aktiv zu vertreten (vgl. von Winter 2019, S. 28f).

Zur Interessensvertretung bedarf es zumindest einiger Gruppenmitglieder, die über Ressourcen in Form von Bildung, medialer Kompetenz, Geld und Organisationserfahrungen verfügen und in der Lage sind, weitere Gruppenmitglieder zur Unterstützung und Mitarbeit zu gewinnen. Entscheidend ist, dass es innerhalb der großen Gruppe kleinere aktive Teilgruppen gibt und dass es gelingt, partizipatorische Verfahren zu entwickeln sowie den Kontakt zur Öffentlichkeit herzustellen.

Hier kommen nun wieder die potenziellen Unterstützer_innen ins Spiel, und letztlich geht es auch wieder um die Frage, ob es durchsetzungsfähige ›Anwält_innen‹ für die Gruppen oder aber soziale Bewegungen gibt, an die die Benachteiligten ›andocken‹ können.

Insgesamt haben die Menge und auch die Vielfältigkeit von politisch aktiven Interessengruppen seit den 1970er Jahren deutlich zugenommen. Das ist neben den bereits mehrfach erwähnten sozialen Bewegungen (▶ Kap. 3.3) auch einem insgesamt gestiegenen Bildungsniveau, der Ausweitung von sozialstaatlichen Leistungsansprüchen und der Demokratisierung der Gesellschaft auf vielen politischen Ebenen zu verdanken (vgl. von Winter 2019, S. 31). Hinzu kommen die in Kapitel 2.3 dargestellten Chancen, durch die Sozialen Medien öffentlichkeitswirksam die eigenen Interessen zu vertreten (▶ Kap. 2.3).

4.2.2 Vertretung eigener Interessen der Sozialen Arbeit

Die Teilhabe-Orientierung der Sozialen Arbeit als Profession zeigt sich nicht nur an ihren Konzepten und Leitbildern und der Unterstützung ihrer Adressat_innen, sondern auch daran, ob und wie sie ihre eigenen Interessen vertritt. Das hat in erster Linie mit dem in Kapitel 4.1.3 diskutierten (Selbst-)Verständnis als Profession zu tun (▶ Kap. 4.1.3). Zugleich verstärkt die Teilhabe-Erfahrung ›in eigener Sache‹ die entsprechende Grundhaltung. In Blick auf den Arbeitsalltag in den Institutionen und Einrichtungen der Sozialen Arbeit wird dieses im nächsten Abschnitt vertieft (▶ Kap. 4.2.3). Hier geht es zunächst um die Interessensvertretung der Sozialen Arbeit im berufs- bzw. professionspolitischen Kontext. Die schon mehrfach erwähnte Umgestaltung des Sozialstaates und die damit verbundenen Funktionszuweisungen an die Soziale Arbeit, möglichst kostengünstig und effektiv zu arbeiten und sich vor allem an den Erfordernissen des Erwerbsarbeitsmarktes auszurichten, macht ein doppeltes Korrektiv erforderlich: einerseits in Blick auf die Finanzierungsbedingungen der Sozialen Arbeit und die berufspolitischen Interessen der Fachkräfte, andererseits in Blick auf die professionellen Standards (vgl. Benz 2019).

Je nach ihren beruflichen Positionen als Angestellte, Beamt_innen oder Selbständige verfügen die Fachkräfte über unterschiedliche Möglichkeiten der Interessensvertretung, etwa durch die Mitgliedschaft in Berufsverbänden oder Gewerkschaften, einschließlich des Streikrechts. Über diese institutionellen Akteur_innen hinaus ist auch die Selbstorganisation von Fachkräften, z. B. in den in Kapitel 3.3 erwähnten Arbeitskreisen Kritischer Sozialer Arbeit (AKS) (▶ Kap. 3.3) oder in auf bestimmte Handlungsfelder bezogenen Landesarbeitsgemeinschaften oder in anderen fachlichen Foren, ein Indikator für ein Teilhabe-orientiertes Selbstverständnis Sozialer Arbeit.

Im historischen Prozess der Professionalisierung Sozialer Arbeit haben sich verschiedene Akteur_innen herausgebildet, die den formalen Kriterien der Professionalität – also: Fachlichkeit, Wissenschaftlichkeit, Ausbildungsniveau – zugeordnet werden können und auch der inhaltlichen Weiterentwicklung professioneller Handlungs- und Qualitätsmaßstäbe dienen. So organisiert der Deutsche Berufsverband für Soziale Arbeit (DBSH) schwerpunktmäßig den fachlichen Austausch für die Fachkräfte. Die Deutsche Gesellschaft für Soziale Arbeit (DGSA) ist das zentrale Forum für die wissenschaftliche Weiterentwicklung Sozialer Arbeit und der Fachbereichstag Soziale Arbeit (FBTS) legt den Fokus auf die akademische Ausbildung zur Sozialen Arbeit an den Hochschulen für angewandte Wissenschaften (vgl. Benz 2019, S. 86).

Über die Vertretung der eigenen Interessen hinaus geht es darum, dass die Fachkräfte der Sozialen Arbeit an der inhaltlichen Weiterentwicklung ihrer Profession aktiv teilhaben – sei es durch die Ausübung ihres politischen und menschenrechtlichen Auftrags, sei es durch die selbstreflexive und unabhängige, an den Interessen der Adressat_innen orientierte Ausgestaltung ihrer beruflichen Praxis (vgl. Oehler 2019).

4.2.3 Teilhaberechte und partizipative Strukturen

Zunächst einmal gehört die Herstellung und Garantie von Teilhabe in vielen Handlungsfeldern der Sozialen Arbeit zu ihren gesetzlich festgelegten Aufgaben. Dies gilt u. a. für den Bereich des Kinder- und Jugendschutzes und der Behindertenhilfe (▶ Kap. 5.8; ▶ Kap. 5.10). Über die Umsetzung der Rechtsansprüche der Klient_innen Sozialer Arbeit hinaus können und sollen Angebote und Einrichtungen der Sozialen Arbeit sowohl nach außen als auch nach innen Teilhabe ermöglichen und fördern.

Nach außen hin geht es vor allem um die Öffnung zum Sozialraum. Dies knüpft an die in Kapitel 2.2 ausgeführte besondere Bedeutung der kommunalen Politikebene für die Teilhabe der Bürger_innen an (▶ Kap. 2.2). Der Sozialraum bzw. das Wohnquartier eröffnet gerade für benachteiligte Personengruppen vielfältige Möglichkeiten der aktiven Teilhabe. Sozialraumorientierte Soziale Arbeit kann mit »Tagen der offenen Tür« beginnen, wodurch mögliche Adressat_innen die Scheu vor der Institution und dem damit verbundenen Hilfesystem überwinden können. Aufsuchende Arbeit kann darüber hinaus auch solche Personen und Gruppen erreichen, die von sich aus den Weg in die Institutionen nicht finden und professionelle Unterstützung brauchen, um überhaupt erst aktiv werden zu können. Unterstützung wiederum kann bedeuten, für Informationen zu sorgen, Räume der Begegnung zu schaffen und Zeit aufzuwenden für Kontakt und Kommunikation.

Ein Beispiel für die Öffnung Sozialer Arbeit in den Sozialraum ist die Weiterentwicklung von Kindertagesstätten zu Familienzentren, die seit etwa eineinhalb Jahrzehnten in vielen Kommunen Eingang in die Kinder- und Jugendhilfeplanung gefunden hat.

> **Familienzentren**
>
> Familienzentren verstehen sich als Teil der örtlichen Infrastruktur und bieten neben der Förderung und Betreuung für Kinder ein leicht zugängliches Angebot für die umfassende Beratung und Unterstützung für Familien. Sie sollen an nachbarschaftliche Lebenszusammenhänge anknüpfen und die Entwicklung sozialer Netzwerke fördern sowie Eltern in ihren Ressourcen unterstützen (vgl. MKFFI o. J.).

Bei der Teilhabe-Orientierung nach innen geht es zum einen um die Teilhabemöglichkeiten der Mitarbeiter_innen, zum anderen um die der Klient_innen. Ob und wie weit in beiden Bereichen Teilhabe realisiert werden kann und soll, zeigt sich zunächst einmal an den Leitbildern der Institutionen und Einrichtungen und/oder den möglichst breit angelegten Kommunikationsprozessen zur Weiterentwicklung vorhandener Leitbilder.

Die Entwicklung Teilhabe-orientierter Leitbilder und die Implementierung von Strukturen, Verfahren und Regeln, die der Partizipation sowohl der Fachkräfte als auch der Adressat_innen der jeweiligen Einrichtungen dienen, sind nicht schon das Ziel, sondern ›nur‹ die Voraussetzungen für tatsächliche und umfassende Teilhabe. Diese entsteht immer dann, wenn Teilhabe nicht als Störfaktor verstanden wird, sondern als Gewinn und Qualität erlebt werden kann. Straßburger spricht in diesem Zusammenhang von »strukturellem Empowerment«, das dazu führt, Partizipationshindernisse innerhalb der Institutionen zu beseitigen (vgl. Straßburger 2014b, S. 91ff). Diese Hindernisse sind oftmals nicht bewusst. Sie sind ›eingelagert‹ in selbstverständlichen Routinen und Gewohnheiten und in unausgesprochenen Annahmen über die (nicht Teilhabe-orientierten) Bedürfnisse und Fähigkeiten der Klient_innen (vgl. Schreier 2019, S. 70). Auch die in bestimmten Arbeitsbereichen, wie z. B. der Offenen Jugendarbeit, oftmals starke Fluktuation der Klient_innen kann die kontinuierliche Teilhabe erschweren.

Für die Mitarbeiter_innen geht es um transparente Organisationsabläufe, umfassende Informationen und klare Regelungen zu ihren Handlungsspielräumen und Mitbestimmungsmöglichkeiten.

Diese doppelte Perspektive auf die innerorganisatorische Teilhabe-Orientierung zeigt, dass der Einfluss und die Mitbestimmungsrechte der Fachkräfte im Machtgefüge der Institutionen und Einrichtungen gestärkt werden sollen, während es im Verhältnis zu ihren Klient_innen darum geht, ihre Macht zu begrenzen und überprüfbar zu machen.

4.2.4 Teilhabe-förderliche Konzepte Sozialer Arbeit

Konzepte und Methoden vermitteln zwischen den Strukturen, in denen die professionellen Fachkräfte tätig sind, sowie dem allgemeinen Professionsverständnis auf der einen und dem konkreten Handeln im beruflichen Alltag auf der anderen Seite. Aus den Konzepten leiten sich Qualitätsstandards und Kriterien sinnvollen und angemessenen professionellen Handelns ab[42].

Auch wenn Soziale Arbeit grundsätzlich in allen ihren Handlungsfeldern Teilhabe-orientiert gestaltet werden soll, gibt es doch bestimmte Konzepte, die explizit auf die Förderung von Teilhabe ausgerichtet sind. In ihnen konkretisieren sich zwei wesentliche Erkenntnisse aus den weiter oben dargestellten theoretischen Grundlagen zum Teilhabe-Ver-

---

42 Was genau unter einem »Konzept« zu verstehen ist, wird (nicht nur) in der sozialarbeitswissenschaftlichen Literatur ausführlich diskutiert. In Anlehnung an den Europäischen Qualifikationsrahmen (EQR) und die darin für die Stufen 6 bis 8 beschriebenen Kompetenzen auf Hochschulniveau wird hier folgendes Verständnis von Konzepten in der Sozialen Arbeit zugrunde gelegt: Ein Konzept beruht auf wissenschaftlichen Erkenntnissen, durch die soziale Prozesse und Probleme begründet und überprüfbar erklärt werden, sodass auf dieser Basis Entscheidungen über Handlungsziele und -bedarfe getroffen werden können. Daraus können wiederum geeignete Methoden für die konkrete Arbeit entwickelt werden, die schließlich zu Techniken im Sinne erprobter und standardisierter Verhaltens- und Interventionsmuster im beruflichen Handeln führen (vgl. Becker 2020a, S. 14f). – Gerade für die Soziale Arbeit kommt es aber immer darauf an, nicht einfach Routinen und festgelegten Mustern oder Erfolgskriterien zu folgen, sondern jeweils die Besonderheiten und Bedürfnisse der Einzelnen zu respektieren – was dann wieder zur Frage der Teilhabe-Orientierung zurückführt.

ständnis: die Bedeutung des sozialen Nahraums für die Lebensqualität und die Teilhabechancen von Menschen einerseits, die Bedeutung der Erfahrung von Anerkennung, sozialer Zugehörigkeit und Selbstwirksamkeit andererseits. Das Konzept der Sozialraumorientierung setzt vorrangig an den Strukturen der sozialen Umwelt, das Konzept der Ressourcenorientierung und des Empowerments vorrangig bei den einzelnen Subjekten an. Beide Konzepte werden im Folgenden vorgestellt und in Kapitel 5 durch Beispiele konkretisiert.

Die Ursprünge dieser Konzepte finden sich in der Bürgerrechtsbewegung der afroamerikanischen Bevölkerung in den USA und in anderen frühen Protestbewegungen in den 1920er und 1930er Jahren in Großbritannien und anderen europäischen Ländern. Auch in Deutschland wurden schon in den frühen Jahren des 20. Jahrhunderts die Erfahrungen und theoretischen Grundlegungen aus diesen Bewegungen aufgegriffen und eigenständige Konzepte für die Soziale Arbeit in der Einzelfallhilfe wie in der Gemeinwesenorientierung entwickelt (▶ Kap. 3.1 sowie Müller 2013, S. 22–67).

Sozialraumorientierte Soziale Arbeit

In der erwähnten Tradition der Sozialen Arbeit in den USA und Großbritannien entstand der Begriff »Community Organizing« (CO). Dieser wird meistens mit »Gemeinwesenarbeit« oder »Quartiersmanagement« übersetzt, obwohl es im wörtlichen Sinne um das Organisieren von Gemeinschaften überhaupt geht.

Community Organizing (CO)

Ausgangspunkt sind vorgegebene Zugehörigkeiten, wie sie z. B. durch das Wohnen im gleichen Stadtquartier oder durch das Arbeiten im gleichen Unternehmen entstehen. Durch CO sollen Personen darin unterstützt werden, sich zusammenzuschließen und ihre Interessen gemeinsam zu vertreten – beispielsweise gegenüber der Stadtverwaltung oder der Unternehmensleitung. Anders als Streiks in Unternehmen oder Bürger_inneninitiativen, die sich wieder auflösen,

> wenn sie entweder ihr Ziel erreicht oder wegen mangelnder Erfolge aufgegeben haben, zielt das CO auf Dauerhaftigkeit (vgl. Renner 2014b, S. 141).

Dem Sozialraum kommt für die Organisation von »Gemeinschaft« eine ganz besondere Bedeutung zu, weil die Lebenswirklichkeit von Menschen stark durch die räumlichen Strukturen und Gegebenheiten geprägt sind, in denen sich ihr Alltag abspielt. Dabei ist es nicht immer einfach, die Bedeutung von Begriffen wie »Quartier«, »Stadtteil«, »Gemeinwesen«, »Sozialraum« und »Lebenswelt« voneinander abzugrenzen[43]. Sie akzentuieren auf jeweils unterschiedliche Weise die räumlichen Zuordnungen – z. B. durch bauliche Nachbarschaft oder durch kommunale Verwaltungsstrukturen sowie die sozialen Gemeinsamkeiten – z. B. durch die Betroffenheit von gleichen Problemen wie Armut oder Erwerbslosigkeit – oder auch gleiche soziale Zugehörigkeiten, wie etwa Alt sein, Jung sein, Alleinerziehend sein oder auch einen Migrationshintergrund aufweisen.

Die besondere Bedeutung des Sozialraumes ergibt sich zunächst daraus, dass er durch seine jeweiligen Strukturen und Ressourcen den dort lebenden Personen unterschiedliche Möglichkeiten eröffnet, ihr Leben zu gestalten – oder ihnen diese Möglichkeiten vorenthält. Ob die Individuen einen vielfältigen und attraktiven Sozialraum vorfinden, in dem sie anderen angstfrei begegnen und den sie selbst mitgestalten können, oder ob es sich um eine eher unwirtliche Umwelt handelt, die weder Treffpunkte noch Gestaltungsmöglichkeiten enthält, prägt ihre Teilhabe-Erfahrungen ebenso wie ihre sozialen Erfahrungen. Gerade Stadtteile und Wohnquartiere, in denen unterprivilegierte Bevölkerungsgruppen leben, haben sich als entscheidende Ebene für die Eröffnung von Teilhabechancen erwiesen. Häufig leben hier migrantische Bevölkerungsgruppen mit benachteiligten einheimischen Bevölkerungsgruppen unter ungünstigen Umständen zusammen. Solche Stadtquar-

---

43 Zur Entwicklung der gebietsorientierten Sozialen Arbeit in allen ihren Facetten, zu den Gemeinsamkeiten und Unterschieden der Begriffe und Konzepte vgl. Becker 2020b.

tiere werden (kommunal)politisch oft als Belastung wahrgenommen, weil die dort lebenden Menschen überdurchschnittlich häufig Transferleistungen beziehen und Investitionen in den sozialen Wohnungsbau nötig sind bzw. wären. Werden allerdings städtebauliche und kommunalpolitische Programme für Integration und Teilhabe realisiert – für deren Entwicklung und Gestaltung die Soziale Arbeit eine wesentliche Rolle spielen kann –, zeigt sich das Potenzial der Bevölkerung. Entscheidend ist, dass die Projekte auf die Beseitigung von Teilhabehemmnissen fokussiert werden (vgl. Saunders 2018).

Seit den 1990er Jahren wurden sozialpolitische Verantwortung und die ›Zuständigkeit‹ für die Lösung sozialer Probleme zunehmend der kommunalen Ebene und den Bürger_innen selbst zugeschrieben, was eine unmittelbare Folge der in Kapitel 3.1 angesprochenen Veränderungen des »Welfare Mix« (▶ Kap. 3.2) und der Orientierung am so genannten aktivierenden Staat ist (▶ Kap. 3.1). Damit kommt der Teilhabe-Orientierung, wie sie in der Sozialraumorientierten Arbeit vertreten wird, eine besondere und kritische Bedeutung zu.

Darüber hinaus ist der Aneignungsprozess als solcher ganz wesentlich für das Selbstverständnis des oder der Einzelnen und seine oder ihre Erfahrungen mit sich und anderen.

> **Aneignung**
>
> Unter »Aneignung« wird die aktive Auseinandersetzung des Individuums mit seiner Umwelt verstanden. Diese vollzieht sich in Prozessen der Erfahrung und Deutung, aber auch durch die Gestaltung und Veränderung der vorgefundenen räumlichen und sozialen Strukturen – und das alles in ständiger Interaktion und Kommunikation mit Anderen (vgl. Bleck et al 2017, S. 89).[44]

---

44 Hinter dem Verständnis des Sozialraums als Raum der Aneignung steht eine komplexe Theorie, die u. a. auf die so genannte »Kulturhistorische Schule« des sowjetischen Psychologen Leontjew zurückgeht. Diese Theorie betrachtet die Entwicklung des Menschen weniger als innerpsychischen Prozess, wie er etwa durch Jean Piaget und Erik H. Erikson erforscht wurde, sondern vielmehr als »tätige Auseinandersetzung mit der Umwelt«. – Auf die weitreichenden Konsequenzen der je-

4 Teilhabe-orientierte Haltung Sozialer Arbeit

Sozialraumorientierte Soziale Arbeit hat zum Ziel, die Lebensbedingungen von Menschen so zu verbessern, dass sie deren Bedürfnissen und Interessen entsprechen, und dies nicht ›für‹, sondern ›mit‹ den Bewohner_innen eines bestimmten Gebietes. Das umfasst die räumliche Qualität von Plätzen, Wohngebäuden, Spiel- und Grünflächen ebenso wie den öffentlichen und privaten Verkehr, die Versorgung mit Gütern und Dienstleistungen, die Unterstützung bei konkreten Problemen wie häuslicher Gewalt oder Einsamkeit, und das Schaffen von Begegnungsmöglichkeiten, sozialen Netzwerken und gemeinsamen Aktivitäten – auf der Basis von professionell unterstütztem bürgerschaftlichen Engagement und Selbstorganisation.

Kritische Positionen zum Konzept der Sozialraumorientierung beziehen sich vor allem auf die Frage, wie weit darin die subjektiven Aspekte und Möglichkeiten bzw. Grenzen der Aneignung und Veränderungen von Lebenswelten berücksichtigt werden. Denn wie schon in Kapitel 3.4 zur Thematik der schwachen und starken Interessen und im Kapitel 2.4 zum Sozialkapital erwähnt, sind sozial benachteiligte Menschen oft weniger durchsetzungsfähig und kommunikativ weniger geübt als privilegierte Personen und Gruppen (▶ Kap. 3.4; ▶ Kap. 2.4).

Ressourcenorientierte Soziale Arbeit und Empowerment

Hier setzen die Ressourcenorientierte Soziale Arbeit und das Konzept des »Empowerment« an. Beide gehen von der Erkenntnis aus, dass vor allem strukturell benachteiligte Personen und Gruppen häufig dem Erleben von Machtlosigkeit und Fremdbestimmung ausgesetzt sind, sodass ihre Gestaltungsspielräume wesentlich begrenzter sind als die von privilegierteren Bevölkerungsgruppen.

---

weiligen Grundannahmen für das Verständnis von Sozialisationsprozessen kann hier nicht näher eingegangen werden. Zur weiteren Vertiefung wird auf das von Klaus Hurrelmann geprägte Verständnis von Sozialisation als aktiver Aneignung der dinglichen und sozialen Umwelt verwiesen (vgl. Hurrelmann, Bauer 2018).

4.2 Die Meso-Ebene

> **Empowerment**
>
> Der Begriff »Empowerment« leitet sich vom englischen »to empower« ab und wird mit »Ermächtigung« (oder auch »Bemächtigung«), »Befähigung«, »Stärkung« bzw. »Unterstützung« übersetzt. Der Wortstamm »power« weist auf den Aspekt der Macht hin. Als Empowerment werden einerseits »Prozesse der Selbstaneignung von Macht bzw. Alltagskompetenz, andererseits die professionelle Unterstützung solcher Prozesse bezeichnet« (Dorschky 2017, S. 231).

Auch wenn die ersten Veröffentlichungen, in deren Titel das Wort »Empowerment« vorkam, erst in den 1970er Jahren in den USA erschienen sind, gehen die Grundgedanken doch bis in das 19. und frühe 20. Jahrhundert zurück – damals als Reaktion auf die Verwerfungen der Industrialisierung, des Elends von Frauen und Kindern sowie des in den USA verbreiteten Rassismus.

Wie auch die Konzepte des Community Organizing (CO), der Gemeinwesen- und Sozialraumorientierten Sozialen Arbeit sind Ressourcenorientierung und Empowerment in den sozialen Bewegungen der 1960er und 1970er Jahre ›wiederentdeckt‹ worden.

Ausgangspunkt für Prozesse des Empowerments sind häufig »biografische Nullpunkte«, die dazu führen, dass Menschen sich nicht (mehr) zutrauen, ihr Leben selbst gestalten zu können.

> **Biografische Nullpunkte**
>
> Die Ursachen für die »Nullpunkt«-Erfahrungen sind so vielfältig wie die Lebenswirklichkeiten und Biografien von Menschen. Sie reichen von schwierigen sozialen Herkunftsmilieus und psychischen Traumatisierungen, über mentale und psychische Beeinträchtigungen sowie kritische Lebensereignisse bis zu sozio-ökonomischen Benachteiligungen.

4 Teilhabe-orientierte Haltung Sozialer Arbeit

Die Erkenntnis (oder Diagnose) solcher oder anderer Ursachen und die Zuordnung des jeweiligen ›Falles‹ zu Hilfeangeboten und Leistungsansprüchen verstellt aber allzu oft den Blick auf die eigenen Ressourcen und Potenziale der Betroffenen. Das Empowerment-Konzept macht diese zum Ausgangspunkt der Arbeit. Es geht davon aus, dass alle Menschen über innere Stärken und Kompetenzen verfügen, deren (Re-)Aktivierung sie befähigt, eine prinzipielle Kontrolle über ihr Leben und ihre Alltagsgestaltung zu gewinnen – sofern es ihnen gelingt, ihre inneren Ressourcen (wieder) zu entdecken und ihnen zugleich Zugang zu äußeren Ressourcen wie etwa Geld oder Wohnraum oder medizinische Versorgung verschafft wird.

In Bezug auf die inneren Ressourcen spricht Herriger von »der Philosophie der Menschenstärken« als »Gegenrezept gegen erlernte Hilflosigkeit« (Herriger 2020, S. 74). Damit knüpft er an das Menschenbild der humanistischen Psychologie und die darauf beruhende Personzentrierte Therapie und Beratung an[45]. Die Bedeutsamkeit dieses Menschenbildes für die Befähigung des Subjektes zur Gestaltung des eigenen Lebens führte ab den 1960er Jahren zu einer verstärken Aufmerksamkeit für beraterische, gruppendynamische und therapeutische Konzepte und Methoden auch in der Sozialen Arbeit (vgl. Müller 2013, S. 271–308).

Wesentlich für das Verständnis des Empowerment-Konzeptes ist es, die gesellschaftlichen Kontexte der belastenden Lebenssituationen und des professionellen Handelns mit zu reflektieren. Zum einen darf die Gefahr nicht übersehen werden, dass anstelle der tatsächlichen Autonomie des Subjektes eher seine »Selbstoptimierung« zur Anpassung an die Erfordernisse des Arbeitsmarktes und/oder zur Orientierung an vorgegebenen ›Normalitäts‹-Verständnissen gefördert und dadurch das gesellschaftskritische Potenzial des Konzeptes ausgehöhlt werden kann. Zum

---

45 Der Begründer der personzentrierten und damit humanistisch orientierten Beratung und Therapie war Carl R. Rogers (1902–1987), der sowohl die Einzigartigkeit und Autonomie des/der Einzelnen wie auch die existenzielle Angewiesenheit des Individuums auf eine Gemeinschaft und ein personales Gegenüber betonte. Durch Empathie, Wertschätzung und das Vertrauen in deren innere Kräfte können Fachkräfte und Therapeut_innen ihre Klient_innen im heilsamen Prozess der »Selbstaktualisierung« unterstützen (vgl. Rogers 2016/1961, für eine erste Hinführung vgl. Kriz 2007, S. 154–182).

anderen sollte nicht vergessen werden, dass das Risiko, in belastende Lebenssituationen zu geraten und diese nicht aus eigener Kraft bewältigen zu können, sozial ungleich stark ausgeprägt ist.

»Lebenssouveränität und selbstbestimmte Lebensführung stoßen ... an sozialstrukturelle Grenzen, die auf überindividuelle wirksame Webmuster sozialer Ungleichheit verweisen und die nur im Wege einer tiefgreifenden sozialpolitischen Reform zu überwinden sind« (Herriger 2020, S. 67, unter Bezug auf Keupp 2003).

Ressourcenorientierung, Empowerment und Sozialraumorientierung bewegen sich zwar nicht auf der Makro-Ebene der Gesellschaft und der politischen Strukturen oder überregionaler Bewegungen, aber auch nicht ›nur‹ auf der individuellen Ebene. Sie wollen die Einzelnen in ihrer Teilhabekompetenz stärken und zugleich die Vereinzelung überwinden, indem sie gemeinsame Prozesse der Interessensvertretung und Selbstbestimmung unterstützen und begleiten (vgl. Benz 2019, S. 87; Straßburger, Rieger 2014, S. 44).

Das »strukturelle Empowerment« lenkt den Blick zusätzlich auf Bedingungen innerhalb von Institutionen und Organisationen – auch und gerade der Sozialen Arbeit –, die der prinzipiell gewünschten Teilhabe hinderlich sein können. Empowerment soll nicht nur als Ziel Sozialer Arbeit verstanden, sondern unmittelbar praktiziert und dadurch für die Fachkräfte und für die Adressat_innen gleichermaßen erfahrbar gemacht werden. Die Adressat_innen werden darin unterstützt, ihre Wünsche und Interessen sowie ihre Ressourcen zu formulieren bzw. zu entdecken und gemeinsam mit den Fachkräften diejenigen Wege der Unterstützung zu finden, die zu ihnen passen (vgl. Straßburger, Rieger 2014, S. 46f).

Der Begriff des Empowerments wird von manchen Autor_innen auch in Zusammenhang mit dem so genannten »Bürgercoaching« (▶ Kap. 5.4) gebracht, das Personengruppen dabei unterstützt, nachteilige Strukturen und Bedingungen in ihrem Sozialraum zu verändern (vgl. Burczyk 2014, S. 178). Die Übergänge vom Empowerment zum Community Organizing (CO), zur Gemeinwesenarbeit und zur Sozialraumorientierten Sozialen Arbeit sind dabei oftmals fließend.

4.3 Die Mikro-Ebene

Die Mikro-Ebene fokussiert den Blick auf die unmittelbar Beteiligten der Sozialen Arbeit, also auf die Adressat_innen sowie die Fachkräfte und ihre Beziehungen zueinander.

4.3.1 Adressat_innen der Sozialen Arbeit

Häufig sind sich die Angehörigen sozial benachteiligter Gruppen ihrer Ausgrenzung und ihrer geringen Einflusschancen sehr bewusst (vgl. Schütte, Günther 2015, S. 88). Sie erleben und verstehen sich nur selten als handlungsfähige und selbstwirksame Subjekte, die ihren Alltag und ihre Lebenslage aktiv gestalten und an den sozialen und politischen Strukturen und Verhältnissen teilhaben und sie beeinflussen können – von »biografischen Nullpunkten« war weiter oben bereits die Rede (▶ Kap. 4.2.4). Damit verbunden ist häufig das Gefühl des Versagens in Blick auf die gesellschaftlichen Erwartungen an ein »gelingendes Leben«.

In modernen Gesellschaften gilt die Autonomie des Individuums als hohes Gut, und den Einzelnen werden viele Chancen eröffnet, das eigene Leben zu gestalten – beispielsweise über die gewünschte Lebensform, den angestrebten beruflichen Weg und die politischen oder religiösen Orientierungen frei zu entscheiden. Zugleich wird den Individuen aber auch die Verantwortung für die Gestaltung des eigenen Lebens zugeschrieben. Zahllose Gebote der Selbstoptimierung umfassen neben Lebensform, Bildungsweg, Beruf und Einkommen auch Gesundheit und (körperliche) Fitness sowie die aktive soziale Vernetzung.

> »Gerade auf der Ebene der alltäglichen Lebensführung (lässt sich) die tiefe Ambivalenz gesellschaftlicher Veränderungsprozesse zwischen wachsenden Freiheiten und wachsendem Zwang ... besonders gut greifen und veranschaulichen« (Steinbicker, Röcke, Allewedt 2016, S. 11).

Um den Zusammenhang von gesellschaftlichen Individualisierungsprozessen, Empowerment-Konzepten und Teilhabechancen verstehen zu können, ist es nützlich, auf gesundheitswissenschaftliche Forschungsergebnisse zurückzugreifen (vgl. Rosenbrock, Hartung 2012).[46] Viele theoretische und empirische Erkenntnisse beruhen auf dem ursprünglich von Aaron Antonovsky (1923–1994) entwickelten Konzept der »Salutogenese«, also der Frage danach, was Menschen gesund erhält oder gesund werden lässt. Entscheidend sind nach Antonovsky die Balance von Belastungen und Bewältigungsmöglichkeiten sowie ein Grundgefühl der »Kohärenz«.

Kohärenz

Kohärenz bedeutet, dass die verschiedenen biografischen Erfahrungen als ein sinnvoller Zusammenhang erfahren und in das Selbstbild integriert werden können. Gefördert und gestärkt wird das Kohärenzgefühl durch Erfahrungen der »Verstehbarkeit« und der »Handhabbarkeit« – d. h., dass die Subjekte sich nicht hilflos den Umständen und Ereignissen ihres Lebens ausgeliefert fühlen und dass sie ihre eigenen Bewältigungskompetenzen entdecken können (vgl. Antonovsky 1997).

Über die unmittelbare materielle und oder alltagspraktische Unterstützung hinaus brauchen die Adressat_innen der Sozialen Arbeit deshalb Räume und Erfahrungszusammenhänge, in denen sie sich ernstgenommen fühlen, sich der eigenen Interessen und Fähigkeiten bewusst werden und sie erproben sowie an allen sie betreffenden Angelegenheiten aktiv teilhaben können.

---

46 Weitere »Anschlussstellen« im größeren theoretischen Kontext bietet die »kritische Psychologie«, die u. a. von Klaus Holzkamp vertreten wird. Ihr geht es um die Wechselbeziehungen zwischen der individuellen psychischen Entwicklung und den historisch-gesellschaftlichen Strukturen und Verhältnissen und um die Frage, wie die Handlungsfähigkeit des Subjektes entsteht. Soziale Arbeit steht einerseits auf der Seite des Subjektes, dessen Handlungsfähigkeit sie zu stärken versucht, ist aber andererseits selbst Teil dieser »strukturellen Rahmungen«, vermittelt also auch die gesellschaftlichen Erwartungen an das Subjekt (vgl. hierzu Mollenhauer 1968; Arciprete 2015).

4 Teilhabe-orientierte Haltung Sozialer Arbeit

Das Konzept der Lebensweltorientierten Sozialen Arbeit, dessen Hauptvertreter Hans Thiersch (geb. 1935) ist, weist viele Gemeinsamkeiten mit den Konzepten der Sozialraumorientierung und des Empowerments sowie den Grundannahmen der Humanistischen Psychologie auf.

> **Lebensweltorientierte Sozialen Arbeit**
>
> Zentrales Anliegen ist es, an den Alltag der Menschen anzuknüpfen, ihre Bewältigungsstrategien zu respektieren und sie bei der Entwicklung von Gestaltungsmöglichkeiten zu unterstützen. Ihre Beziehungen und Netzwerke werden einbezogen und ihre Besonderheiten grundsätzlich wohlwollend akzeptiert (vgl. Thiersch 2020).

»Lebenswelten« können identisch sein mit Sozialräumen, müssen das aber nicht – beispielsweise können Angehörige der gleichen Religionsgemeinschaft ihre Werteorientierungen und Lebensentwürfe und somit ihre Lebenswelt teilen, obwohl sie nicht im gleichen Quartier wohnen.

Wie entscheidend eine grundsätzlich akzeptierende und wohlwollende Haltung der sozialarbeiterischen Fachkräfte gegenüber ihren Adressat_innen ist, zeigt sich bei vielen Menschen, denen solche Begegnungen und Erfahrungen nicht zuteilwerden. Personen, die immer wieder die Erfahrung machen, nicht anerkannt zu werden und von Teilhabechancen ausgeschlossen zu sein, verfestigen oft ein entsprechendes Selbstbild. Dadurch werden sie nicht nur in ihrem Wohlbefinden beeinträchtigt, sondern unterliegen der Gefahr zu resignieren[47] oder auch einem erhöhten Risiko sich extremistischen Bewegungen anzuschließen.

---

47 Die erste groß angelegte empirische Studie zu diesem Zusammenhang wurde 1933 von Marie Jahoda, Paul Felix Lazarsfeld und Hans Ziesel unter dem Titel »Die Arbeitslosen von Marienthal« vorgelegt. Darin wurden die psychischen Folgen von Langzeitarbeitslosigkeit und der damit verbundenen materiellen Not untersucht und herausgefunden, dass die Betroffenen überwiegend resignieren, verzweifeln oder apathisch werden. Die Minderheit der »innerlich Ungebrochenen« zeichnete sich dadurch aus, dass sie sich die Fähigkeit bewahrt hatten, Pläne und Hoffnungen für die Zukunft zu haben (vgl. Jahoda, Lazarsfeld, Ziesel 1933/1975).

Denn gerade extremistische Bewegungen und Gruppen bieten Milieus, in denen Stärke und Zugehörigkeit erfahren werden können – aber eben nicht in einer an Menschenrechten und Demokratie orientierten Perspektive, sondern durch Zusammenschluss nach ›Innen‹ und Abwehr nach ›Außen‹ gegen alle Personen und Gruppen, die als ›Anders‹ definiert werden. Dieser Befund[48] knüpft an Putnams Unterscheidung zwischen »bindendem« und »brückenbildendem« Sozialkapital an (▶ Kap. 2.4).

4.3.2 Fachkräfte der Sozialen Arbeit

Die Teilhabe-Orientierung der Fachkräfte Sozialer Arbeit umfasst mehrere Dimensionen.

- Zum ersten geht es darum, dass sie in ihrem Blick auf ihre Klient_innen stets deren Teilhabepotenziale beachten und Teilhabechancen vergrößern.
- Zum zweiten geht es darum, dass die Fachkräfte in ihrem Tätigkeitsfeld und ihrer Organisation ihre eigenen Teilhabechancen nutzen und/oder als Leitungskräfte eine Teilhabe-orientierte Teamkultur stärken.
- Und zum dritten umfassen das Politische Mandat der Sozialen Arbeit und die Orientierung an Menschenrechten auch das Engagement für mehr Teilhabegerechtigkeit in der Gesellschaft.

Zwischen den von Fachkräften und Wissenschaftler_innen gleichermaßen für richtig und anstrebenswert gehaltenen professionellen Werten,

---

48 Zahlreiche Fallstudien zu politisch motivierter Gewalt weisen auf diesen Zusammenhang hin. Besonders interessant und für die Soziale Arbeit bedeutsam sind die Ergebnisse eines Forschungsprojektes der Forschungsstelle Deradikalisierung (FORA), das über das Nationale Präventionsprogramm gegen islamistischen Extremismus (NPP) finanziert wurde und dessen Ergebnisse prinzipiell auch auf anders motivierte extremistische Milieus übertragen werden können. Als Präventions- und teilweise auch als De-Radikalisierungsstrategie erwies sich in verschiedenen Projekten vor allem eine auf das »Milieu« spezialisierte systemische Beratung als wirksam (vgl. Dittmar 2021).

Einstellungen und persönlichen Haltungen auf der einen, den im beruflichen Alltag tatsächlich gelebten und wirksamen Handlungsmustern auf der anderen Seite können erhebliche Diskrepanzen bestehen. Diese können durch – mehr oder weniger bewusste – biografische Prägungen und durch Alltagroutinen entstehen. Auch die politischen und ökonomischen Rahmenbedingungen der Sozialen Arbeit verschaffen sich im konkreten alltäglichen Handeln Geltung[49].

Um diese Zusammenhänge zu verstehen und der bewussten Reflexion zugänglich zu machen, sind eine rekonstruktive Praxis in der Sozialen Arbeit sowie rekonstruktive empirische Studien zum professionellen Alltag von großer Bedeutung.

> **Rekonstruktive Praxis in der Soziale Arbeit**
>
> Die rekonstruktive Praxis kann sowohl in Blick auf das »Fallverstehen« als auch im Blick auf das eigene Handeln und das Handeln im Team angewendet werden. Dabei geht es darum, durch bestimmte Verfahren die inneren Logiken des eigenen Denkens und Handelns ebenso wie des Denkens und Handelns Anderer nachzuvollziehen und zu verstehen, sie also ›neu‹ zu ›konstruieren‹ (= rekonstruieren). Empirische Forschungsprojekte, die der rekonstruktiven Methode folgen, helfen darüber hinaus, institutionelle Logiken, die in »selbstverständlichen« Routinen, Interaktions- und Wissensordnungen wirksam werden, zu entschlüsseln und der Reflexion zugänglich zu machen (vgl. Völker 2017, S. 21).

---

49 Beispielsweise hat Ulrike Eichinger untersucht, welche Denk- und Handlungsmuster bei Fachkräften der Sozialen Arbeit durch die bereits mehrfach angesprochene Transformation des Sozialstaates hin zum »aktivierenden Wohlfahrtsstaat« entstehen oder begünstigt werden. Hierfür hat sie eine Reihe von qualitativen Interviews durchgeführt und ausgewertet (vgl. Eichinger 2009). – Mechthild Seite spricht im gleichen Zusammenhang sogar von einer »Deprofessionalisierung« der Sozialen Arbeit (vgl. Seite 2011). – Für den Bereich der Heimerziehung hat Remi Stork 2007 eine umfangreiche qualitative Studie vorgelegt, in der er dem Spannungsverhältnis zwischen normativen bzw. politischen Ansprüchen an eine partizipatorische Erziehung im (teil-)stationären Bereich einerseits, dem pädagogischen und kollegialen Alltag andererseits nachgeht (vgl. Stork 2007).

4.3 Die Mikro-Ebene

Das Konzept der Rekonstruktiven Sozialforschung knüpft an die Theorie des Symbolischen Interaktionismus an, die in Kapitel 2.1 erläutert wurde.

Beispiel: Partizipation als Arbeit am Sozialen

Als ein Beispiel für rekonstruktive Erforschung sozialarbeiterischer Praxis zum Thema »Teilhabe« soll hier eine Studie von Sandra Küchler vorgestellt werden. Küchler hat erforscht, was Fachkräfte der Sozialen Arbeit unter Partizipation verstehen und wie sie diese in ihrer täglichen Arbeit erfahren, umsetzen und bewerten (Küchler 2018). Dabei hat sie die Fragen gestellt, ob und in welcher Weise die Fachkräfte ihre Arbeitsbedingungen und -aufträge so erleben, dass sie selbst an der Gestaltung ihrer Arbeitswirklichkeit teilhaben können; und ob und wie sie in der Arbeit mit ihren Klient_innen eine partizipatorische Haltung einnehmen und gleichberechtigte Kooperation verwirklichen. Küchler hat darüber hinaus auch ihren gesamten Forschungsprozess, der im Wesentlichen auf Interviews und Workshops basierte, partizipatorisch angelegt[50]. Die Interviews und Workshops wurden mit Mitarbeitenden aus sieben SHA-Projekten (Sozialräumliche Hilfen und Angebote) und dem zuständigen Jugendamt eines Hamburger Stadtbezirks durchgeführt. Bei ihren Erhebungen ging es Küchler weniger um strukturelle Teilhabemöglichkeiten oder -hindernisse als vielmehr um die alltägliche Praxis. An dieser Stelle sollen nur einige der insgesamt sehr vielschichtigen Ergebnisse und Erkenntnisse der Untersuchung zusammengefasst werden:

---

50 »Partizipatorische Forschung« gewinnt zunehmend an Bedeutung für Fachkräfte und Adressat_innen Sozialer Arbeit wie auch für die Studierenden – vgl. hierzu Lutz u. a. 2020. – Auf den sehr anspruchsvollen theoretischen Kontext, in den Küchler ihre Erhebungen und deren Auswertung eingebettet hat, kann hier nicht näher eingegangen werden. Ihre Arbeit ist konsequent an der poststrukturalistischen Theorie von Gilles Deleuze angelehnt und bedient sich u. a. ethnomethodologischer Herangehensweisen.

- Die politische Dimension spielt für die interviewten Fachkräfte keine Rolle in ihrem Verständnis von Partizipation und ihrer alltäglichen Praxis.
- Partizipation wurde von ihnen weniger als eine anzuwendende Methode, sondern vielmehr als ein Prozess verstanden, durch den gemeinsame Aufgaben bewältigt werden können.
- Partizipatorische Praktiken und Einstellungen waren zu Beginn einer gemeinsamen Arbeit oder eines neuen Projektes wesentlich deutlicher ausgeprägt als im weiteren Verlauf.
- Bei der Frage, was denn die gemeinsamen Aufgaben sind, droht nach Auffassung der befragten Fachkräfte die eigene Sicht der Klient_innen Sozialer Arbeit verloren zu gehen, weil deren Anliegen in die Logik der Institution ›passen‹ müssen oder sollen, um sie im Rahmen des jeweiligen Auftrages bearbeiten zu können (vgl. insgesamt: Küchler 2018, S. 55–87).

Auch wenn die Ergebnisse qualitativer empirischer Studien nicht ohne Weiteres verallgemeinert werden können, liefern sie doch wichtige Hinweise für weitergehende theoretische und praktische Erkenntnisse. Eine mögliche Erkenntnis lautet, dass Partizipation bzw. Teilhabe nicht ohne Weiteres zu den selbstverständlichen und dauerhaft verankerten Zielen und Orientierungspunkten des professionellen sozialarbeiterischen Handelns gehört.

In Kapitel 4.1.1 wurde bereits auf die fachlichen Besonderheiten des Handelns im Sinne einer Profession eingegangen (► Kap. 4.1.1). Zu diesen gehört es, dass die Tätigkeiten von ausgebildeten Expert_innen selbst bestimmt durchgeführt werden. Im Bereich der Sozialen (und auch der gesundheitsbezogenen) Arbeit wird zum einen erwartet, dass die Fachkräfte eigenständig diagnostizieren können, was ›der Fall ist‹, um welche Art von Problemen es sich also handelt. Zum anderen sollen sie ebenso selbständig in der Lage sein, angemessene Lösungsstrategien, z. B. in Gestalt eines Hilfeplans, zu entwickeln (vgl. Wright 2012, S. 91).

Um diese Anforderungen erfüllen zu können, können Fachkräfte sowohl auf wissenschaftsbasierte und in den entsprechenden Studiengängen vermittelte Theorien und Wissensbestände als auch auf ihren berufspraktischen Erfahrungsschatz zurückgreifen. Möglicherweise erschwert

4.3 Die Mikro-Ebene

das professionelle Selbstverständnis als selbständig agierende Fachkraft aber eine konsequente Teilhabe-Orientierung im beruflichen Alltag. Denn diese erfordert ein inneres ›Zurücktreten‹ der Fachkräfte, um die Ressourcen der Adressat_innen zur eigenständigen Problemlösung zu nutzen. Die Lösungsstrategien der Betroffenen entsprechen nicht immer dem, was fachlich geboten erscheint. Solche Widersprüche auszuhalten und mögliche Konflikte transparent zu kommunizieren, stellt eine große Herausforderung dar, zumal die Fachkräfte immer auch in der professionellen Verantwortung stehen, Selbstgefährdungen oder Gefährdungen anderer zu verhindern.

4.3.3 Beziehungen zwischen Fachkräften und Adressat_innen

Entscheidend für die eben bereits angesprochene, oft spannungsvolle Beziehung zwischen Fachkräften und Adressat_innen sind die Deutungsmuster, die der Haltung der professionellen Kräfte zugrundliegen und die nicht immer bewusst sind. Häufig handelt es sich um medizinische oder sozialisationstheoretische Grundannahmen.

Deutungsfolien

Als »medizinische Deutungsfolie« werden Annahmen und Fall-Diagnosen bezeichnet, die so genanntes abweichendes Verhalten oder Schwierigkeiten in der Alltagsbewältigung und Lebensgestaltung als Ausdruck hirnorganischer oder anderer pathologischer Störungen betrachten. – Die »sozialisationstheoretische Deutungsfolie« betrachtet Verhaltensauffälligkeiten, biografische Brüche und gescheitertes »Lebensmanagement« als Folge defizitärer Sozialisationsprozesse, zu denen verletzende Interaktionserfahrungen, Beziehungsabbrüche, mangelnde Bindungen zu Bezugspersonen und andere Belastungen gezählt werden.

4 Teilhabe-orientierte Haltung Sozialer Arbeit

Beide Sichtweisen und die ihnen zugrundeliegenden Erkenntnisse aus medizinischer, psychologischer oder pädagogischer Forschung sind hilfreich und nützlich, bergen aber mehrere Gefahren in sich:

- Sie können zu einem defizitorientierten Blick verführen, der die (verschütteten) Entwicklungspotenziale und Ressourcen der Klient_innen vernachlässigt.
- Sie können zu Standardisierungen führen, die den jeweiligen Kontext und die Besonderheiten des ›Falls‹ aus dem Blick verlieren lassen.
- Sie können dazu führen, die (auch) strukturellen und gesellschaftlichen Ursachen der jeweiligen problematischen Lebenssituationen von Individuen zu vernachlässigen (vgl. Herriger 2020, S. 68–74; Wright 2012, S. 91ff).

Diese »Deutungsfolien« wie auch die aus der eigenen alltäglichen und beruflichen Praxis gewonnenen Vorstellungen und Interpretationsmuster in Bezug auf die Klient_innen der Sozialen Arbeit können vor allem dann mit einer Teilhabe-orientierten Grundhaltung der Fachkräfte in Konflikt geraten, wenn sie über ihr diagnostisches Potenzial hinaus zu einer fürsorglich-paternalistischen und/oder anwaltschaftlichen, nicht aber zu einer für andere Sichtweisen und Handlungslogiken offenen Haltung führen. Verstärkt werden die problematischen Seiten solcher Handlungs- und Sichtweisen dadurch, dass Fachkräfte häufig für und über ihre Klient_innen sprechen müssen, und zwar in »ganz unterschiedlichen Settings …: etwa bei Hilfeplangesprächen, im Rahmen von Öffentlichkeitsarbeit, Antragsstellungen und Projektbeschreibungen, bei der Begleitung zu Jobcenterterminen oder aber bei der kollegialen Fallberatung« (Cress 2019, S. 45).

Fachkräfte der Sozialen Arbeit verstehen sich in dieser Perspektive als Repräsentant_innen ihrer Klient_innen bzw. sie werden als solche wahrgenommen. Sie sprechen somit sowohl ›für Andere‹ als auch ›über Andere‹, und sie erzeugen dadurch bestimmte Vorstellungen von den Besonderheiten und dem Leben ihrer Klient_innen. Diese Vorstellungen werden von Politik und Medien aufgegriffen und verstärkt – ohne dass aber die auf diese Weise ›Repräsentierten‹ selbst zu Wort kommen.

4.3 Die Mikro-Ebene

Nicht immer ist ihnen überhaupt bewusst, dass ›ihre‹ Sozialarbeiter_innen stellvertretend für sie agieren (vgl. Cress 2019, S. 49). Möglicherweise würden sie selbst Wege einschlagen, die von den Fachkräften weder erwartet noch als wünschenswert betrachtet würden. – Um das ›Sprechen über‹ der kritischen Reflexion zugänglich zu machen, ist wiederum die weiter oben erwähnte rekonstruktive Methode der Fallarbeit nützlich.

Alles in allem stellt eine Teilhabe-orientierte Beziehung zwischen Fachkräften und Klient_innen viele Sicherheiten in Frage. Die Entscheidungsmacht der Fachkräfte muss immer wieder zur Disposition gestellt werden, was über die Orientierung an geltenden Qualitätsstandards und Verfahrensweisen der Sozialen Arbeit hinaus eine kritische (Selbst-)Reflexivität erfordert.

Technische, praktische und kritische Reflexivität

Wright unterscheidet die »technische« von der »praktischen« und der »kritischen« Reflexivität: Die *technische (oder auch rationalistische) Reflexivität* überprüft das eigene Handeln und die Qualität der Hilfeprozesse anhand objektivierbarer und überprüfbarer Normen und vorgegebener Qualitätsstandards. Die *praktische Reflexivität* berücksichtigt die eigenen Erfahrungen und die Besonderheiten des jeweiligen Einzelfalls bzw. des jeweiligen sozialen Kontextes und prüft dadurch die Angemessenheit der standardisierten Vorgehensweisen. Beide Sichtweisen sind sinnvoll, implizieren aber eine Machtungleichheit in der Beziehung der Fachkräfte und ihrer Adressat_innen und tragen zu einer möglichst effektiven Ausübung der autonomen Handlungskompetenz der Fachkräfte bei (vgl. Wright 2012, S. 92).

Die *kritische Reflexivität* wiederum ersetzt nicht einfach die beiden vorgenannten Reflexivitätsformen, sondern erweitert sie um eine Reflexion der eigenen Rolle vor dem Hintergrund gesellschaftlicher Prozesse, die zur Ausgrenzung und Stigmatisierung führen. Soziale Benachteiligung wird dann nicht mehr (nur) als Merkmal einer Person oder einer Zielgruppe wahrgenommen, sondern als Ausprägung

> gesellschaftlicher Verhältnisse und Prozesse, zu denen auch Fachkräfte, meistens unbewusst, beitragen (können).

Erst durch die Berücksichtigung auch dieser Faktoren werden Menschen in die Lage versetzt, mehr Einfluss über ihre Lebenssituation zu bekommen und an allen sie betreffenden Prozessen und Entscheidungen aktiv teilzuhaben. Dabei ist »Partizipation nicht als Entweder-Oder-Option, sondern als Entwicklungsprozess zu verstehen« (Wright 2012, S. 95).

Studienhilfen

Zusammenfassung

Eine umfassende Teilhabe-Orientierung stellt auf allen Handlungsebenen eine Herausforderung für die Soziale Arbeit dar: Von ihrem Selbstverständnis als Profession und der Auseinandersetzung mit ihren politischen und rechtlichen Rahmenbedingungen über die partizipatorischen Strukturen in den Institutionen und Einrichtungen der Sozialen Arbeit sowie der Umsetzung Teilhabe-förderlicher Konzepte bis hin zur persönlichen Haltung der Fachkräfte und der Beziehungsgestaltung zwischen Fachkräften und Klient_innen.

Ein besonderes Augenmerk ist auf solche biografischen Erfahrungen der Adressat_innen zu richten, die dazu führen, dass diese sich nicht (mehr) zutrauen, ihr Leben aktiv zu gestalten. Teilhabe-orientierte Angebote der Sozialen Arbeit im Sinne der Stärkung persönlicher Ressourcen und des Empowerments können sie darin unterstützen, ihre Interessen und Bedürfnisse geltend zu machen.

Alltag und Lebenswelt der Adressat_innen sind durch den Sozialraum geprägt, in dem sie leben. Dieser kann durch seine Infrastruktur und die Art des Wohnraums vielfältige Teilhabemöglichkeiten bieten oder auch vorenthalten. Deshalb ist die Sozialraumorientierung ebenso wichtig für die Eröffnung von Teilhabechancen wie die Stärkung der persönlichen Ressourcen ihrer Klient_innen.

Für das Verständnis dessen, was in der jeweils konkreten Arbeit ›der Fall ist‹, wie auch für das Verständnis dessen, wovon sich Fachkräfte in ihren professionellen Handlungsweisen individuell oder im Team leiten lassen, sind die Methoden der Rekonstruktiven Sozialen Arbeit hilfreich.

Fragen und Anregungen zur Diskussion

1. Welche Einrichtungen der Sozialen Arbeit haben Sie bisher kennengelernt, z. B. im Rahmen von Praktika? Wie beurteilen Sie deren Teilhabe-Orientierung sowohl im Hinblick auf die Mitarbeitenden als auch im Hinblick auf die Adressat_innen?
2. Welche Konzepte und Methoden der Sozialen Arbeit sind Ihnen bereits bekannt? Welche Gemeinsamkeiten und Unterschiede bestehen zwischen Sozialraumorientierung, Ressourcenorientierung und Empowerment sowie weiteren Konzepten der Sozialen Arbeit?
3. Diskutieren Sie die Zusammenhänge zwischen einem Verständnis der Sozialen Arbeit als Menschenrechtsprofession und ihrer Teilhabe-Orientierung.

Tipps zum Weiterlesen

Diana Franke-Meyer und Carola Kuhlmann haben 2018 das Buch »Soziale Bewegungen und Soziale Arbeit. Von der Kindergartenbewegung zur Homosexuellenbewegung« herausgegeben. In einer historischen Perspektive werden die Zusammenhänge zwischen sozialen Bewegungen einerseits und der Entstehung und Professionalisierung der Sozialen Arbeit andererseits dargestellt. Die einzelnen Beiträge gehen u. a. auf die Kindergartenbewegung und die Frauenbewegung im 19. Jahrhundert und die neu entstehenden sozialen Bewegungen sowie pädagogischen Handlungsfelder im frühen 20. Jahrhundert ein. Ein Beitrag setzt sich kritisch mit der Sozialen Arbeit im Nationalsozialismus auseinan-

der. Es folgen Beiträge zu den Protestbewegungen der 1960er und 1970er Jahre und den sozialen Bewegungen ab den 1980er Jahren bis in die Gegenwart.
→ Franke-Meyer, D., Kuhlmann, C. (2018) (Hrsg.)

Das Verständnis von Sozialer Arbeit als Menschenrechtsprofession wird ausführlich dargestellt in dem 2018 veröffentlichen Buch von Silvia Staub-Bernasconi »Soziale Arbeit und Menschenrechte. Vom beruflichen Doppelmandat zum professionellen Tripelmandat«. In zehn Kapiteln geht die Autorin auf die Entstehung und Entwicklung dieses Professionsverständnisses, auf Menschenrechte und Menschenwürde ein. Sie diskutiert die sich daraus ergebenden Anforderungen für die Praxis Sozialer Arbeit und konkretisiert dies u. a. am Beispiel der Armutsproblematik. Ferner geht sie auf mögliche politische Handlungsformen der Sozialen Arbeit ein. Darüber hinaus enthält das Buch mehrere Projektberichte.
→ Staub-Bernasconi, S. (2018)

Die konzeptionellen Grundlagen, Gestaltungsbereiche sowie die konkreten Umsetzungsmöglichkeiten einer menschenrechtsorientierten Sozialen Arbeit sind Thema des 2018 von Christian Spatschek und Claudia Steckelberg herausgegeben Buches »Menschenrechte und Soziale Arbeit.«
→ Spateschek, C., Steckelberg, C. (2018) (Hrsg.)

Das von Martin Becker 2020 herausgegebene »Handbuch Sozialraumorientierung« vermittelt die begrifflichen, historischen und theoretischen Grundlagen dieses Handlungskonzeptes. Darüber hinaus enthält es eine Fülle von Praxisbeispielen Sozialraumorientierter Arbeit aus den verschiedensten Handlungsfeldern der Sozialen Arbeit – u. a. Kinder- und Jugendhilfe, Bewährungshilfe, Suchthilfe, Gemeindepsychiatrie und gerontologische Handlungsfelder. Die spezifischen Handlungsanforderungen und die methodische Umsetzung der Sozialraumorientierten Arbeit werden praxisorientiert herausgearbeitet.
→ Becker, M. (2020) (Hrsg.)

2020 erschien die sechste, erweiterte und aktualisierte Auflage des Buches von Norbert Herriger »Empowerment in der Sozialen Arbeit«. Darin geht Herriger auf den Zusammenhang der Entstehung des Empowerment-Konzeptes mit den neuen sozialen Bewegungen ein und thematisiert den Wandel der »Bilder« Sozialer Arbeit von ihren Klient_innen. Der Autor stellt Empowerment in den Kontexten von Einzelfallhilfe, kollektiver Selbstorganisation, Organisationen und Institutionen sowie im Sozialraum vor und unterscheidet dabei »psychologisches« von »politischem« Empowerment.

→ Herriger, N. (2020)

Die Grundlagen und Methoden sowie Anwendungsbereiche der Rekonstruktiven Sozialen Arbeit und Sozialforschung werden in dem von Bettina Völker und Ute Reichmann 2017 herausgegebenen Buch »Rekonstruktiv denken und handeln. Rekonstruktive soziale Arbeit als professionelle Praxis« dargestellt. Neben theoretischen und methodischen Beiträgen enthält der Band auch konkrete Beispiele, beispielsweise aus dem Bereich der Kinder- und Jugendhilfe und der Arbeit im Frauenhaus. Ferne wird dargestellt, dass und wie rekonstruktive Arbeit auch für die Supervision und Intervision beruflicher Praxis angewendet werden kann.

→ Völker, B., Reichmann, U. (2017) (Hrsg.)

5 Teilhabe-orientiertes Handeln in der Sozialen Arbeit

Kapitelüberblick

Im Folgenden werden exemplarisch Handlungsfelder und -konzepte zur Teilhabeförderung dargestellt. Die Darstellung erhebt keinerlei Anspruch auf Vollständigkeit und stellt auch keine ›Praxisanleitung‹ im Detail dar. Wohl aber sollen die bisher gewonnenen Erkenntnisse konkretisiert und Orientierungshilfen für die professionelle Tätigkeit gegeben werden. Das grundsätzliche Problem, ob Konzepte und Methoden sich eher auf Zielgruppen oder eher auf zielgruppenübergreifende Problemfelder und Themenbereiche beziehen sollten, kann dabei nicht gelöst werden. Einige der vorgestellten Konzepte und Praxisbeispiele können auch anderen als den hier angesprochenen Zielgruppen zugeordnet werden.

Im nächsten Abschnitt wird das Modell der »Partizipationspyramide« vorgestellt (▶ Kap. 5.2), das einen guten Überblick über das komplexe Gebiet der Teilhabe-Orientierung bietet.

Es folgen Ausführungen zur Förderung einer Teilhabe-orientierten Haltung von Fachkräften und der Implementierung entsprechender Strukturen in den Einrichtungen und Organisationen der Sozialen Arbeit (▶ Kap. 5.3). Daran schließen sich Hinweise und Beispiele für die beiden in Kapitel 4.2.4 vorgestellten Konzepte der Sozialraumorientierung und des Empowerments einschließlich der Ressourcenorientierung (▶ Kap. 5.4) sowie für die Teilhabe-orientierte Arbeit mit Menschen in Armutslagen an (▶ Kap. 5.5).

> Die in Kapitel 2.3 hervorgehobene Bedeutung der (digitalen) Medien für die Eröffnung von Teilhabechancen wird durch die Beispiele im Kapitel 5.6 unterstrichen (▶ Kap. 5.6). Abschließend werden Teilhabe-Konzepte für bestimmte Zielgruppen der Sozialen Arbeit vorgestellt: Menschen mit Migrationshintergrund (▶ Kap. 5.7); Kinder und Jugendliche (▶ Kap. 5.8); Teilhabe von Menschen im höheren Lebensalter (▶ Kap. 5.9) sowie Menschen mit Beinträchtigen (▶ Kap. 5.10).
> Dass sich die Zielgruppen teilweise überschneiden und dass sie ebenso mit Sozialraumorientierter Arbeit und/oder expliziten Empowerment-Angeboten wie mit zielgruppenspezifischen Angeboten und Projekten erreicht werden können, liegt auf der Hand. Um einer nachvollziehbaren und systematischen Darstellung willen wurden diese Überschneidungen aber in Kauf genommen.
> Alle hier dargestellten Beispiele greifen die Inhalte der bisherigen Kapitel wieder auf, um sie auf der Ebene des Handelns im beruflichen Alltag zu konkretisieren.

5.1 Eckpunkte des Teilhabe-orientierten Handelns

Für das eigentliche Handeln im Sinne der Teilhabe-orientierten Sozialen Arbeit haben die bisherigen Ausführungen eine Vielzahl von Herausforderungen und Anknüpfungspunkten deutlich werden lassen. Diese werden hier in acht Punkten zusammengefasst:

1. Teilhabe bezieht sich zunächst einmal auf den gesellschaftlichen »Ist-Zustand« (»Status Quo«) und die gesellschaftlich geteilten Werte der Gerechtigkeit und der Demokratie. Daraus folgt der Anspruch, dass alle Bürger_innen die Chance haben sollen, an den materiellen und immateriellen Gütern der Gesellschaft und den Wegen zu diesen Gü-

tern teilzuhaben: Einkommen bzw. materielle Absicherung jenseits von Armut, Erwerbsarbeit als Weg zum Einkommen und zu gesellschaftlichem Ansehen, Zugang zu Bildung und Gesundheitsversorgung sowie Wohnen als zentrale Dimensionen eines »guten Lebens« und allgemeine Bürgerrechte als Voraussetzung der Mitgestaltung der sozialen Welt.

2. Teilhabe in einem umfassenden Sinne beinhaltet darüber hinaus ein kritisches Potenzial, das den Status Quo in Frage stellt. Denn der Ist-Zustand ist der einer an Konkurrenz und Leistung orientierten Ökonomie und Gesellschaft, und dazu gehört auch die Ausgrenzung derer, die den Leistungsmaßstäben nicht entsprechen können oder wollen. Zu fragen ist deshalb, ob die vorherrschenden gesellschaftlichen Verhältnisse den Interessen und Wünschen an ein »gutes Leben« der Einzelnen entsprechen oder ob es (mehrheitsfähige) Vorstellungen davon gibt, wie der Status Quo zu verändern wäre. Welche Lebensentwürfe können gelebt werden und finden soziale Anerkennung, welche nicht? Wessen Interessen werden berücksichtigt und eingelöst, wessen nicht? Welche materiellen, immateriellen und rechtlichen Bedingungen privilegieren die einen und benachteiligen die anderen? Welche Wege und Möglichkeiten gibt es, bestehende Verhältnisse zu transformieren?

3. Ziel einer Teilhabe-orientierten Sozialen Arbeit ist es, ihre Klient_innen dabei zu unterstützen, sowohl materielle als auch immaterielle Ressourcen für sich zu erschließen. Damit können sehr unterschiedliche Einzelziele verbunden sein. Häufig geht es, wie eben bereits erwähnt, um die Chance zur Teilhabe am Status Quo – z.B. durch den Erwerb von Bildungsabschlüssen oder durch berufliche Qualifizierung und Unterstützung auf dem Weg in den Erwerbsarbeitsmarkt. Sodann geht es darum, sozialstaatlich garantierte Unterstützungsleistungen einlösen zu können und ggf. die Rechtspositionen der Klient_innen zu stärken. Dadurch wird Teilhabe an dem ermöglicht, was als materieller und kultureller Mindeststandard durch den Gesetzgeber definiert worden ist. Teilhabe-orientierte Soziale Arbeit bezieht sich darüber hinaus auf die Aneignung und Gestaltung des Sozialraums der Adressat_innen, beispielsweise durch Spielplatzgestaltung, Einrichtung von Treffpunkten für Jugendliche oder Ältere.

Nicht zuletzt geht es darum, Möglichkeiten dafür zu schaffen, dass die Adressat_innen Anerkennung, Selbstwert und Selbstwirksamkeit erfahren können. Ein weiteres wichtiges Ziel ist der Zugang der Adressat_innen zu Informationen und öffentlichen Prozessen der Meinungsbildung, wofür mediale Kompetenz eine entscheidende Voraussetzung darstellt.

4. Teilhabe-orientierte Soziale Arbeit ist sowohl am Ziel größerer Teilhabechancen für ihre Klient_innen orientiert als auch am Prozess, durch den Teilhabe und Selbstwirksamkeit erfahrbar werden. Um in diesem umfassenden Sinne Teilhabe-orientiert arbeiten zu können, müssen Fachkräfte eine entsprechende professionelle Haltung ausprägen. Dazu gehören eine ständige Selbstreflexion sowie die Implementierung Teilhabe-orientierter Verfahren und Strukturen in den Einrichtungen und Organisationen Sozialer Arbeit. Planung, Entwicklung und Umsetzung von Angeboten sollen systematisch auf ihre Teilhabe-Orientierung hin überprüft werden. Dabei geht es auch darum, die Macht der Fachkräfte zu begrenzen, indem die Position der Adressat_innen durch klar geregelte und institutionalisierte Mitsprache-, Beschwerde- und Entscheidungsrechte gestärkt wird (vgl. Straßburger 2014b, S. 85, unter Bezug auf Früchtel u. a. 2013, S. 147). Die wichtigsten Ebenen der Umsetzung in der konkreten Arbeit sind die Unterstützung der Einzelnen, die Unterstützung von sozialen Netzwerken und Peer Groups sowie der Sozialraum und die politischen Strukturen.

5. Teilhabe-Orientierung stellt eine Querschnittsaufgabe für die Soziale Arbeit dar, d. h., sie ist in allen Handlungsfeldern und auf allen Ebenen der täglichen Arbeit zu implementieren und zu beachten. Als grundsätzliche Haltung und Leitlinie ist sie für Einzelfallentscheidungen und individuelle Beratung ebenso wichtig wie bei der Arbeit mit verschiedenen Gruppen, in der Quartiers- bzw. Sozialraumorientierten Arbeit und schließlich bei der Auseinandersetzung mit den sozialpolitischen Rahmenbedingungen (vgl. Anastasiadis 2019, S. 55).

6. Über die Querschnittsaufgabe hinaus steht die Förderung von Teilhabechancen für unterschiedliche Zielgruppen im Fokus eigens hierfür konzipierter Projekte und Angebote – beispielsweise bei der Teilhabe

von Kindern und Jugendlichen an der Gestaltung ihrer Spielplätze und Treffpunkte, oder bei der Unterstützung von Selbsthilfegruppen, oder in Projekten zur Stärkung der Medienkompetenz von Menschen mit kognitiven Einschränkungen. Um solche Projekte und Angebote zu konzipieren und durchzuführen, gibt es eine Fülle von spezifischen Methoden und Erfahrungswerten.

7. Schließlich ist die Förderung von Teilhabe benachteiligter Personen oder Personengruppen nicht die alleinige Aufgabe Sozialer Arbeit. Vielmehr kommt es auf die Kooperation mit vielen anderen Institutionen und Trägern an – sei es im Sozialraum, bei der Gesundheitsförderung oder im Bereich der Bildung.

8. Bildungsprozessen in einem umfassenden Sinne, also über die Vermittlung kognitiven Wissens und den Erwerb formaler Qualifikationen hinaus, kommt eine zentrale Bedeutung für das Empowerment benachteiligter Personen zu, weil die strukturelle Benachteiligung stets mit biografischen Erfahrungen der Ausgrenzung und mangelnden Teilhabe verknüpft ist (vgl. Kronauer 2010, S. 51). Teilhabeorientierte Soziale Arbeit hat den Auftrag, mit Schulen und anderen Bildungsträgern, wie der Erwachsenenbildung, Fort- und Weiterbildungseinrichtungen, Berufsbildungswerken und freien Trägern vor allem im Bereich der kulturellen Bildung zu kooperieren.[51]

5.2 Das Modell der Partizipationspyramide

Einen guten Überblick über die vielfältigen Ebenen und Dimensionen der Teilhabe-Thematik bietet das von Straßburger und Rieger entwickel-

---

51 Die kulturelle Bildung umfasst über den ›klassischen‹ Bereich von Theater, Museen, Musik, Tanz, Fotografie oder Kino hinaus alle Dimensionen des ästhetischen Erlebens und des möglichen Selbstausdrucks durch kreatives Handeln. Die Chancen, durch entsprechende Aktivitäten Selbstvertrauen und neue biografische Handlungsräume zu gewinnen, werden häufig unterschätzt (vgl. hierzu Hübner u. a. 2017).

5.2 Das Modell der Partizipationspyramide

**Wenn Partizipation von Professionellen ausgeht:
Die linke Seite der Pyramide**

Partizipationsstufen aus professionell-institutioneller Perspektive

Stufe 6 Entscheidungsmacht übertragen
Stufe 5 Entscheidungskompetenz teilweise abgeben
Stufe 4 Mitbestimmung zulassen
Stufe 3 Lebensweltexpertise einholen
Stufe 2 Meinung erfragen
Stufe 1 Informieren

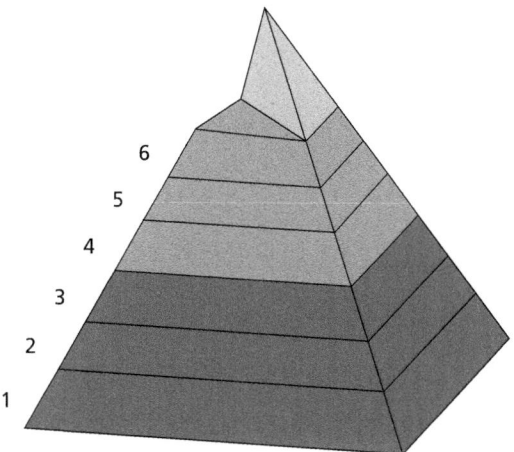

Abb. 1: Partizipationspyramide aus professionell-institutioneller Perspektive (aus: Gaby Straßburger/Judith Rieger, Partizipation kompakt © 2016 Beltz Juventa in der Verlagsgruppe Beltz · Weinheim Basel)

te Modell der »Partizipationspyramide«.[52] Dieses Modell bezieht sich nicht ausschließlich auf die Soziale Arbeit, sondern erweitert den Blick

---

52 Es gibt zahlreiche Stufenmodelle, mit deren Hilfe das Ausmaß von Partizipation in Projekten und/oder Institutionen und Organisationen analysiert und messbar gemacht werden soll. Als erste veröffentlichte Sherry Arnstein 1969 »A Ladder of Citizen Participation«. Es folgten im deutsch- und englischsprachigen Raum zahl-

auch auf die Partizipationsmöglichkeiten von Bürger_innen im weiter oben bereits thematisierten zivilgesellschaftlichen Bereich. Da sich Soziale Arbeit häufig im Schnittfeld ihrer eigenen Angebote mit den Aktivitäten von Nachbarschaftshilfen, Selbsthilfegruppen und anderen lokalen Initiativen bewegt, ist dieser umfassende Blick hilfreich. Dies gilt umso mehr, als die oben dargestellten Konzepte des Empowerments und der Sozialraumorientierung an eben dieser Schnittstelle angesiedelt sind.

Die hier abgebildete »Pyramide« umfasst auf der linken Seite – das ist die institutionell-professionelle Perspektive – sechs Stufen (▶ Abb. 1). Auf der rechten Seite – das ist die Perspektive der Bürger_innen bzw. im hier diskutierten Kontext der Adressat_innen Sozialer Arbeit – sind es sieben Stufen (▶ Abb. 2).

Das Stufenmodell macht deutlich, dass tatsächliche Partizipation sehr hohe Anforderungen an die Qualität der Prozesse und an alle Beteiligten stellt. Die ersten drei Stufen werden von den Autorinnen als »Beteiligung light« bezeichnet, bei den Stufen 4 bis 6 sprechen sie von »Mitbestimmung«, und die siebte Stufe auf der rechten Pyramidenseite bedeutet dann tatsächliche und umfassende zivilgesellschaftliche Partizipation (vgl. Straßburger, Rieger 2014, S. 17).

Die Autorinnen verweisen aber darauf, dass trotz der hierarchischen Anordnung der Stufen im Pyramiden-Modell eine höhere Stufe nicht in jedem Fall besser sein muss als eine niedrigere. Je nachdem, welche Personengruppen involviert sind, welche Aufträge und Ziele die jeweiligen Projekte oder Dienstleistungen haben und welche Rahmenbedingungen gegeben sind, kann die optimale Stufe oder Vorstufe von Partizipation unterschiedlich sein (vgl. Straßburger, Rieger 2014, S. 20f). So bedeutet es einen großen Unterschied in der Umsetzung von Teilhabe, ob beispielsweise ein Projekt zur Förderung medialer Kompetenz mit Jugendlichen oder mit Senior_innen oder mit kognitiv beeinträchtigten Erwachsenen durchgeführt wird (▶ Kap. 5.6). Wieder andere Anforderungen ergeben sich, wenn beispielsweise mit demenziell veränderten Menschen oder mit Personen in psychischen Grenzsituationen gearbeitet wird.

---

reiche Adaptionen und Weiterentwicklungen des Modells, auf die hier nicht näher eingegangen werden kann (vgl. Berlin Institut für Partizipation 2018).

5.2 Das Modell der Partizipationspyramide

**Wenn Bürger_innen Partizipation einfordern:
Die rechte Seite der Pyramide**

Partizipation aus bürgerschaftlicher Perspektive

Stufe 7 Zivilgesellschaftliche Eigenaktivitäten
Stufe 6 Bürgerschaftliche Entscheidungsfreiheit ausüben
Stufe 5 Freiräume der Selbstverantwortung nutzen
Stufe 4 An Entscheidungen mitwirken
Stufe 3 Verfahrenstechnisch vorgesehene Beiträge einbringen
Stufe 2 Im Vorfeld von Entscheidungen Stellung nehmen
Stufe 1 Sich informieren

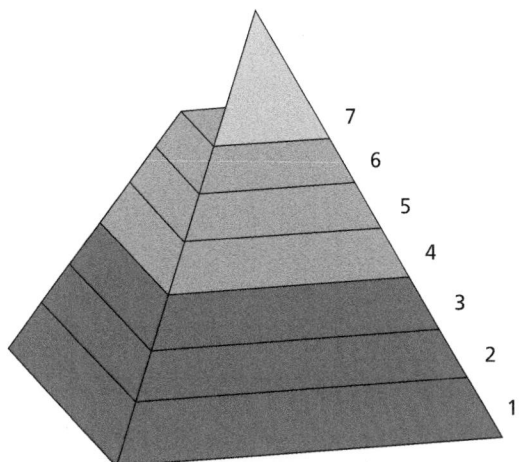

Abb. 2: Partizipationspyramide aus bürgerschaftlicher Perspektive (aus: Gaby Straßburger/Judith Rieger, Partizipation kompakt © 2016 Beltz Juventa in der Verlagsgruppe Beltz · Weinheim Basel)

Der entscheidende Prüfstein dafür, ob in einem Projekt oder in einem Angebot tatsächlich Teilhabe-orientiert gearbeitet wird, ist also nicht das Erreichen einer möglichst hohen Stufe auf der Partizipationsleiter oder -pyramide, sondern die Haltung der Fachkräfte: Versuchen sie grundsätzlich, den jeweiligen Adressat_innen Einfluss auf Entscheidungen zu geben, die sie betreffen, oder beteiligen sie die Betroffenen erst auf der Basis bereits getroffener Entscheidungen oder sprechen sie ihnen die Teilhabefähigkeit generell ab?

Bei den Vorstufen von Partizipation haben die Fachkräfte die Aufgabe, ihre Adressat_innen über bestimmte Vorhaben, Projekte oder Angebote zu informieren, deren Meinung hierzu zu erfragen und die Erfahrungen der Betroffenen einzubeziehen (=»Lebensweltexpertise« einholen). Auf der anderen Seite der Pyramide umfassen die drei Vorstufen aus der Perspektive der Bürger_innen bzw. Adressat_innen die Aufgaben, sich zu informieren, im Vorfeld von Entscheidungen Stellung zu nehmen, ihre Erfahrungen einzubringen und sich dort zu beteiligen, wo dies vom jeweiligen Verfahren her vorgesehen ist.

Die Stufen vier bis sechs erfordern von Seiten der Fachkräfte, Mitbestimmung zuzulassen, Entscheidungskompetenzen teilweise abzugeben und tatsächliche Entscheidungsmacht zu übertragen. Aufseiten der Adressat_innen bedeuten diese Stufen, an Entscheidungen mitzuwirken, Freiräume der Selbstverantwortung zu nutzen und bürgerschaftliche Entscheidungsfreiheit auszuüben (vgl. Straßburger, Rieger 2014, S. 22ff).

Hinzukommen kann dann auf der Seite der Adressat_innen bzw. Bürger_innen noch die siebte Stufe, die von den Autorinnen als »Zivilgesellschaftliche Eigenaktivitäten« bezeichnet wird (vgl. Straßburger, Rieger 2014, S. 28ff). Bei Letzteren handelt es sich um Projekte und Aktionen für das Gemeinwohl, also um Formen gesellschaftlicher Partizipation, die in bürgerschaftlicher Verantwortung liegen. Sie kommen unabhängig von institutionellen Verfahren in Gang (vgl. Straßburger, Rieger 2014, S. 19f).

Auf die Grenzen von Partizipation wird weiter unten eingegangen (▶ Kap. 5.3).

5.3 Ausprägung und Reflexion einer Teilhabe-orientierten Haltung der Fachkräfte sowie Implementierung von Teilhabe-Strukturen bei Trägern Sozialer Arbeit

Die Fachkräfte Sozialer Arbeit sollten eine persönliche Haltung ausprägen, die sie zu einem Teilhabe-orientierten professionellen Handeln befähigt. Dies erfordert eine kontinuierliche kritische Überprüfung der – expliziten und/oder impliziten – Vorannahmen, von denen sie in ihren Interaktionen und in ihrem methodischen Handeln ausgehen. Es ist immer wieder zu prüfen, ob und wie ein defizitorientierte Blick auf die Klient_innen der Sozialen Arbeit eingenommen wird (▶ Kap. 4.3.3) oder ob die politischen Aufträge an die Soziale Arbeit mit deren eigenen normativen Ausrichtung kollidieren (▶ Kap. 1.1.2). Auch wenn im Studium die Voraussetzungen und Kenntnisse für eine Teilhabe-orientierte Soziale Arbeit vermittelt und erworben werden (sollten), muss doch das gesamte Berufsleben von einer stetigen Selbstreflexion und Überprüfung der persönlichen Grundhaltung geprägt sein. Rieger spricht von einem »inneren Kompass«, der »im Arbeitsalltag Orientierung bietet« und sich aus den persönlichen Überzeugungen, dem theoretischen Wissen und der praktischen Erfahrung zusammensetzt (vgl. Rieger 2014, S. 57f).

Gerade der Aspekt der – mehr oder weniger bewussten – eigenen Macht gegenüber den Klient_innen ist für viele Fachkräfte ein schwieriges Thema, weil sie dem helfenden Selbstverständnis zu widersprechen scheint. Die Beziehungen zwischen Professionellen und Adressat_innen sind aber grundsätzlich von einem strukturellen Machtgefälle geprägt, das zumeist rechtlich legitimiert ist und auf unterschiedlichen Kompetenzen und Aufträgen beruht. Soziale Arbeit befindet sich häufig im Konflikt zwischen Kontroll- und Normalisierungsaufträgen einerseits, dem Respekt für selbstbestimmte Lebensentwürfe und der angestrebten Förderung der Autonomie der Klient_innen andererseits. Herriger unterscheidet zwischen

- Interventions- und Kontrollmacht (z. B. bei der Inobhutnahme eines Kindes);
- Organisationsmacht (z. B. bei der Gewährung oder Zurückweisung von Dienstleistungen);
- Definitionsmacht (z. B. bei der Durchführung von Diagnostik und der Erstellung von Gutachten);
- Prozessmacht (z. B. der Bestimmung von Beratungssettings und Kommunikationsregeln) (vgl. Herriger 2020, S. 240f).

Je stärker Fachkräfte auf das eingehen, was ihre Adressat_innen sich wirklich wünschen (»Nachfrage-Orientierung«), desto mehr müssen sie bereit sein, das hintan zu stellen, was sie selbst sich vorstellen oder wünschen. Zu ihren Kernkompetenzen gehört es deshalb, sich auf die Sichtweisen und Interessen der Klient_innen einzulassen, deren Besonderheiten zu erkennen und zu respektieren und auf ihre Stärken zu bauen sowie Eigenständigkeit fördern. Diese Offenheit stellt hohe Anforderungen an die Fachkräfte. Sie müssen einschätzen, wann es nötig ist, abzuwarten und durch Zuhören, Fragen und Beobachten Entwicklungen zu unterstützen (»Pacing« = »Schritt halten«), und wann sie eigene Ideen einbringen, motivieren, strukturieren oder auch Grenzen setzen müssen (»Leading« = »Führung übernehmen«) (vgl. Rieger 2014, S. 66).

Allerdings ist eine solche Haltung nicht zu verwechseln damit, einfach alles ›laufen zu lassen‹. Vielmehr geht es um einen höchst anspruchsvollen Prozess der ständigen Selbstreflexion und der Kommunikation mit den jeweiligen Adressat_innen. Dazu gehört es auch, die eigenen Interessen und die institutionellen Aufträge deutlich zu machen und zu verhindern, dass Gefährdungen entstehen (vgl. Straßburger 2014b, S. 97).

In einigen Handlungsfeldern der Sozialen Arbeit stehen die Besonderheiten der Adressat_innen (z. B. sehr junge Kinder oder hochgradig pflegebedürftige Menschen) und/oder die institutionellen Settings (z. B. im Strafvollzug oder in stationären Einrichtungen) einer umfassenden Teilhabe entgegen. Umso wichtiger ist es, über die strukturellen Aspekte und das doppelte Mandat der Hilfe und Kontrolle hinaus auch die interaktive Dimension von Teilhabe wahrzunehmen. Denn »Partizipation (wird) immer wieder aufs Neue situativ und interaktiv reproduziert,

5.3 Ausprägung und Reflexion einer Teilhabe-orientierten Haltung

nur so wird sie als solche für alle Beteiligten sichtbar und erfahrbar« (Dobslaw 2018a, S. 11).

Da die handlungsleitenden persönlichen Überzeugungen zwar sehr wirksam, oft aber nicht bewusst zugänglich sind, ist eine intensive Auseinandersetzung mit der eigenen Biografie notwendig, um Teilhabe-orientiert arbeiten zu können. Die Selbstreflexion in Bezug auf Partizipation kann durch kontinuierliche Supervision und Fortbildungen unterstützt werden, wenn über die Fallbesprechungen und/oder Teamsupervision hinaus immer wieder die grundsätzliche Haltung der Fachkräfte und auch die Einrichtungs- oder Organisationskultur thematisiert werden.[53]

In Bezug auf die Adressat_innen geht es um ein Höchstmaß an Transparenz und Beteiligung, was u. a. klare Vereinbarungen über ihre Entscheidungsmöglichkeiten und den Respekt vor ihren biografischen Erfahrungen erfordert. Mit Blick auf die Institutionen geht es um die gemeinsame Entwicklung von Leitbildern, um klare und vollständige Informationsabläufe, ein hohes Maß an Selbstverantwortung für die Gestaltung der Arbeitsprozesse sowie eine »Lernkultur«, die auch das Empowerment der Mitarbeitenden zum Ziel hat. Hierzu können auch Evaluationsverfahren beitragen, in die Mitarbeitende ebenso einbezogen werden wie die Adressat_innen (vgl. hierzu insgesamt Herriger 2020, S. 184–206).

Mit partizipativen Prozessen sind spezifische Aktivitäten und eine grundsätzliche Veränderungsbereitschaft verbunden, die zu neuartigen Erfahrungen für alle Beteiligten führen. Küchler spricht in diesem Zusammenhang von »schöpferischen Prozessen« und »sinnlichen Praktiken«. Sie betont die »Gefühle als eigenständige Reflexionsebene« und kommt zu der Erkenntnis, dass die Qualität der Beziehungen zwischen Fachkräften und Adressat_innen sowie innerhalb der Teams und Orga-

---

53 Institutionen verfügen in der Regel über Leitbilder und ausformulierte Ziele, z. B. das Ziel einer größtmöglichen Orientierung an den Interessen und Bedürfnissen ihrer Klient_innen. Diese können mit äußeren Anforderungen wie Sparsamkeit oder Effizienz kollidieren. Außerdem sind mitunter nicht alle handlungsleitenden Deutungsmuster bewusst und der gemeinsamen Kommunikation zugänglich (vgl. hierzu besonders für den Bereich der Kinder- und Jugendhilfe Messmer 2018 sowie insgesamt Bauer, Gröning 1995)

nisationen von größerer Bedeutung für die Teilhabeförderung sind als die Anwendung einzelner Methoden (vgl. Küchler 2018, u. a. S. 171ff). Diese Einschätzung Küchlers auf der Grundlage der von ihr durchgeführten qualitativen Studie deckt sich mit der Bedeutung von Emotionen (nicht nur) für die Teilhabebereitschaft, wie sie auch von Martha Nußbaum herausgearbeitet wurde (▶ Kap. 2.1).

Zur Vollständigkeit dieses Teils der Darstellung gehört – leider – auch der Hinweis auf Grenzen und Hindernisse, die der Teilhabe-Orientierung der Sozialen Arbeit insgesamt entgegenstehen.

Grenzen der Teilhabe-Orientierung in der Sozialen Arbeit

In Anlehnung an und Erweiterung von Wright können die Grenzen wie folgt systematisiert werden:

- Persönliche und professionelle Grenzen der Fachkräfte, die sich aus ihren persönlichen Überzeugungen und verinnerlichten Verhaltensweisen sowie beruflichen Erfahrungen ergeben.
- Grenzen, die im Zusammenhang von zeitlich befristeten Projekten entstehen, weil die auf dauerhafte Teilhabe gerichteten Erwartungen durch die begrenzten Ressourcen und die geringe Nachhaltigkeit enttäuscht werden.
- Institutionelle Grenzen, die sich aus den Verwaltungsstrukturen von Ämtern und Organisationen und aus standardisierten Verfahren ergeben.
- Persönliche Grenzen der Adressat_innen, die aus mangelndem Wissen und geringem Selbstbewusstsein, aber auch aus einer weniger an Teilhabe als an der Nutzung von (Dienst-)Leistungen (im Sinne von konsumierender Kundschaft) interessierten Haltung entstehen können.
- Politische Grenzen, weil die Infragestellung existierender Hilfestrukturen unerwünscht ist und/oder unzureichende Ressourcen zur Verfügung gestellt werden (vgl. Wright 2012, S. 99f).

5.4 Teilhabeförderung durch Sozialraumorientierte Soziale Arbeit, Ressourcenorientierung und Empowerment

Ziel der Sozialraumorientierten Arbeit ist, wie in Kapitel 4.2.4 bereits dargelegt, die Verbesserung oder zumindest Erhaltung der Lebensbedingungen von Menschen, die im gleichen räumlichen Kontext leben, der sich entweder aus Verwaltungszuständigkeiten und/oder durch benachbarte Wohnbereiche und soziale Milieus ergibt. Die Lebensbedingungen von Menschen können innerhalb eines Sozialraums durchaus unterschiedlich sein, beispielsweise durch eine gemischte Bebauung mit Mehrfamilien- und Einfamilienhäusern oder durch kleinräumig unterschiedene soziale Zugehörigkeiten (junge Familien und Seniorenheim, Familien mit oder ohne Migrationsgeschichte). Das potenziell Gemeinsame ergibt sich zum einen aus den Interessen an einer ausreichenden Infrastruktur oder attraktiven Freizeitangeboten, zum anderen aus Konflikten, beispielsweise bei der Nutzung öffentlicher Plätze durch Jugendliche und Menschen in höheren Lebensalter (vgl. Becker 2020a).

Sozialraumorientierte Soziale Arbeit ist auf die Teilhabe der Bevölkerung im gegebenen Raum fokussiert. Deshalb müssen die Fachkräfte über Methoden und Techniken der Kommunikation mit großen Gruppen ebenso verfügen wie über die Fähigkeit der Koordination und Vernetzung unterschiedlichster Akteur_innen. Zu ihrem Aufgabengebiet und Methodenrepertoire gehören

- Forschungsmethoden, z. B. die Sozialstrukturanalyse und die aktivierende Befragung;
- Methoden der Beratungs-, Bildungs- und Kulturarbeit, z. B. zur Gestaltung von interkulturellen Begegnungscafés oder für Eltern-Kind-Gruppen;
- Methoden der Großgruppenkommunikation[54], z. B. die Durchführung von Zukunftswerkstätten;

---

54 Es gibt zahlreiche Methoden der Großgruppenkommunikation, die in unterschiedlichen Kontexten eingesetzt werden können und sich in unterschiedlichem Maße

- Kenntnisse der kommunalen Strukturen und der Möglichkeiten zur Ressourcenerschließung, beispielsweise durch Fundraising (vgl. Becker 2020a).

In vielen Beispielen und Veröffentlichungen zu den Themen »Bürgercoaching« oder »Bürgerplattformen« wird die enge Verschränkung von Sozialraumorientierung und Empowerment deutlich.

Beispiel: Karlshorst

So wurde im Berliner Stadtteil Karlshorst über mehr als zwei Jahre hinweg die Gründung einer Bürgerplattform vorbereitet, an der sich schließlich zwölf Organisationen beteiligten – von der dort ansässigen Katholischen Hochschule für Sozialwesen über Kirchengemeinden und soziale Einrichtungen bis zu einzelnen Initiativgruppen. In zehn Bürger_innenversammlungen mit insgesamt mehr als 100 Teilnehmer_innen wurden die Probleme des Verkehrs im Stadtteil identifiziert, anschließend in Arbeitsgruppen bearbeitet und eine Reihe von Verbesserungen politisch durchgesetzt (vgl. Renner 2014). Neben der tatsächlich erreichten besseren Lebensqualität im Sozialraum haben die engagierten Bürger_innen vor allem dank der eingesetzten Teilhabe-orientierten Empowerment-Verfahren gelernt, sich in politische Angelegenheiten einzumischen und ihre Interessen durchzusetzen.

Während das Beispiel aus Berlin-Karlshorst zeigt, wie ein gezieltes und gemeinsames Interesse vieler Bewohner_innen des gleichen Sozialraums durchgesetzt werden kann, beziehen sich andere Beispiele auf Sozialräume, in denen benachteiligte Bevölkerungsgruppen ohne offenkundig gemeinsame Interessen leben. »Sozialraumorientierung in durch Armut, Arbeitslosigkeit, prekärer Arbeit und Wohnungslosigkeit bestimmten Lebenslagen« (Kuhnert 2020) verfolgt andere Zielsetzungen und benötig andere Herangehensweisen als Bürgerplattformen in vergleichsweise

---

für einer möglichst umfassende Teilhabe aller Beteiligten eignen (vgl. Saam, Kriz 2010).

5.4 Teilhabeförderung durch Sozialraumorientierte Soziale Arbeit

gut situierten Wohngebieten. In benachteiligten Quartieren geht es zunächst um möglichst niederschwellige Zugänge der Bewohner_innen zu sozialen, gesundheitsbezogenen und kulturellen Angeboten, was eine Vernetzung der üblicherweise getrennt agierenden Hilfeeinrichtungen erfordert[55]. Tage offener Tür, Cafés und Treffpunkte sowie aufsuchende Soziale Arbeit, z. B. durch Besuche von »Willkommensteams« bei Familien mit neugeborenen Kindern (vgl. Schütte, Günther 2015), können solche Angebote sein.

Hinzukommen muss eine »Ermöglichungs- und Unterstützungskultur«, um die Adressat_innen sozialer Hilfeleistungen an der Entwicklung und Ausgestaltung der Hilfeangebote zu aktiver Teilhabe zu ermutigen – so wie es beispielsweise der Diözesan-Caritasverband in Köln durch groß angelegte Befragungen und mehrtägige Treffen mit Betroffenen im Bereich der Wohnungslosenhilfe praktiziert hat (vgl. Kuhnert 2020 sowie Schöning, Sellner 2019, S. 133ff).

Häufig werden durch solche Vorgehensweisen und Projekte aber auch latente Konflikte im Sozialraum sichtbar gemacht, beispielsweise zwischen ›Einheimischen‹ und ›Ausländern‹ oder zwischen ›Jungen‹ und ›Alten‹ (vgl. Schönig, Sellner 2019, S. 129f). In solchen Fällen geht es um »Nutzungskonflikte im öffentlichen Raum«, die dadurch entstehen, dass verschiedene Personengruppen ihre unterschiedlichen Interessen und Wünsche am gleichen Ort realisieren wollen. Eine partizipative Konfliktlösung, die beispielsweise von Fachkräften eines Stadtteilbüros initiiert und begleitet werden kann, umfasst in der Regel zwei Phasen: die der getrennten Interessensermittlung bei den verschiedenen Beteiligten und die der moderierten gemeinsamen Lösungssuche. Dabei geht es im Sinne der Teilhabe-Orientierung nicht darum, eine bestimmte Lösung zu erreichen, sondern die Konfliktparteien zu befähigen, ihre eigenen Lösungen zu finden – möglichst ohne Ordnungskräfte einschalten zu müssen (vgl. Michel, Straßburger 2014).

Entscheidend für das Gelingen von Teilhabe im Sozialraum ist die Schaffung von »Versammlungsorten«, die für alle unterschiedlichen Bevölkerungsgruppen gleichermaßen zugänglich und einladend sind und in denen sie die Möglichkeit haben, sich wechselseitig in ihren Beson-

---

55 Mehrere Fallbeispiele werden in Fischer, Heidmeier, Stock 2019 dargestellt.

derheiten wahrzunehmen. Dabei kommt häufig der Sozialen Arbeit nicht nur das Erschließen von räumlichen Ressourcen, sondern auch die Aufgabe einer »allparteilichen Moderation« zu (vgl. May 2019).

5.5 Teilhabe von Menschen in Armutslagen

Die zuletzt genannten Beispiele für Sozialraumorientierte Soziale Arbeit weisen einige Überschneidungen mit der Zielgruppe der »Menschen in Armutslagen« auf.

> **»Menschen in Armutslagen«**
>
> Mit diesem Begriff werden eine Vielzahl von Personengruppen bezeichnet, deren Gemeinsamkeit zunächst einmal nur in ihren äußerst beschränkten materiellen Ressourcen besteht. Die meisten von ihnen sind auf staatliche Transferzahlungen angewiesen, um für Miete, Nahrung, Kleidung und andere Lebenshaltungskosten aufkommen zu können. Zu diesen Personengruppen zählen Langzeitarbeitslose, Rentner_innen, Alleinerziehende, chronisch Kranke, Migrant_innen und Geflüchtete und andere mehr. Für einen Teil der Betroffenen ist die Armutslage dauerhaft, für andere vorübergehend. Ebenso unterschiedlich wie die Ursachen ihrer Armutslagen sind auch die immateriellen Ressourcen, über die die Betroffenen verfügen, z. B. Bildung und berufliche Qualifikationen.

Aus diesen Umständen folgt, dass zwar insgesamt die Handlungs- und Teilhabechancen von Menschen in Armutslagen gering und ihre Interessen im Sinne der Interessenstheorie ›schwach‹ sind, dass es aber durchaus Teilgruppen gibt, die über Ressourcen der Organisations- und Artikulationsfähigkeit verfügen (vgl. Schönig, Sellner 2019, S. 125ff). Teilhabeorientierte Soziale Arbeit muss diese Heterogenität der von Armut betroffenen oder gefährdeten Personengruppen zum Ausgangspunkt ihrer Konzepte und Methoden machen.

Schönig und Sellner weisen zunächst darauf hin, dass es erfolgreiche Strategien und Kampagnen gab und gibt, in denen Wohlfahrtsverbände durch anwaltschaftliches Handeln die Interessen von Menschen in Armutslagen gestärkt und vertreten haben. Darüber hinaus aber muss es darum gehen, die Betroffenen selbst zu aktivieren, sodass sie ihre Lebenslage verbessern und verändern können. Häufig leben die Betroffenen in benachteiligten Quartieren bzw. Sozialräumen, sodass, wie bereits ausgeführt, hier der entscheidende Ansatzpunkt für Teilhabeorientierte Angebote zu finden ist.

Zunächst einmal geht es darum, in individuellen Beratungsprozessen die Leistungsansprüche zu klären, sodass die Betroffenen die ihnen zustehenden Transfer- und Unterstützungsleistungen erhalten. Ebenso wichtig sind niederschwellige Unterstützungsangebote, wie z. B. Tafeln und Sozialkaufhäuser.[56] Sodann gilt es, über die individuellen Beratungsprozesse hinaus, Zugänge zu den Betroffenen in ihrer gemeinsamen Lage zu schaffen und sie miteinander in Kontakt zu bringen. Schönig und Sellner stellen hierzu Projekte vor, in denen Langzeitarbeitslose andere Langzeitarbeitslose unterstützen, und verweisen auf das bereits erwähnte Kölner Beispiel im Bereich der Wohnungslosenhilfe.

Aktivierende Befragung

Ein wesentliches Instrumentarium für solche Projekte ist die so genannte aktivierende Befragung. Deren erstes Ziel ist es, die Erfahrungen, Problemanzeigen und Veränderungswünsche der Betroffenen kennen zu lernen. Die ausführlichen Befragungen und Gespräche haben oft bereits einen ersten aktivierenden Effekt, da die Befragten sich in ihren Sichtweisen und Bewältigungskompetenzen angesprochen und anerkannt fühlen. Darauf aufbauend können ihre Hand-

---

56 Während solche Angebote auf pragmatischer Ebene eine wichtige Hilfe zur Verbesserung der Lebensqualität und Versorgung von Armut betroffener Menschen darstellen, sind sie unter Teilhabe-Gesichtspunkten und auch aus einer kritischen politischen Perspektive durchaus problematisch (vgl. Benz 2014).

> lungs- und Selbsthilfepotenziale entdeckt und die Möglichkeiten wechselseitiger Unterstützung erkundet werden.

In solchen Projekten zeigt sich, dass Menschen in ihrem Handeln nicht nur durch Routinen und verfestigte Erfahrungen bestimmt sind, sondern durch konstruktive Herausforderungen auch neue Handlungsmuster entwickeln können. Die in den Kapiteln 2.1 und 4.2.4 erläuterten Auffassungen vom Menschen als einem lern- und entwicklungsfähigen Subjekt, das nach Anerkennung und Selbstwirksamkeit strebt, wird dann konkret, wenn die Fachkräfte von diesen Potenzialen ausgehen und die Beteiligten ermutigen, ihre »Möglichkeitshorizonte« zu erweitern. Diese handlungsleitenden Grundannahmen werden auch als »Agency-Konzept« bezeichnet (vgl. Franzkowiak, Homfeldt 2012, S. 80).

5.6 Förderung medialer Kompetenz als Aufgabe Teilhabe-orientierter Sozialer Arbeit

In Kapitel 2.3 wurde die Bedeutung von Medien aller Art für die Herstellung von Öffentlichkeit und die demokratische Meinungsbildung in modernen Gesellschaften dargestellt (▶ Kap. 2.3). Die besondere Bedeutung der digitalen Medien und ihre ambivalente Bewertung in Blick auf Teilhabechancen wurde hervorgehoben: Neben den Chancen, die die allgemeine Zugänglichkeit digitaler Information und Kommunikation bietet, birgt sie auch erhebliche Gefahren durch Desinformation und Meinungsmanipulation sowie das so genannte Cybermobbing. Die Ausstattung mit digitalen Medien und eine umfassende Kompetenz, sie zu nutzen, gehört mittlerweile auch zu den entscheidenden Vorbedingungen schulischen und beruflichen Erfolgs. Ebenso wichtig sind der Zugang zu Medien und die Fähigkeit, sie umfassend zu nutzen, als Voraussetzung für die kulturelle und politische Teilhabe. Dass diese Voraus-

5.6 Förderung medialer Kompetenz

setzungen sozial höchst ungleich verteilt sind, wird mit den Begriffen »E-Exclusion« und »Digital Divide« zum Ausdruck gebracht.

Die dramatische Bedeutung der digitalen Ungleichheit ist spätestens durch die Corona-Pandemie im Jahr 2020 ins allgemeine Bewusstsein getreten. Kinder und Jugendliche waren über längere Zeiträume hinweg im »Homeschooling«. Die unterschiedliche Ausstattung der Haushalte mit digitalen Endgeräten und die unterschiedliche mediale Kompetenz von Kindern und Eltern haben ohnehin schon bestehende soziale Ungleichheiten und ihre Auswirkungen auf die Bildungschancen erheblich verschärft.

Über den Aspekt der für Teilhabe nötigen digitalen Ressourcen hinaus haben die selbstverständliche Durchdringung des Alltags mit Medien und ihr interaktioneller Gebrauch Medien längst zu einer eigenständigen Sozialisationsinstanz und zu einem relevanten Faktor der Persönlichkeitsbildung werden lassen (vgl. Witting 2018, S. 457f).

Insofern entfalten Projekte zur Medienbildung und Medienkompetenz ihre Wirkungen sowohl auf der Mikro-Ebene der Erweiterung persönlicher Kommunikations- und Teilhabekompetenz als auch auf der Makro-Ebene der Beteiligung an gesellschaftlich und politisch relevanten Prozessen der Information und Meinungsbildung (vgl. Wimmer 2014).

Zu den Aufgaben und Zielen Teilhabe-orientierter Sozialer Arbeit gehört es daher, ihren Klient_innen Zugang zu digitalen Medien zu ermöglichen und ihre eigenständige Kompetenz im Umgang mit ihnen zu fördern. Ansatzpunkte hierzu finden sich auf nahezu allen Ebenen und in nahezu allen Handlungsfeldern sowie in der Arbeit mit nahezu allen Zielgruppen der Sozialen Arbeit – von der Kinder- und Jugendarbeit über die Begleitung von Eltern und Familien bis hin zu Angeboten für Senior_innen; von der Gruppenarbeit bis hin zur Unterstützung von Bürger_inneninitiativen. Wesentlich ist die Kooperation mit Schulen und mit Trägern von Ausbildungs- und Qualifizierungsangeboten.[57]

---

57 Es gibt zahlreiche Projekte und Lernprogramme für Schüler_innen, Eltern und Lehrer_innen, die dazu beitragen sollen, die mediale Kompetenz zu erhöhen, um u. a. Falschmeldungen im Internet erkennen zu können. Beispiele sind der »Fakefinder« des Südwestrundfunks oder die App »Fake News Check« des niedersächsischen Kultusministeriums oder auch das Projekt »News Caching« der Hessischen Landesanstalt für privaten Rundfunk und neue Medien (vgl. Grün 2021).

Digitale Kompetenz geht weit über das ›Benutzen‹-Können, etwa von Smartphones oder Computern, hinaus. Um tatsächlich mithilfe digitaler Medien kommunizieren zu können, braucht es ein Verständnis ihrer Funktionsweise und inneren Logik sowie eine selbstreflexive Ausdrucksfähigkeit. In Anlehnung an Jenkins sprechen Corinne Büching und ihre Mitautorinnen von einer digitalen und »partizipativen Medienkultur«.

Diese soll es allen Menschen ermöglichen, sich auszudrücken und zu engagieren, Wissen und Fähigkeiten miteinander zu teilen, sich zu vernetzen und dadurch soziale Verbundenheit und wechselseitige Anerkennung zu erfahren (vgl. Büching u. a. 2014, S. 116).

Viele Expert_innen haben an der Entwicklung einer »Partizipativen Mediendidaktik« gearbeitet, die sowohl in der schulischen Bildung und der Erwachsenenbildung als auch im Bereich der Sozialen Arbeit implementiert werden sollte.

Partizipative Mediendidaktik

Die Partizipative Mediendidaktik folgt den Prinzipien der so genannten »konstruktivistischen Didaktik«, d. h., sie geht nicht von vorgegebenen Inhalten aus, sondern von den beteiligten Subjekten, deren eigenen Interessen und Zielvorstellungen. Bildungsprozesse werden in dieser Perspektive als »Entfaltungsraum für Subjektivität« verstanden (Hölterhof, Schiefner-Rohs 2014, S. 284). Die Beziehungen und Interaktionen der Lernenden untereinander sowie der Lernenden mit den Lehrenden stellen einen eigenen »Partizipationsraum« dar, in dem prozessorientiert gearbeitet wird (vgl. Mayrberger 2014, S. 277).

Solche Bildungsprozesse sind allerdings weniger planbar und vorhersehbar als die klassischen Lernsettings in Schulen oder Hochschulen oder auch in der Erwachsenenbildung.

Beispiel: Volmarsteiner Werkstatt für behinderte Menschen

Ein eindrückliches Beispiel für die Teilhabe-orientierte Förderung medialer Kompetenz bei mehrfach beeinträchtigten Menschen waren die »Computerkurse«, die in Kooperation der Evangelischen Fachhochschule Bochum, dem Blaues Kreuz Diakonieverein e. V. und der Evangelischen Stiftung Volmarstein von 2012 bis 2015 durchgeführt wurden. In der Volmarsteiner Werkstatt für behinderte Menschen (WfbM) konnten die Kursteilnehmer_innen nicht nur unter verschiedenen Angeboten wählen, sondern auch ihre eigenen Interessen artikulieren und Grundkompetenzen im Umgang mit Internet und PC erwerben. Hierdurch haben sie an Selbstvertrauen gewonnen, sich bis dahin weitgehend verschlossene Kommunikations- und Teilhabemöglichkeiten erschlossen und sich mit den Risiken des Internets auseinandergesetzt. Es wurde aber auch deutlich, dass der zeitlich befristete Projektcharakter (▶ Kap. 5.3) nicht ausreicht, um dauerhaft die Teilhabe benachteiligter Personengruppen zu sichern (zum gesamten Projekt vgl. Sonnenberg 2017, S. 95–156).

5.7 Teilhabe von Menschen mit Migrationshintergrund

Von »Menschen mit Migrationshintergrund« zu sprechen ist ähnlich uneindeutig wie das Sprechen von »Menschen in Armutslagen«. In beiden Fällen wird EINES von vielen Merkmalen einer ansonsten sehr heterogenen Bevölkerungsgruppe in den Mittelpunkt des Interesses gerückt. Das Merkmal »Migrationshintergrund« bedeutet zunächst einmal nur, dass entweder die betreffenden Personen selbst oder mindestens einer ihrer Elternteile nicht von Geburt an die deutsche Staatsangehörigkeit besaß oder besitzt[58]. Dies traf im Jahr 2019 auf etwa 26 % der bundesdeutschen Bevölkerung zu. Der Anteil der Ausländer_innen an der Bevölkerung in Deutschland betrug zum gleichen Zeitpunkt etwas mehr als 12 % (vgl.

---

58 Auf Besonderheiten des Staatsbürger_innenstatus bei Vertriebenen des Zweiten Weltkrieges, auf die Optionsmöglichkeiten für in Deutschland geborene Kinder ausländischer Eltern und weitere Einzelheiten wird hier nicht näher eingegangen.

Statistisches Bundesamt 2020). Von ›den‹ Migrant_innen zu sprechen, kommt in Anbetracht der vielfältigen Migrationsursachen und -formen und der vielfältigen betroffenen Personengruppen einer groben Verallgemeinerung gleich. Das Spektrum der Migrationsbewegungen umfasst Fluchtmigration, Arbeitsmigration, Bildungsmigration, Heiratsmigration, Familiennachzug, Pendelmigration (z. B. von Pflegekräften oder Saisonarbeiter_innen) und vieles mehr (zur Geschichte und den vielfältigen Formen von Migration vgl. Koval, Dieckbreder, Zippert 2018, S. 109ff). Entsprechend vielfältig sind die Ressourcen, die migrierte Menschen mitbringen oder im Aufnahmeland erwerben können. Das betrifft die ökonomischen Mittel, die Bildungsabschlüsse, die Verbundenheit mit sozialen Netzwerken und kulturelle sowie persönliche Ressourcen.

Unter Teilhabegesichtspunkten sind vier Aspekte hervorzuheben, die Menschen mit Migrationsgeschichte und/oder ausländische Staatsbürger_innen besonders betreffen.

- Erstens ist die deutsche Staatsbürgerschaft Voraussetzung für die meisten politischen Partizipationsrechte, d. h., auch Menschen, die seit einem langen Zeitraum in Deutschland leben und/oder hier aufgewachsen sind, aber nicht die deutsche Staatsangehörigkeit besitzen, sind von politischer Teilhabe weitgehend ausgeschlossen.
- Zweitens weisen Menschen mit Migrationshintergrund überdurchschnittlich hohe Risiken der Erwerbslosigkeit und/oder des Lebens in Armutslagen sowie unterdurchschnittliche Bildungschancen und -erfolge auf (vgl. Boeckh 2018). Dies hat geringere Teilhabechancen zur Folge.
- Drittens werden Menschen mit Migrationshintergrund in sozialen Dienstleistungsorganisationen wie etwa den Jobcentern oft strukturell benachteiligt, weil die Organisationsstrukturen und -prozesse nicht oder nur in geringem Umfang auf migrationsbezogene Ressourcen und Bedarfe abgestimmt werden (vgl. Dittmar 2016).
- Viertens sind Menschen mit Migrationshintergrund sehr viel seltener zivilgesellschaftlich engagiert als Einheimische und erfahren weniger soziale Anerkennung als andere Bevölkerungsgruppen.

5.7 Teilhabe von Menschen mit Migrationshintergrund

Als ein Beispiel für viele sei hier auf einen Frankfurter Stadtteil verwiesen, dessen Bewohner_innen zu 40 % einen Migrationshintergrund aufwiesen, von denen aber niemand im Ortsbeirat, im Bewohner_innenverein, im Präventionsrat oder beim Runden Tisch Jugend vertreten war (vgl. Schirilla 2020, S. 173)[59]. Dies bestätigt den in den Kapiteln 2.4 und 4.2.1. dargestellten Befund, dass partizipatorische Strukturen ihrerseits oft ausschließend wirken, weil benachteiligte Bevölkerungsgruppen die Voraussetzungen einer erfolgreichen Teilhabe an zivilgesellschaftlichen Initiativen und politischen Gremien häufig nicht erfüllen können (vgl. Munsch 2015; Kewes, Munsch 2019) (▶ Kap. 2.4; ▶ Kap. 4.2.1).

Als Schlussfolgerungen aus diesen und ähnlichen Befunden ergibt sich zunächst die Forderung nach der interkulturellen Öffnung der Institutionen und Angebote Sozialer Arbeit (vgl. Kulbach 2015). Ferner muss in der Sozialraumorientierten Sozialen Arbeit der Blick der Fachkräfte sich auch auf die vorhandenen sozialen Netzwerke von Menschen mit Migrationshintergrund richten, um diese gezielt zur aktiven Teilhabe einladen zu können. Dies schließt eine Reflexion über die Rahmenbedingungen und Interaktionsformen mit ein – möglicherweise sind die üblichen Treffpunkte, wie z. B. Kneipen, nicht für alle Bevölkerungsgruppen gleichermaßen vertraut (vgl. den Hinweis auf die Schaffung von »Versammlungsorten«, ▶ Kap. 5.4) oder mangelnde Deutschkenntnisse machen die Mitwirkung von (ehrenamtlichen) Sprach- und Kulturmittler_innen erforderlich (vgl. Schirilla 2020).[60]

---

59 Auf zahlreiche empirische Befunde ähnlicher Art kann hier nicht näher eingegangen werden. Häufig ist zu lesen, Migrant_innen seien im Gegensatz zu Einheimischen ›nicht engagiert‹ – diese Sicht der Problematik übersieht aber die vielfältigen sozialen Netzwerke und Engagements von Migrant_innen innerhalb der migrantischen Bevölkerung.

60 Als Sprach- und Kulturmittler_innen oder auch Sprach- und Integrationsmittler_innen werden Personen mit Migrationshintergrund bezeichnet, die sich im Rahmen von Qualifizierungsprojekten dazu ausbilden lassen, anderen Migrierten bei Behörden- und Ämtergängen, aber auch bei der Bewältigung des Alltags zur Seite zu stehen. In der Regel arbeiten sie auf Honorarbasis mit hauptamtlichen Fachkräften in der Sozialen Arbeit zusammen. Ein Beispiel von Vielen ist das »SPRINT«-Projekt in Bochum (vgl. via-ruhr, o. J.).

Beispiel: Stadtteilmütter

Die Verknüpfung von Qualifizierungs- und Teilhabemöglichkeiten ist nicht nur bei Programmen zur Ausbildung von Sprach- und Kulturmittler_innen ein zentrales Element, sondern auch bei vielen anderen Projekten, wie z. B. dem der »Stadtteilmütter«. In vielen Kommunen können sich Frauen mit Migrationshintergrund zu Fragen von Erziehung, Bildung, Familie und Gesundheit weiterbilden, um dann im Rahmen einer bezahlten Tätigkeit Kontakt mit Frauen und Familien mit Migrationshintergrund aufzunehmen, diese im Alltag zu begleiten und auf diese Weise möglichen sozialen Ausschlüssen der Frauen und ihrer Kinder frühzeitig entgegenzuwirken (vgl. Stiftung Mitarbeit o. J.). In der Arbeit der »Stadtteilmütter« verbinden sich zielgruppenspezifische Angebote der Sozialen Arbeit mit den Konzepten der Sozialraumorientierung und des Empowerments.

5.8 Teilhabe von Kindern und Jugendlichen

Die Teilhabe von Kindern und Jugendlichen bezieht sich zum einen darauf, dass sie an allen sie betreffenden Entscheidungen – ihrem Alter entsprechend – mitwirken können sollen. Dieses Recht ist in verschiedenen Gesetzen geregelt. Zum anderen und weit darüber hinaus geht es darum, dass Kinder und Jugendliche Erfahrungen der Teilhabe und Selbstwirksamkeit machen, indem sie sich für ihre eigenen Belange und die Belange anderer engagieren. Dies ist eine wesentliche Voraussetzung dafür, dass sie sich auch im Erwachsenenleben an der Verwirklichung von Demokratie und Menschenrechten orientieren können (vgl. Züchner, Peyerl 2015).

Bis in die 1950er und 1960er Jahre hinein galten Kinder nicht als Träger eigenständiger Rechte. Seit den 1970er Jahren hat sich die Ausgestaltung der Kinder und Jugendliche betreffenden Gesetze deutlich verändert. So hat die Bundesrepublik Deutschland 1992 die UN-Kinder-

5.8 Teilhabe von Kindern und Jugendlichen

rechtskonvention (UN-KRK) (Vereine Nationen 1989) ratifiziert, die das Ziel verfolgt,»das Kind als eigene Persönlichkeit zu schützen (*protection*) und zu fördern (*provision*) sowie sein Recht auf Beteiligung (*participation*) in allen es berührenden Angelegenheiten zu gewährleisten« (Schimke 2015, S. 48 – Hervorhebungen im Original). 2009 wurde die Rechtsstellung von Kindern in familiengerichtlichen Verfahren deutlich gestärkt. Das SGB VIII sieht die Beteiligung von Kindern und Jugendlichen an Hilfeplanverfahren vor, und im Bundeskinderschutzgesetz wird den Kindern ein eigenständiges Beratungsrecht in Konflikt- und Notsituationen zugesprochen. Auch viele andere gesetzliche Regelungen im Bereich von Familie, Kindertagesstätten, Schulen u. a. m. sollen nicht nur den Kindern und Jugendlichen zu mehr Rechten verhelfen, sondern zugleich ihre eigenständige Persönlichkeitsentwicklung unterstützen. Kinderrechte sind im Wesentlichen als Beteiligungsrechte zu verstehen und umzusetzen (zu den rechtlichen Aspekten der Teilhabe von Kindern und Jugendlichen insgesamt vgl. Schimke 2015).

Alles in allem gilt Teilhabe somit als»Leitschnur ›guten‹ demokratischen und pädagogischen Handelns« (Züchner, Peyerl 2015, S. 28), wobei oft ein Spannungsverhältnis entsteht zwischen dem, was Kindern und Jugendlichen tatsächlich als Eigenverantwortung zukommen kann und der bleibenden elterlichen und institutionellen Verantwortung. Für die Fachkräfte Sozialer Arbeit ist zunächst eine genaue Kenntnis der rechtlichen Grundlagen einer Teilhabe-orientierten Arbeit mit Kindern und Jugendlichen nötig.[61] Mindestens ebenso wichtig ist ihre Bereitschaft und Fähigkeit, die in der Arbeit mit Kindern und Jugendlichen besonders stark ausgeprägte strukturelle Machtasymmetrie zu reflektieren und so weit wie möglich zu überwinden. Kindern und Jugendlichen tatsächlich als Träger_innen eigener Rechte zu begegnen und sie als weitgehend für sich selbst kompetente Individuen zu betrachten, ihre Lebens- und Erfahrungswelten zu verstehen und zu akzeptieren setzt ein hohes Maß an professioneller Reflexivität voraus. Denn die Fachkräfte verfügen ja nicht nur über Fachwissen und Defini-

---

61 UN-Kinderrechtskonvention (UN-KRK), Familienverfahrensgesetz (FamFG) und alle einschlägigen Paragrafen des SGB VIII.

tionsmacht, sondern auch über einen erheblichen Vorsprung an »Orientierung, Information und Rollensicherheit. Sie entscheiden über die Verteilung von Ressourcen, vermögen Urteile zu fällen und über die Rollen in den Verfahren zu entscheiden« (Schimke 2015, S. 59).

Es gibt eine unübersehbare Fülle von Beispielen für die – mehr oder weniger gelungene – Teilhabe-Orientierung in der sozialen und pädagogischen Arbeit mit Kindern und Jugendlichen. Diese reichen von der Mitsprache von Kindern in Kindertagesstätten und Schulen über Ferienprojekte, Spielplatzgestaltung, Kinderparlamente bis hin zu Medienprojekten von und mit Jugendlichen.[62] In Abhängigkeit vom Alter der Kinder und Jugendlichen und den jeweiligen institutionellen Kontexten sind die Teilhabechancen sehr unterschiedlich. An unterschiedlichen Beispielen verdeutlichen Magyar-Haas und ihre Mitautor_innen den »Widerspruch zwischen Anspruch und Realisierung, dass Kinder aktiv teilhaben sollen, aber dies nur begrenzt können« (Magyar-Haas, Mörgen, Schnitzer 2019, S. 43).

Die Bundesregierung ist gesetzlich verpflichtet, in jeder Legislaturperiode, also alle vier Jahre, einen umfassenden Bericht zur Lage von Kindern und Jugendlichen in Deutschland vorzulegen. Der 16. Kinder- und Jugendbericht aus dem Jahr 2020 hatte das Schwerpunktthema »Förderung demokratischer Bildung im Kindes- und Jugendalter«. Darin geht es nicht nur um den im engeren Sinne politischen Bereich, z. B. kommunale Kinder- und Jugendparlamente, sondern es wird grundlegend über das Verhältnis von Bildung, Demokratie und Teilhabe nachgedacht. Alle für Kinder und Jugendliche relevanten Lebensphasen und Lebensbereiche (»soziale Räume«) einschließlich der Förderung digitaler Kompetenzen werden in ihren Zusammenhängen erläutert und auch strukturelle Benachteiligungen bestimmter Gruppen von Kindern und Jugendlichen diskutiert (vgl. Bundesministerium für Familien, Senioren, Frauen und Jugend 2020).

Es zeigt sich, dass sich die Teilhabe-orientierte Soziale Arbeit auch in diesem Handlungsfeld nicht auf das EINE Merkmal – in diesem Falle das

---

62 Beispiele finden sich u. a. in Straßburger, Rieger 2014, ISA 2015, Kommission Sozialpädagogik 2019 sowie immer wieder in aktuellen Ausgaben von Fachzeitschriften.

Lebensalter – fokussieren kann. Kinder und Jugendliche, die in benachteiligten Lebenslagen und/oder in schwierigen sozial-emotionalen Milieus aufwachsen, brauchen andere Arten von Unterstützung als solche, die von Anfang an die Erfahrungen von Vertrauen und Selbstwirksamkeit machen und alle Bildungschancen nutzen können. Wichtiger als die Umsetzung und Anwendung einzelner partizipatorischer Methoden erscheint deshalb die ermöglichende und respektvolle Haltung, die die Fachkräfte im Bereich der Arbeit mit Kindern und Jugendlichen einnehmen.

Mehr noch als bei anderen Zielgruppen sind die körperlichen Ausdrucksmöglichkeiten, das so genannte »Bewegungshandeln«, und die kreativen und spielerischen Erlebensweisen ein zentraler Schlüssel für die Erfahrung von Selbstvertrauen und Selbstwirksamkeit, die ihrerseits dazu beiträgt, sich aktiv an der Gestaltung des eigenen Lebens beteiligen zu können und zu wollen (zur Dimension der Körperlichkeit vgl. Wendler 2018; zum Gesamtzusammenhang vgl. Sahrai, Bittlingmeyer, Gerdes 2012, S. 226ff).

5.9 Teilhabe von Menschen im höheren Lebensalter

Auch die Teilhabechancen von Menschen im höheren Lebensalter sind von vielfältigen altersunabhängigen Merkmalen und Bedingungen mitbestimmt – allen voran die Frage nach ihrer sozio-ökonomischen Situation. Allerdings spielt im höheren Alter auch der Altersfaktor als solcher eine gewichtige Rolle: das Risiko gesundheitlicher Einschränkungen, einer Pflegebedürftigkeit, der Verwitwung und/oder des Verlustes wichtiger Bezugspersonen nimmt mit fortschreitendem Alter deutlich zu. Hinzu kommen geschlechtsspezifische Risiken, z. B. die durchschnittlich geringeren Alterseinkünfte von Frauen im Vergleich zu Männern und auch ihre durchschnittlich höhere Belastung durch Pflegetätigkeiten für andere. Auch die Bedeutung des Sozialraums nimmt mit dem Lebensalter zu, weil die Mobilität nachlässt und soziale Teilhabe über den engen Sozialraum hinaus beschwerlicher wird (vgl. Kümpers, Alisch 2018). Alles in allem reicht das Spektrum der Menschen im höheren Lebensalter von gesundheitlich nicht eingeschränkten, materiell gut abgesicherten, sozial eingebundenen und aktiv am gesellschaftlichen Leben Teilhabenden bis hin zu Menschen, die weder materiell noch räumlich in der Lage sind, am sozialen Leben teilzuhaben, und in vielfacher Hinsicht auf Pflege und Unterstützung angewiesen sind.

Die aktive soziale Teilhabe – sei es in nachbarschaftlichen oder familiären Kontexten, sei es in Ehrenämtern und sozialen Bewegungen wie beispielsweise dem bundesweit organisierten Netzwerk »Omas gegen Rechts« – hängt eng mit dem gesundheitlichen Befinden zusammen. Nicht nur ermöglicht Gesundheit die soziale Teilhabe, sondern auch umgekehrt fördert soziale Teilhabe die Gesundheit (vgl. Kümpers, Alisch 2018, S. 602f). Fachkräfte, die mit alten Menschen arbeiten, sollten sich deshalb auch in diesem Handlungsfeld von einem umfassendes Verständnis von Teilhabe leiten lassen: Es geht weniger um das ›Dabei-Sein-Können‹, beispielsweise bei Veranstaltungen oder Angeboten für ›Senior_innen‹, sondern darum, die jeweiligen Wünsche, Bedürfnisse und Fähigkeiten möglichst umfassend und selbstbestimmt zu verwirklichen. Das schließt beispielsweise auch die Teilhabe an kulturellen Veranstaltungen und Bildungsangeboten ein, die dann entsprechend im Sozialraum zur Verfügung gestellt werden müssen.

Gerade, wenn der Sozialraum sich immer stärker auf die eigene Wohnung reduziert, wird die Bedeutung partizipativer Wohnformen deutlich. In Kooperation von Einrichtungen und Trägern der Altenhilfe und der Wohnungswirtschaft sowie der Kommunen sind vielfältige Angebote des gemeinschaftlichen Wohnens, des weitgehend selbstbestimmten Wohnens in ambulant betreuten Wohngemeinschaften oder auch von im Sozialraum vernetzten Mehrgenerationen-Wohnprojekten entwickelt worden. Unter Bezug auf das von Klaus Dörner entwickelte Konzept des »Dritten Sozialraums«, das eine De-Institutionalisierung stationärer Einrichtungen und eine neue nachbarschaftliche Kultur des gegenseitigen Helfens unterschiedlicher Bevölkerungsgruppen vorsieht, stellt Weigl die unterschiedlichsten Wohnformen für Menschen im höheren Lebensalter und ihre jeweiligen Teilhabe-Potenziale vor (vgl. Weigl 2012, unter Bezug auf Dörner 2007).

Kümpers buchstabiert die in Kapitel 2.1 erwähnte von Martha Nussbaum entwickelte Liste der menschlichen Grundfähigkeiten auf ihre Bedeutung für das höhere Lebensalter durch (▶ Kap. 2.1). Sie zeigt auf, welche materiellen, räumlichen, sozialen und politischen Voraussetzungen gegeben sein müssen, damit sie auch unter den einschränkenden Bedingungen des höheren, möglicherweise pflegebedürftigen Alters realisiert werden können (vgl. Kümpers 2012).

Die Gruppe der an Alzheimer oder an Demenz erkrankten älteren Menschen hat zahlenmäßig in den letzten Jahren stetig zugenommen. Mehr als 130 Einzelverbände und Selbsthilfegruppen sind in der Deutschen Alzheimer Gesellschaft (DAlzG) zusammengeschlossen, der es vor allem um die möglichst weitgehende Selbstbestimmung und Partizipation der Erkrankten an der sozialen Welt geht. Eine wesentliche Erfahrung ist, dass Gruppen- und Unterstützungsangebote umso besser von den Betroffenen angenommen werden, wenn sie an der Konzeptionierung und Gestaltung aktiv beteiligt sind – seien es Gedächtnistrainings, Stadtteilspaziergänge, Chor- oder Tanzprojekte. Die Aufgabe der Fachkräfte besteht in der Ermutigung, Ermöglichung und Begleitung, oft auch in der Moderation der Gruppen – nicht aber darin, dass die Aktivitäten vollständig von ihnen übernommen und ausgestaltet werden (vgl. Saxl 2014, S. 225ff)

5.10 Teilhabe von Menschen mit Beeinträchtigungen

In den vorangegangenen Abschnitten wurde deutlich, dass die Fokussierung auf ein Merkmal einer Personengruppe – z. B. das Alter oder das Vorhandensein eines Migrationshintergrundes – problematisch ist. Die Verknüpfung unterschiedlichster Merkmale, die zu strukturellen Benachteiligungen führen, wird als »Intersektionalität« bezeichnet (vgl. hierzu Fußnote 8 in ▶ Kap. 2.1).

> **»Menschen mit Beeinträchtigungen«**
>
> Die Fokussierung von Konzepten und Methoden der Teilhabe-orientierten Sozialen Arbeit auf »Menschen mit Beeinträchtigungen«, die häufig als ›behindert‹ bezeichnet werden, wirft darüber hinaus aber die Frage auf, ob es dieses Merkmal der ›Beeinträchtigung‹ oder ›Behinderung‹ überhaupt gibt – oder ob ›Behinderung‹ nicht vielmehr eine Zuschreibung ist, die als solche ›behindernd‹ wirkt und deshalb überwunden werden sollte (vgl. Rohrmann 2018; Schildmann, Schramme 2018). In dieser Perspektive sind nicht die unterschiedlichen Einschränkungen (physische oder mentale oder Sinneseinschränkungen) eine Behinderung, sondern vielmehr alle Strukturen, Bedingungen und Einstellungen, die eine Überwindung der Einschränkungen verhindern. Das Nachdenken über Teilhabechancen von Menschen mit Beeinträchtigungen bewegt sich somit zwischen dem Anspruch, in den gegebenen Strukturen und Verhältnissen eine möglichst umfassende Teilhabe zu verwirklichen einerseits, und der grundlegenden Kritik an der Kategorisierung von Personen und Gruppen als »Menschen mit Behinderung« oder »Menschen mit Beeinträchtigungen« andererseits.

In den letzten Jahrzehnten haben Menschen mit Behinderungen soziale Bewegungen und starke Interessensorganisationen in vielen Staaten der Welt gegründet.[63] Ein entscheidender Erfolg ist die Erarbeitung und Verabschiedung der UN-Behindertenrechtskonvention (UN-BRK) im Jahr

---

63 In Deutschland waren nach 1945 zunächst die »Kriegsopferverbände« aktiv. In den 1960er Jahren engagierten sich Elternverbände für die Interessen ihrer von Behinderungen betroffenen Kinder (Bezeichnungen wie »Aktion Sorgenkind« machten zugleich den paternalistischen Blick deutlich). Ab den 1970er Jahren gewannen Selbsthilfegruppen und soziale Bewegungen wie die »Krüppelbewegung« an Selbstbewusstsein und politischem Einfluss. 1990 wurde die Interessenvertretung »Selbstbestimmt Leben« gegründet. Etliche Gesetzesänderungen wurden initiiert, zuletzt das Bundesteilhabegesetz, und die UN-BRK ratifiziert (vgl. Kulke, Dallmann 2019).

5.10 Teilhabe von Menschen mit Beeinträchtigungen

2006, die 2009 auch von der Bundesrepublik Deutschland ratifiziert und dadurch zur geltenden Gesetzesgrundlage erklärt wurde. Mit der UN-BRK wurde das bis dahin vorherrschende medizinische durch das menschenrechtsorientierte Behinderungsverständnis abgelöst (vgl. Degener 2016a). Die volle Teilhabe der Menschen mit Behinderungen an allen Belangen ihres persönlichen Lebens und des Gemeinwesens ist das Ziel, an dem sich alle Unterstützungsleistungen messen lassen müssen – und das bei weitem noch nicht erreicht ist. Eine zentrale Rolle spielen auch hier wieder die kommunale Politik und der Sozialraum als der Ort, an dem ein selbstbestimmtes Leben und die Teilhabe am Gemeinwesen möglich sein sollen (vgl. Kulke, Dallmann 2019, S. 236ff) – ganz im Sinne des in Kapitel 1.1.3 dargestellten umfassenden Inklusionsverständnisses. Institutionalisierte Wohnformen, gesonderte Schulen und Betreuungseinrichtungen sowie häufig auch der Ausschluss vom regulären Erwerbsarbeitsmarkt stehen dem entgegen.

Beispiel: Interessenvertretung Selbstbestimmt Leben in Deutschland

Die »Interessenvertretung Selbstbestimmt Leben in Deutschland« (ISL) ist eine bundesweite Organisation. Nach dem Grundsatz »Nichts über uns ohne uns« vertritt sie die Interessen von Menschen mit Behinderungen in allen Dimensionen der Teilhabe. Zum ersten werden mit den Methoden des »Peer Support« und »Peer Counseling«[64] von Beeinträchtigungen betroffene Personen durch ebenfalls beeinträchtigte Menschen beraten, damit sie Zugang zu ihren eigenen Stärken und inneren Ressourcen bekommen und ihr Leben

---

64 Unter »Peer Support« oder »Peer Counseling« ist allgemein die Beratung von Personen durch Personen mit vergleichbaren Erfahrungen zu verstehen, hier also die Beratung von Menschen mit Beeinträchtigungen durch ebenfalls beeinträchtigte Menschen. Es geht also darum, das durch Erfahrung gewonnene Expert_innenwissen mit anderen zu teilen, und zwar im Rahmen eines strukturierten und qualifizierten Verfahrens. Dieser Beratungsansatz weist eine enge Verwandtschaft mit der in Kapitel 4.2.4 bereits erwähnten humanistischen Psychologie und der Personzentrierten Beratung auf (▶ Kap. 4.2.4; vgl. zum Konzept und zu einem Modellprojekt des Peer Counseling Wansing 2018).

selbstbestimmt gestalten können – ganz im Sinne des Empowerments. Zum zweiten geht es um den Zugang zu materiellen Ressourcen und um deren Umverteilung – ganz im Sinne der Überwindung sozialer und ökonomischer Ungleichheit. Und zum dritten sollen durch politische Interessenvertretung, Gremien- und Lobbyarbeit die rechtlichen und gesellschaftlichen Rahmenbedingungen so verändert werden, dass Personen mit Beeinträchtigungen gleichberechtigt an allen politischen und gesellschaftlichen Entscheidungs- und Gestaltungsprozessen teilhaben können. Besondere Schwerpunkte der Interessenvertretung werden bei den Themen persönliche Assistenz, inklusive Bildung und berufliche Teilhabe gesetzt (vgl. ISL o. J.).

Studienhilfen

Zusammenfassung und Ausblick

Teilhabe-Orientierung als Querschnittsthema bezieht sich sowohl auf Handlungsfelder und Zielgruppen als auch auf übergreifende Konzepte und Methoden der Sozialen Arbeit. Das Modell der »Partizipationspyramide« verdeutlicht die unterschiedlichen Ausprägungen Teilhabe-orientierter Sozialer Arbeit und bietet Anhaltspunkte zur Einschätzung der Teilhabequalität von Organisationen, Angeboten und Projekten. Allerdings darf es nicht schematisch angewandt werden, sondern in der reflexiven Betrachtung sollten stets der Kontext, die Voraussetzungen und Möglichkeiten der Beteiligten berücksichtigt werden.

Teilhabe-Orientierung kann in der Arbeit mit spezifischen Zielgruppen (z. B. Kinder und Jugendliche oder Wohnungslose) ebenso umgesetzt werden wie in der zielgruppenübergreifenden Projektarbeit (z. B. zur Förderung medialer Kompetenz oder zur Stärkung der Qualität des Sozialraums). Ohnehin verschränken sich in aller Regel verschiedene Teilhabehindernisse miteinander (Intersektionalität), sodass auch die Teilhabeförderung mehrdimensionale Konzepte erfordert.

Im letzten Abschnitt des Kapitels 5 (Teilhabe von Menschen mit Beeinträchtigungen) wurde der Zusammenhang mit den im ersten Kapitel dargestellten gesellschaftstheoretischen Grundlagen nochmals besonders deutlich. Um Teilhabe als Menschenrecht realisieren zu können, geht es sowohl um den strukturellen Zugang zu Ressourcen wie Erwerbsarbeit oder Wohnraum (»Umverteilung«) als auch um die Möglichkeiten, das eigene Leben auch jenseits irgendwelcher ›Normalitätsgebote‹ zu gestalten und soziale Zugehörigkeit zu erfahren (»Anerkennung«).

Im Vorwort zu diesem Buch habe ich für ein umfassendes und inhaltlich qualifiziertes Verständnis von Teilhabe geworben. Ich freue mich, wenn die Lektüre des Buches dazu beitragen konnte, ein solches Verständnis zu gewinnen oder zu vertiefen. »Teilhabe-Orientierung« ist dann nicht nur eines von vielen Konzepten professionellen sozialarbeiterischen Handelns, sondern wird zu einer ebenso persönlichen wie politischen und professionellen Grundhaltung.

Fragen und Anregungen zur Diskussion

1. In welchen Lebenszusammenhängen (z. B. Familie, Schule, Hochschule oder Beruf) haben Sie selbst aktive Teilhabe erfahren? Wodurch wurde Ihre Teilhabebereitschaft gefördert? Wie haben Sie sich durch Ihre Teilhabe-Erfahrung persönlich verändert?
2. In welchen Lebenszusammenhängen (z. B. Familie, Schule, Hochschule oder Beruf) wurden Ihre Teilhabechancen und -wünsche eingeschränkt? Wodurch ist dies geschehen? Wie hat Sie diese Erfahrung persönlich geprägt?
3. Welche Haltung in Bezug auf Teilhabe nehmen Sie bei sich selbst wahr, wenn Sie an verschiedene Zielgruppen der Sozialen Arbeit denken? Tauschen Sie sich mit Ihren Kommiliton_innen und/oder Kolleg_innen über Ihre bisherigen Erfahrungen mit der Teilhabeförderung im Kontext Sozialer Arbeit aus.

Tipps zum Weiterlesen

 Das von Gaby Straßburger und Judith Rieger 2014 herausgegebene Buch »Partizipation kompakt« enthält im ersten Kapitel eine ausführliche Darstellung des Modells der »Partizipationspyramide«. Die weiteren Kapitel beschäftigen sich mit dem Selbstverständnis und dem Auftrag sozialer Berufe sowie den Voraussetzungen für Partizipation auf allen Handlungsebenen. Zahlreiche Praxisbeispiele zeigen, wie Partizipation gelingen oder woran sie scheitern kann, und konkretisieren die Möglichkeiten Teilhabe-orientierter Sozialer Arbeit für nahezu alle Handlungsfelder.
→ Straßburger, G., Rieger, J. (2014) (Hrsg.), Neuauflage 2019

Das Heft 2/2014 der Zeitschrift »Archiv« hat das Schwerpunktthema »Partizipation in der sozialen Arbeit: Alibi oder Empowerment?«. Die Beiträge thematisieren den gesellschaftlichen Kontext der Teilhabeorientierten Sozialen Arbeit und gehen auf ihre Chancen, Umsetzungsmöglichkeiten und Schwierigkeiten ein. Die Beispiele umfassen u. a. die Handlungsfelder der Kinder- und Jugendhilfe, der Gesundheitsversorgung, der Arbeit mit älteren Menschen, der Wohnungslosenhilfe und der Quartiersarbeit mit Migrantinnen.
→ Archiv für Wissenschaft und Praxis der sozialen Arbeit (2014)

Rolf Rosenbrock und Susanne Hartung haben 2012 das »Handbuch Partizipation und Gesundheit« herausgegeben. Die über dreißig Beiträge in diesem Handbuch sind in vier Kapiteln zusammengestellt: (1) Grundlegungen; (2) Partizipation zur Erhaltung und Förderung von Gesundheit; (3) Partizipation im Umgang mit Krankheit; (4) Ausblicke. Die Fülle der Einzelthemen umfasst alle Bereiche der Sozialen Arbeit. Vor allem die grundlegenden Beiträge im ersten Teil stellen die Förderung von Salutogenese und Teilhabe in einen größeren gesellschaftlichen und politischen Zusammenhang.
→ Rosenbrock, R., Hartung, S. (2012) (Hrsg.)

Für die Teilhabe-orientierte Soziale Arbeit stellt die Arbeit mit und Moderation von großen Gruppen eine besondere Herausforderung an die

Fachkräfte dar. Das Buch von Nicole J. Saam und Willy C. Kriz »Partizipation in Großgruppen« geht auf die verschiedenen Methoden der Arbeit mit großen Gruppen ein und vergleicht sie auch unter dem Gesichtspunkt von Macht und Herrschaft
→ Saam, N., Kriz, W. C. (2010)

Eine Teilhabe-orientierte professionelle Grundhaltung sollte bereits im Studium vermittelt und durch regelmäßige reflexive und rekonstruktive Praxis im beruflichen Alltag weiterentwickelt werden. Darüber hinaus können Studierende an Praxis- und Lehrforschungsprojekten beteiligt sein und durch partizipative Forschung eigene Teilhabe-Erfahrungen machen. Partizipative Forschung trägt durch die Zusammenarbeit von Wissenschaftler_innen, Bürger_innen, Praxisvertreter_innen, Betroffenenverbänden und Studierenden dazu bei, dass sich Soziale Arbeit nicht ›für‹, sondern ›mit‹ ihren Adressat_innen stetig weiterentwickelt. Die »Sozial-Wissenschaftsläden« verstehen sich als Anlaufstellen für solche Vorhaben.
→ Lutz, K., Offergeld, J., Freymuth, J., Arp, A. L. (2020)

Abkürzungsverzeichnis

AKS	Arbeitskreis Kritischer Sozialer Arbeit
AWO	Arbeiterwohlfahrt
BBE	Bundesnetzwerk Bürgerschaftliches Engagement
BMFSFJ	Bundesministerium für Familie, Senioren, Frauen und Jugend
bpb	Bundeszentrale für politische Bildung
BRD	Bundesrepublik Deutschland
BTHG	Bundesteilhabegesetz
BUT	Bildungs- und Teilhabe-Paket
CO	Community Organizing
DAlzG	Deutsche Alzheimer Gesellschaft
DBSH	Deutscher Berufsverband für Soziale Arbeit
DCV	Deutscher Caritas Verband
DDR	Deutsche Demokratische Republik
DGSA	Deutsche Gesellschaft für Soziale Arbeit
DPWV	Deutscher Paritätische Wohlfahrtsverband
DRK	Deutsches Rote Kreuz
DW	Diakonisches Werk
EAPN	European Anti Poverty Network
EQR	Europäischer Qualifikationsrahmen
EU	Europäische Union
FamFG	Familienverfahrensgesetz
FBTS	Fachbereichstag Soziale Arbeit
FORA	Forschungsstelle Deradikalisierung
IFSW	International Federation of Social Workers
ISA	Individuelle Schwerbehindertenassistenz

ISL	Interessenvertretung Selbstbestimmt Leben in Deutschland
MKFFI NRW	Ministerium für Kinder, Familie, Flüchtlinge und Integration des Landes Nordrhein-Westfalen
NPP	Nationales Präventionsprogramm gegen islamistischen Extremismus
SGB	Sozialgesetzbuch
SHA	Sozialräumliche Hilfen und Angebote
SU	Sowjetunion
UN-BRK	UN-Behindertenrechtskonvention
UN-KRK	UN-Kinderrechtskonvention
UNO	Vereinte Nationen
USA	Vereinigte Staaten von Amerika
WHO	Weltgesundheitsorganisation
ZWST	Zentralwohlfahrtsstelle der Juden in Deutschland e. V.

Literatur- und Quellenverzeichnis[65]

> **Vorab**
>
> Sämtliche im Text erwähnten und darüber hinaus für die Soziale Arbeit relevanten Gesetze sind in der 10. Auflage der Textsammlung »Gesetze für die Soziale Arbeit« enthalten (Nomos-Verlag Baden-Baden, 2021).

Adloff, F. (2013): Vereine, in: Mau, S., Schöneck, N. M. (Hrsg.): Handwörterbuch zur Gesellschaft Deutschlands, Band 2. 3. Auflage. Wiesbaden: Springer VS, S. 909–921

Amthor, R-Ch. (2018): »Soziale Arbeit und Widerstand«. Sozialgeschichtliche Befunde zum Widerstehen gegen den Terror, in: Franke-Meyer, D., Kuhlmann, C. (Hrsg.): Soziale Bewegungen und Soziale Arbeit. Von der Kindergartenbewegung bis zur Homosexuellenbewegung. Wiesbaden: Springer VS, S. 169–182

Anastasiadis, M. (2019): Soziale Organisationen als Partizipationsräume. Zwischen Aktivierung, Ökonomisierung und Gestaltung: Perspektiven für die Soziale Arbeit. Weinheim, Basel: Beltz Juventa

Andersen, U., Woyke, W. (2013) (Hrsg.): Handwörterbuch des politischen Systems der Bundesrepublik Deutschland. 7. Auflage. Heidelberg: Springer VS. – 8., aktualisierte Auflage für 2021 in Vorbereitung.

Aner, K., Scherr, A. (2020): Soziale Arbeit – eine Menschenrechtsprofession? In: Sozial Extra, Heft 44, S. 326–327

Antonovsky, A. (1997): Salutogenese. Zur Entmystifizierung der Gesundheit. Tübingen: dgvt

---

65 Bei einigen Veröffentlichungen, für die mehrere Autor_innen oder Herausgeber_innen verantwortlich sind, werden die Namen nicht in alphabetischer Reihenfolge aufgeführt. Dies entspricht dem jeweiligen Original.

Antos, G. (2019): Medien, Wahrnehmung, Öffentlichkeit. Wahrnehmungs-Gemeinschaften und deren Interaktion als Gegenstand der Medienlinguistik, in: Hauser, St., Opilowski, R., Wyss, E. L. (Hrsg.): Alternative Öffentlichkeiten. Soziale Medien zwischen Partizipation, Sharing und Vergemeinschaftung. Bielefeld: Transcript, S. 53–80

Archiv für Wissenschaft und Praxis der sozialen Arbeit (2014): Partizipation in der sozialen Arbeit: Alibi oder Empowerment? Hgg. im Auftrag des Deutschen Vereins für öffentliche und private Fürsorge. Freiburg: Lambertus

Arciprete, S. (2015): Die Handlungsfähigkeit der Adressat*innen. Überlegungen zum Begriff des Subjekts im Dialog zwischen Sozialer Arbeit und Kritischer Psychologie, in: Widersprüche: Zeitschrift für sozialistische Politik im Bildungs-, Gesundheits- und Sozialbereich 35, Heft 136, S. 117–128. https://nbn-resolving.org/urn:nbn:de:0168-ssoar-56820-7, zuletzt aufgerufen am 26.02.2021

Arendt, H. (1958): Freiheit und Politik, in: Die neue Rundschau 69, Heft 4, S. 670–694

Arendt, H. (2018/1963): Die Freiheit, frei zu sein. München: dtv (Mit einem Nachwort von Thomas Meyer)

Balz, H.-J., Benz, B., Kuhlmann, C. (2012) (Hrsg.): Soziale Inklusion. Grundlagen, Strategien und Projekte in der Sozialen Arbeit. Wiesbaden: Springer VS

Bauer, A., Gröning, K. (1995) (Hrsg.): Institutionsgeschichten, Institutionsanalysen. Sozialwissenschaftliche Einmischungen in Etagen und Schichten ihrer Regelwerke. Tübingen: edition diskord

Becker, M. (2020) (Hrsg.): Handbuch Sozialraumorientierung. Stuttgart: Kohlhammer

Becker, M. (2020a): Sozialraumorientierung – ein Handlungskonzept Sozialer Arbeit, in: Becker, M. (Hrsg.): Handbuch Sozialrauorientierung. Stuttgart: Kohlhammer, S. 13–59

Becker, M. (2020b): Sozialraumorientierung im Handlungsfeld der Sozialen Arbeit in und mit Gemeinwesen, in: Becker, M. (Hrsg.): Handbuch Sozialrauorientierung. Stuttgart: Kohlhammer, S. 60–100

Benz, B. (2010): Sozialpolitik und Soziale Arbeit, in: Benz, B., Boeckh, J., Mogge-Grotjahn, H. (Hrsg.): Soziale Politik – Soziale Lage – Soziale Arbeit. Festschrift für Ernst-Ulrich Huster. Wiesbaden: Springer VS, S. 317–336

Benz, B. (2018): Von »Sozialhilfefrauen«, »Kirchenasylen« und »Tafelkunden«. Hilfe unter Protest in den Niederlanden (1987–2014), Österreich (1997–) und Deutschland (2005–), in: Franke-Meyer, D., Kuhlmann, C. (Hrsg.): Soziale Bewegungen und Soziale Arbeit. Von der Kindergartenbewegung zur Homosexuellenbewegung, Wiesbaden: Springer VS, S. 251–263

Benz, B. (2019): Soziale Arbeit – Politisch schwach … erforscht? Politische Partizipation und Repräsentation in Praxis, Ausbildung und Wissenschaft, in: Toens, K., Benz, B. (Hrsg.): Schwache Interessen? Politische Beteiligung in der Sozialen Arbeit. Weinheim, Basel: Beltz Juventa, S. 84–122

Benz, B., Boeckh, J., Mogge-Grotjahn, H. (2010): (Hrsg.): Soziale Politik – Soziale Lage – Soziale Arbeit. Festschrift für Ernst-Ulrich Huster. Wiesbaden: Springer VS,

Benz, B., Rieger, G., Schönig, W., Többe-Schukalla, M. (2013) (Hrsg.): Politik Sozialer Arbeit. Band 1: Grundlagen, theoretische Perspektiven und Diskurse. Weinheim, Basel: Beltz Juventa

Benz, B., Rieger, G., Schönig, W., Többe-Schukalla, M. (2014) (Hrsg.): Politik Sozialer Arbeit. Band 2: Akteure, Handlungsfelder und Methoden. Weinheim, Basel: Beltz Juventa

Benz, B., Toens, K. (2019): Resümee und Ausblick, in: Toens, K., Benz, B. (Hrsg.): Schwache Interessen? Politische Beteiligung in der Sozialen Arbeit. Weinheim, Basel: Beltz Juventa, S. 344–369

Berger, P., Luckmann, Th. (1989): Die gesellschaftliche Konstruktion der Wirklichkeit. Eine Theorie der Wissenssoziologie. 5. Auflage. Frankfurt/M.: Fischer (ursprünglich: 1966)

Berlin Institut für Partizipation (2018): Das Konzept der Partizipationsleiter. https://bipar.de/das-konzep-der-partizipationsleiter, zuletzt aufgerufen am 31.01.2021

Bertelsmann-Stiftung (2016) (Hrsg.): Der Kitt der Gesellschaft. Perspektiven auf den sozialen Zusammenhalt der Gesellschaft. Gütersloh: Bertelsmann-Stiftung

Bertelsmann-Stiftung (2018) (Hrsg.): Vielfalt leben – Gesellschaft gestalten. Chancen und Herausforderungen kultureller Pluralität in Deutschland. Gütersloh: Bertelsmann-Stiftung

Bertelsmann-Stiftung (2020a): Gesellschaftlicher Zusammenhalt in Deutschland 2020. https://www.bertelsmann-stiftung.de/de/publikationen/publikation/did/gesellschaftlicher-zusammenhalt-in-deutschland-2020, zuletzt aufgerufen am 28.01.2021

Bertelsmann-Stiftung (2020b): Demokratie und Partizipation. https://www.bertelsmann-stiftung.de/unsere-projekte/demokratie-und-partizipation-in-europa/projektnachrichten, zuletzt aufgerufen am 25.01.2021

Biermann, R., Fromme, J., Verständig, D. (2014) (Hrsg.): Einleitung, in: Partizipative Medienkulturen. Positionen und Untersuchungen zu veränderten Formen öffentlicher Teilhabe. Band 25 der Reihe Medienbildung und Gesellschaft. Wiesbaden: Springer VS, S. 7–17

Biermann, R., Fromme, J., Verständig, D. (2014) (Hrsg.): Partizipative Medienkulturen. Positionen und Untersuchungen zu veränderten Formen öffentlicher Teilhabe. Band 25 der Reihe Medienbildung und Gesellschaft. Wiesbaden: Springer VS

Bleck, C., van Rießen, A., Deinet, U. (2017): Inklusion und Sozialraumforschung. Theoretische Zugänge und empirische Bezüge sozialräumlicher Inklusion, in: Spatschek, C., Thiessen, B. (Hrsg.): Inklusion und Soziale Arbeit. Teilhabe und Vielfalt als gesellschaftliche Gestaltungsfelder. Opladen, Berlin, Toronto: Budrich, S. 87–97

Blumer, H. (1969): Der methodologische Standort des Symbolischen Interaktionismus., in: Arbeitsgruppe Bielefelder Soziologen (1973) (Hrsg.): Alltagswissen, Interaktion und gesellschaftliche Wirklichkeit. Band 1: Symbolischer Interaktionismus und Ethnomethodologie. Reinbek: Rowohlt, S. 80–101

Boeckh, J., Huster, E.-U., Benz, B. (2017): Sozialpolitik in Deutschland. Eine systematische Einführung. 4. Auflage. Wiesbaden: Springer VS

Boeckh, J. (2018): Migration und soziale Ausgrenzung, in: Huster, E.-U., Boeckh, J., Mogge-Grotjahn, H. (Hrsg.): Handbuch Armut und soziale Ausgrenzung. 3., erweiterte und aktualisierte Auflage. Wiesbaden: Springer VS, S. 539–571

Böhmer, A. (2013): Das Fördern des Forderns. Eine subjekttheoretische Kritik transformierter Sozialpolitik, in: Benz, B., Rieger, G., Schönig, W., Többe-Schukalla, M. (Hrsg.): Politik Sozialer Arbeit. Band 1: Grundlagen, theoretische Perspektiven und Diskurse. Weinheim, Basel: Beltz Juventa, S. 247–264

Bourdieu, P. (1982): Die feinen Unterschiede. Kritik der gesellschaftlichen Urteilskraft. Frankfurt/M.: Suhrkamp Verlag

Bourdieu, P. (1992): Die verborgenen Mechanismen der Macht, Hamburg: VSA

Breitenbach, E. (2018): Von Frauen, für Frauen. Frauenhausbewegung und Frauenhausarbeit, in: Franke-Meyer, D., Kuhlmann, C. (2018) (Hrsg.): Soziale Bewegungen und Soziale Arbeit. Von der Kindergartenbewegung bis zur Homosexuellenbewegung. Wiesbaden: Springer VS, S. 211–224

Büching, C. u. a. (2014): Partizipative Kultur Revisited, in: Biermann, R., Fromme, J., Verständig, D. (Hrsg.): Partizipative Medienkulturen. Positionen und Untersuchungen zu veränderten Formen öffentlicher Teilhabe. Band 25 der Reihe Medienbildung und Gesellschaft. Wiesbaden: Springer VS, S. 113–132

Bundesministerium für Familie, Senioren, Frauen und Jugend (BMFSFJ) (2020) (Hrsg.): 16. Kinder- und Jugendbericht. Förderung demokratischer Bildung im Kindes- und Jugendalter. Bundestags-Drucksache 19/24200 vom 11.11.2020. Berlin: ohne Verlag. Kostenfrei zu beziehen über: Publikationsversand der Bundesregierung (Rostock), publikationen@bundesregierung.de

Bundeszentrale für politische Bildung (bpb) (Hrsg.) (2010): DDR 1990. Aus Politik und Zeitgeschichte, Heft 11 vom 15. März 2010. Frankfurt/M.

Bundeszentrale für politische Bildung (bpb) (2015 und 2016): Pegida. https://www.bpb.de/politik/extemismus/rechtspopuismus/200901/pegida-eine-protestbewegung-zwischen-aengsten-und-ressentiments, zuletzt aufgerufen am 25.01.2021

Bundeszentrale für politische Bildung (bpb) (2020a): Der Brexit und die britische Sonderrolle in der EU. Dossier. http://www.bpb.de/politik/hintergund-aktuell/304242/brexit-am-31-januar, zuletzt aufgerufen am 12.02.2021

Bundeszentrale für politische Bildung (bpb) (2020b): Partizipationsmöglichkeiten der EU-Bürger. https://www.bpb.de/nachschlagen/lexika/das-europalexikon/17718/partizipationsmöglichkeiten-der-eu-bürger, zuletzt aufgerufen am 25.01.2021

Burczyk, J. (2014): Bürgercoaching – Ein Training für mehr Eigeninitiative, in: Straßburger, G., Rieger, J. (Hrsg.): Partizipation kompakt. Für Studium, Lehre und Praxis sozialer Berufe. Weinheim, Basel: Beltz Juventa , S. 177–185

Literatur- und Quellenverzeichnis

Burmester, Monika (2018): Kommunale Armutsverwaltung – zwischen gesetzlichem Auftrag und kommunalem Gestaltungswillen, in: Huster, E.-U., Boeckh, J., Mogge-Grotjahn, H. (Hrsg.): Handbuch Armut und soziale Ausgrenzung. 3. Auflage. Wiesbaden: Springer VS, S. 717–740

Corsten, M., Rosa, H., Schrader, R. (2005) (Hrsg.): Die Gerechtigkeit der Gesellschaft. Wiesbaden: Springer VS

Crenshaw, K. (2013): Die Intersektion von »Rasse« und Geschlecht demarginalisieren: Eine schwarze feministische Kritik am Antidiskriminierungsrecht, der feministischen Theorie und der antirassistischen Politik, in: Lutz, H., Vivar, T. H., Supik, L. (Hrsg.): Fokus Intersektionalität. Bewegungen und Verortungen eines vielschichtigen Konzeptes. 2. Auflage. Wiesbaden: Springer VS, S. 35–58 (gekürzte und übersetzte Fassung des ursprünglich 1989 veröffentlichten Beitrags)

Cress, A. (2019): Advokatorisches Handeln Sozialer Arbeit – selbstverständlich ›gut‹? Interessen- und repräsentationstheoretische Perspektiven im Vergleich, in: Toens, K., Benz, B. (Hrsg.): Schwache Interessen? Politische Beteiligung in der Sozialen Arbeit. Weinheim, Basel: Beltz Juventa, S. 36–54

Dackweiler, R., Rau, A., Schäfer, R. (2020) (Hrsg.): Frauen und Armut – Feministische Perspektiven. Opladen, Berlin, Toronto: Budrich

Degener, Th. (2015): Vom medizinischen zum menschenrechtlichen Modell von Behinderung, in: Iman, Attia u. a. (Hrsg.): Dominanzkultur reloaded. Neue Texte zu gesellschaftlichen Machtverhältnissen und ihren Wechselwirkungen. Bielefeld: Transcript, S. 155–168

Degener, Th. (2016a): Völkerrechtliche Grundlagen und Inhalt der UN BRK, in: Degener, Th. u. a. (Hrsg.): Menschenrecht Inklusion. 10 Jahre UN-Behindertenrechtskonvention. Bestandsaufnahme und Perspektiven zur Umsetzung in sozialen Diensten und diakonischen Handlungsfeldern. Göttingen: Vandenhoeck und Rupprecht, S. 11–51

Degener, Th. u. a. (Hrsg.) (2016b): Menschenrecht Inklusion. Bestandsaufnahme und Perspektiven zur Umsetzung in sozialen Diensten und diakonischen Handlungsfeldern. Göttingen: Vandenhoek und Rupprecht

Degener, Th., Mogge-Grotjahn, H. (2012): »All inclusive«? Annäherungen an ein interdisziplinäres Verständnis von Inklusion, in: Balz, H.-J., Benz, B., Kuhlmann, C. (Hrsg.): Soziale Inklusion. Grundlagen, Strategien und Projekte in der Sozialen Arbeit. Wiesbaden: Springer VS, S. 59–78

van Deth, J. (2009): Politische Partizipation, in: Kaina, V., Römmele, A. (Hrsg.): Politische Soziologie. Ein Studienbuch. Wiesbaden: Springer VS, S. 141–162

Demeretz, A., Rahn, S., Roß, P.-S. (2019): Partizipative Sozialforschung im kommunalen Raum als Katalysator freiwilligen Engagements – das Projekt »Soziale Integration und Teilhabe im ländlichen Raum«, in: Hilse-Carstensen, Th. u. a. (Hrsg.): Freiwilliges Engagement und soziale Inklusion. Perspektiven zweier gesellschaftlicher Phänomene in Wissenschaft und Praxis. Wiesbaden: Springer VS, S. 219–224 de Swaan, Abram (1993): Der sorgende Staat. Wohlfahrt, Gesundheit und Bildung in Europa und den USA der Neuzeit. Frankfurt/M., New York: Campus Verlag

Thiel, W. (2007): Bürgerschaftliches Engagement, Selbsthilfe und Welfare Mix, in: DAG SHG (Hrsg.): selbsthilfegruppenjahrbuch 2007.

Deutsche Arbeitsgemeinschaft Selbsthilfegruppen (DAG SHG) (2007) (Hrsg.): selbsthilfegruppenjahrbuch 2007. https://www.dag-shg.de/data/Fachpublikatio nen/2007/DAGSHG-Jahrbuch-07-Thiel.pdf, zuletzt aufgerufen am 14.02.2021

Deutscher Berufsverband für Soziale Arbeit (DBSH) (2009): Grundlagen für die Soziale Arbeit. http://www.dbshhessen.de/uploads/tx_xpctypedownloadssimple /Grundlagen_Soziale_Arbeit_DBSH.pdf, zuletzt aufgerufen am 18.12.2020

Deutscher Paritätischer Wohlfahrtsverband Gesamtverband e. V. (DPWV) (2019): Empirische Befunde zum Bildungs- und Teilhabepaket: Teilhabequoten im Fokus. Berlin: DPWV

Deutscher Verein für öffentliche und private Fürsorge (2017) (Hrsg.): Fachlexikon der Sozialen Arbeit. 8., überarbeitete und aktualisierte Auflage. Baden-Baden: Nomos-Verlag

Dewe, B., Stüwe, G. (2016): Basiswissen Profession. In memoriam Wilfried Ferchhoff. Weinheim, Basel: Beltz

Dittmar, V. (2016): Arbeitsmarktintegration von Migrationen fördern. Potentiale der Jobcenter. Gütersloh: Verlag W. Bertelsmann

Dittmar, V. (2021): Systemische Beratung als Deradikalisierungsansatz im Kontext von religiös begründetem Extremismus, in: Bundesamt für Migration und Flüchtlinge (Hrsg.): Schnitt:stellen: Erkenntnisse aus Forschung und Beratungspraxis, in: Emser, C. u. a. (Hrsg.): SCHNITT:STELLEN – Erkenntnisse aus Forschung und Beratungspraxis im Phänomenbereich islamistischer Extremismus. Beiträge zu Migration und Integration 8, Nürnberg: Bundesamt für Migration und Flüchtlinge, S. 127–139

Dobslaw, G. (2018a): Einführung, in: Dobslaw, G. (Hrsg.): Partizipation – Teilhabe – Mitgestaltung: Interdisziplinäre Zugänge. Opladen, Berlin, Toronto: Budrich UniPress, S. 9–16

Dobslaw, G. (2018) (Hrsg.): Partizipation – Teilhabe – Mitgestaltung: Interdisziplinäre Zugänge. Opladen, Berlin, Toronto: Budrich UniPress

Dörner, K. (2007): Leben und sterben, wo ich hingehöre. Dritter Sozialraum und neues Hilfesystem. Neumünster: Paranus Verlag

Dörre, J., Bukow, G. (2014): Die Grenzen geteilten Handelns und neuer partizipativer Demokratieformen, in: Biermann, R., Fromme, J., Verständig, D. (Hrsg.): Partizipative Medienkulturen. Positionen und Untersuchungen zu veränderten Formen öffentlicher Teilhabe. Band 25 der Reihe Medienbildung und Gesellschaft. Wiesbaden: Springer VS, S. 89–102

Dorschky, L. (2017): Empowerment, in: Deutscher Verein für öffentliche und private Fürsorge (Hrsg.): Fachlexikon der Sozialen Arbeit. 8., überarbeitete und aktualisierte Auflage, S. 231–233

Eichinger, U. (2009): Zwischen Anpassung und Ausstiegsperspektiven von Beschäftigten im Kontext der Neuordnung Sozialer Arbeit. Wiesbaden: Springer VS

Erlinghagen, M. (2013): Ehrenamt, in: Mau, S., Schöneck, N. M. (Hrsg.): Handwörterbuch zur Gesellschaft Deutschlands. Band 1. 3. Auflage. Wiesbaden: Springer VS, S. 199–212

Evers, R., Hirschfeld, U. (2011): Partizipation, in: Herrmann, V. u. a. (Hrsg.): Theologie und soziale Wirklichkeit. Grundbegriffe. Stuttgart; Kohlhammer, S. 190–198

Faist, Th. (2013): Staatsbürgerschaft, in: Mau, St., Schöneck, N. M. (2013): Handwörterbuch zur Gesellschaft Deutschlands. Band 2. 3. Auflage. Wiesbaden: Springer VS, S. 844–856

Fischer, U., Heidmeier, K., Stock, L. (2019): Community Organizing – Partizipation und Demokratie im Alltag, in: Köttig, M., Röh, D. (Hrsg.): Soziale Arbeit in der Demokratie – Demokratieförderung in der Sozialen Arbeit. Theoretische Analysen, gesellschaftliche Herausforderungen und Reflexionen zur Demokratieförderung und Partizipation. Opladen, Berlin, Toronto: Budrich, S. 153–161

Forst, R. (2015): Die erste Frage der Gerechtigkeit, in: Heinrich-Böll-Stiftung (Hrsg.): Inklusion. Wege in die Teilhabegesellschaft. Frankfurt/M., New York: Campus, S. 44–53

Franke-Meyer, D., Kuhlmann, C. (2018): Einleitung, in: Franke-Meyer, D., Kuhlmann, C. (2018) (Hrsg.): Soziale Bewegungen und Soziale Arbeit. Von der Kindergartenbewegung bis zur Homosexuellenbewegung. Wiesbaden: Springer VS, S. 1–9

Franke-Meyer, D., Kuhlmann, C. (2018) (Hrsg.): Soziale Bewegungen und Soziale Arbeit. Von der Kindergartenbewegung bis zur Homosexuellenbewegung. Wiesbaden: Springer VS

Franzkowiak, P., Homfeldt, H. G. (2012): Partizipation in der Sozialen Arbeit, in: Rosenbrock, R., Hartung, S. (Hrsg.): Handbuch Partizipation und Gesundheit. Bern: Huber, S. 79–90

Fraser, N., Honneth, A. (2017): Umverteilung oder Anerkennung? Eine politisch-philosophische Kontroverse. 5. Auflage (ursprünglich 1997). Frankfurt/M.: Suhrkamp

Früchtel, F., Cyprian, G., Budde, W. (2013) (Hrsg.): Sozialer Raum und Soziale Arbeit. 3. Auflage. Wiesbaden: Springer Fachmedien

Gille, C., Jagusch, B., Poetsch, S. (2020): Die Neue Rechte in der Sozialen Arbeit in NRW. Exemplarische Analysen zu Vorkommen und Einflussnahmen, in: Soziale Arbeit 69, Heft 4

Gnau, B. C., Wyss, E. L. (2019): Der #MeToo-Protest. Diskurswandel durch alternative Öffentlichkeit, in: Hauser, St., Opilowski, R., Wyss, E .L. (Hrsg.): Alternative Öffentlichkeiten. Soziale Medien zwischen Partizipation, Sharing und Vergemeinschaftung. Bielefeld: Transcript, S. 131–166

Grießmeier, N. (2019): »Arbeitskreise kritischer Sozialer Arbeit« (AKS) als politische Akteure, in: Toens, K., Benz, B. (Hrsg.): Schwache Interessen? Politische Beteiligung in der Sozialen Arbeit. Weinheim, Basel: Beltz Juventa, S. 291–299.

Grün, N. (2021): Von Putins Löwen und schwulen Pinguinen, in: Süddeutsche Zeitung vom 09. Februar 2021

Grundgesetz der Bundesrepublik Deutschland, https://www.bundestag.de/grundgesetz, zuletzt aufgerufen am 18.10.2020

Habermas, J. (1981): Theorie des kommunikativen Handelns. Frankfurt/M.: Suhrkamp

Habermas, J. (2004): Wahrheit und Rechtfertigung. Philosophische Aufsätze. Erweiterte Ausgabe. Frankfurt/M.: Suhrkamp

Haller, M. (1999): Soziologische Theorie im systematisch-kritischen Vergleich. Opladen: Leske + Budrich (UTB)

Hans-Böckler-Stiftung (2021): Erinnerungskulturen der sozialen Demokratie. https://www.erinnerungskulturen.boeckler.de/alte-und-neue-soziale-bewegungen-14.48.htm, zuletzt aufgerufen am 22.02.2021

Hauser, St., Opilowski, R., Wyss, E. L. (Hrsg.) (2019): Alternative Öffentlichkeiten. Soziale Medien zwischen Partizipation, Sharing und Vergemeinschaftung. Bielefeld: Transcript

Hauser, S., Opilowski, R., Wyss, E. L. (2019): Alternative Öffentlichkeiten in sozialen Medien – einleitende Anmerkungen, in: dies. (Hrsg.): Alternative Öffentlichkeiten. Soziale Medien zwischen Partizipation, Sharing und Vergemeinschaftung. Bielefeld: Transcript, S. 7–18

Heinrich-Böll-Stiftung (2015) (Hrsg.): Inklusion. Wege in die Teilhabegesellschaft. Frankfurt/M., New York: Campus

Helsper, W., Krüger, H.-H., Rabe-Kleber, U. (2000): Professionstheorie, Professions- und Biographieforschung – Einführung in den Themenschwerpunkt, in: Zeitschrift für qualitative Bildungs-, Beratung- und Sozialforschung (ZBBS), Heft 1: Biographie und Profession, S. 5–19 (ZBBS ab 2007 = Zeitschrift für qualitative Forschung, ZQF)

Hepp, A., Höhn, M. (2013): Medien und Massenkommunikation, in: Mau, St., Schöneck, N. M. (2013): Handwörterbuch zur Gesellschaft Deutschlands. Band 2. 3. Auflage. Wiesbaden: Springer VS, S. 565–579

Herriger, N. (2020): Empowerment in der Sozialen Arbeit. Eine Einführung. 6., erweiterte und aktualisierte Auflage. Stuttgart: Kohlhammer

Herrmann, V. u. a. (2011) (Hrsg.): Theologie und soziale Wirklichkeit. Grundbegriffe. Stuttgart: Kohlhammer

Hilse-Carstensen, T. u. a. (2019) (Hrsg.): Freiwilliges Engagement und soziale Inklusion. Perspektiven zweier gesellschaftlicher Phänomene in Wissenschaft und Praxis. Wiesbaden: Springer VS

Hilse-Carstensen, T. u. a. (2019) (Hrsg.): Einleitung, in: Freiwilliges Engagement und soziale Inklusion. Perspektiven zweier gesellschaftlicher Phänomene in Wissenschaft und Praxis. Wiesbaden: Springer VS, S. 9–24

Hirschberg, M., Köbsell, S. (2017): Behinderungsbewegung/en, Menschenrechte und die UN-Behinderungskonvention, in: Gemeinsam leben 25, Heft 1, S. 4–14

Hölterhof, T., Schiefner-Rohs, M. (2014): Partizipation durch Peer-Education: Selbstbestimmung und Unstetigkeit in schulischen (Medien-)Bildungsprozessen, in: Biermann, R., Fromme, J., Verständig, D. (Hrsg.): Partizipative Medienkulturen. Positionen und Untersuchungen zu veränderten Formen öffentlicher Teilhabe. Band 25 der Reihe Medienbildung und Gesellschaft. Wiesbaden: Springer VS, S. 283–299

Hoghe, J., Walter, C. (2019): Förderliche Rahmenbedingungen für die Partizipation von Genesungsbegleiter_innen in der sozialpsychiatrischen Regelversorgung. Ergebnisse aus Erfahrungsberichten und empirischen Studien in Deutschland, in: Köttig, M., Röh, D. (Hrsg.): Soziale Arbeit in der Demokratie – Demokratieförderung in der Sozialen Arbeit. Theoretische Analysen, gesellschaftliche Herausforderungen und Reflexionen zur Demokratieförderung und Partizipation. Opladen, Berlin, Toronto: Budrich, S. 162–170

Hollstein, B. (2015): Ehrenamt verstehen. Eine handlungstheoretische Analyse. Frankfurt/M.: Campus

Holz, G. (2018): Kinderarmut und familienbezogene soziale Dienstleistungen, in: Huster, E.-U., Boeckh, J., Mogge-Grotjahn, H. (Hrsg.): Handbuch Armut und soziale Ausgrenzung. 3., erweiterte und aktualisierte Auflage. Wiesbaden: Springer VS, S. 687–716

Hübner, K. u. a. (2017) (Hrsg.): Teilhabe. Versprechen?! Diskurse über Chancen- und Bildungsgerechtigkeit, Kulturelle Bildung und Bildungsbündnisse. München: kopaed

Hübner, J. u. a. (2016) (Hrsg.): Evangelisches Soziallexikon. 9. Auflage. Stuttgart: Kohlhammer

Hurrelmann, K., Bauer, U. (2018): Einführung in die Sozialisationstheorie: Das Modell der produktiven Realitätsverarbeitung. 12. Auflage. Weinheim, Basel: Beltz

Huster, E.-U. (2018a): Soziale Teilhabe als sozialstaatliches Ziel. Der sozialpolitische Diskurs, in: Huster, E.-U., Boeckh, J., Mogge-Grotjahn, H. (Hrsg.): Handbuch Armut und soziale Ausgrenzung. 3. Auflage. Wiesbaden: Springer VS, S. 97–130

Huster, E.-U. (2018b): Von der mittelalterlichen Armenfürsorge zur sozialen Dienstleistung: Ausdifferenzierung und Integration, in: Huster, E.-U., Boeckh, J., Mogge-Grotjahn, H. (Hrsg.): Handbuch Armut und soziale Ausgrenzung. 3. Auflage. Wiesbaden: Springer VS, S. 341–366

Huster, E.-U., Boeckh, J., Mogge-Grotjahn, H. (2018) (Hrsg.): Handbuch Armut und soziale Ausgrenzung. 3., erweiterte und aktualisierte Auflage. Wiesbaden: Springer VS

Iman, A., Köbsell, S., Prasad, N. (Hrsg.) (2015): Dominanzkultur reloaded. Neue Texte zu gesellschaftlichen Machtverhältnissen und ihren Wechselwirkungen. Bielefeld: Transcript

Institut für Soziale Arbeit e.V. (Hrsg.): ISA-Jahrbuch zur Sozialen Arbeit 2015. Schwerpunkt Partizipation, Münster, New York: Waxmann

Interessenverband Selbstbestimmt Leben (ISL) (o J.): Selbstbestimmt Leben – das Original! https://www.isl-ev.de/index.php/verband-zentren/selbstbestimmt-leben-das-original-isl/48-selbstbestimmt-leben-das-original, zuletzt aufgerufen am 20.02.2021

International Federation of Social Workers (IFSW) (2013): Ethics in Social Work. https://www.ethikdiskurs.de/fileadmin/user_upload/ethikdiskurs/Themen/Berufsethik/Soziale_Arbeit/IASW_Kodex_Englisch_Deutsch2004.pdf, zuletzt aufgerufen am 18.12.2020

Jahoda, M., Lazarsfeld, P. F., Zeisel, H. (1933): Die Arbeitslosen von Marienthal. Leipzig: Verlag Hirzel. Neuauflage 1975 Frankfurt/M.: Suhrkamp

Jonas, F. (1974): Geschichte der Soziologie. Band 1: Aufklärung, Liberalismus, Idealismus. 4. Auflage. Reinbek: Rowohlt

Kaina, V., Römmele, A. (2009) (Hrsg.): Politische Soziologie. Ein Studienbuch. Wiesbaden: Springer VS

Kerbs, D., Reulecke, J. (1998) (Hrsg.): Handbuch der deuteschen Reformbewegungen 1880–1933. Wuppertal: Peter Hammer

Keupp, H. (2003): Ressourcen als gesellschaftlich ungleich verteiltes Handlungspotenzial, in: Schemmel. H., Schaller, J. (Hrsg.): Ressourcen. Ein Hand- und Lesebuch zur therapeutischen Arbeit, Tübingen: dgvt, S. 555–573

Kewes, A., Munsch, C. (2019): Engagementabbrüche in Wohlfahrtsverbänden: Welche Rolle spielt ein »Migrationshintergrund«?, in: Hilse-Carstensen, T. u.a. (Hrsg.): Freiwilliges Engagement und soziale Inklusion. Perspektiven zweier gesellschaftlicher Phänomene in Wissenschaft und Praxis. Wiesbaden: Springer VS, S. 27–40

Kimmel, A. (2000): Einführung, in: Kimmel, A., Kimmel, C.: Verfassungen der EU-Mitgliedstaaten. München: DTV, S. IX–XXXII.

Köttig, M., Röh, D. (2019) (Hrsg.): Soziale Arbeit in der Demokratie – Demokratieförderung in der Sozialen Arbeit. Theoretische Analysen, gesellschaftliche Herausforderungen und Reflexionen zur Demokratieförderung und Partizipation. Opladen, Berlin, Toronto: Budrich

Kommission Sozialpädagogik (2019) (Hrsg.): Teilhabe durch*in*trotz Sozialpädagogik. Weinheim, Basel: Beltz Juventa

Koval, A., Dieckbreder, F., Zippert, Th. (2018): Migration und Teilhabe. Begriffe – Grundlagen – Praxisrelevanz. Göttingen: Vandenhoeck und Ruprecht

Kriz, J. (2007): Grundkonzepte der Psychotherapie. 6., vollständig überarbeitete Auflage. Weinheim: Beltz

Kronauer, M. (2010): Inklusion – Exklusion. Eine historische und begriffliche Annäherung an die soziale Frage der Gegenwart, in: Kronauer, M. (Hrsg.) Inklusion und Weiterbildung. Reflexionen zur gesellschaftlichen Teilhabe in der Gegenwart. Bielefeld: Bertelsmann, S. 24–58

Kronauer, M. (Hrsg.) (2010): Inklusion und Weiterbildung. Reflexionen zur gesellschaftlichen Teilhabe in der Gegenwart. Bielefeld: Bertelsmann

Literatur- und Quellenverzeichnis

Kropp, S. (2020): Wie wichtig ist Expertenwissen in der Politik? In: Bundeszentrale für politische Bildung (bpb): Coronavirus. Themenseite. https://www.bpb.de/politik/innenpolitik/coronavirus/310720/expertenwissen. Zuletzt aufgerufen am 24.01.2021

Küchler, S. (2018): Partizipation als Arbeit am Sozialen. Eine qualitative Studie zu partizipatorischen Praktiken Professioneller in der Sozialen Arbeit. Wiesbaden: Springer VS

Kümpers, S., Alisch, M. (2018): Altern und soziale Ungleichheiten, in: Huster, E.-U., Boeckh, J., Mogge-Grotjahn, H. (Hrsg.): Handbuch Armut und soziale Ausgrenzung. 3. Auflage. Wiesbaden: Springer VS, S. 597–618

Kümpers, S. (2012): Partizipation hilfebedürftiger und benachteiligter Älterer – die Perspektive der ›Grundbefähigungen‹ nach Martha Nussbaum, in: Rosenbrock, R., Hartung, S. (Hrsg.): Handbuch Partizipation und Gesundheit. Bern: Huber, S. 197–211

Kuhlmann, C. (2007): Alice Salomon und der Beginn sozialer Berufsausbildung. Eine Biographie. Stuttgart: ibidem

Kuhlmann, C. (2014): Geschichte Sozialer Arbeit I. Studienbuch. 4. Auflage. Schwalbach/Ts.: Wochenschau

Kuhlmann, C., Mogge-Grotjahn, H., Balz, H.-J. (2018): Soziale Inklusion. Theorien, Methoden, Kontroversen. Stuttgart: Kohlhammer

Kuhnert, P. (2020): Sozialraumorientierung in durch Armut, Arbeitslosigkeit, prekärer Arbeit und Wohnungslosigkeit bestimmten Lebenslagen, in: Becker, M. (2020) (Hrsg.): Handbuch Sozialraumorientierung. Stuttgart: Kohlhammer, S. 193–223

Kulbach, R. (2015): Interkulturelle Öffnung in der Organisationsentwicklung, in: Zacharaki, I., Eppenstein, T., Krummacher, M. (Hrsg.): Interkulturelle Kompetenz. Handbuch für soziale und pädagogische Berufe. Schwalbach: Debus Pädagogik und Wochenschau, S. 174–188

Kulke, D., Dallmann, A. (2019): Behinderte Durchbrüche auf allen Ebenen?! In: Toens, K., Benz, B. (Hrsg.): Schwache Interessen? Politische Beteiligung in der Sozialen Arbeit. Weinheim, Basel: Beltz Juventa, S. 229–251

Kunze, A. (2019): Rezension zu: Silvia Staub-Bernasconi: Soziale Arbeit und Menschenrechte. Vom beruflichen Doppelmandat zum professionellen Tripelmandat (Verlag Leske und Budrich 2018). In: Socialnet rezensionen, ISSn 2190-9245. https://www.socialnet.de/rezensionen/16449.php, zuletzt aufgerufen am 25.01.2021

Lahusen, C. (2013): Soziale Bewegungen, in: Mau, St., Schöneck, N. M. (2013): Handwörterbuch zur Gesellschaft Deutschlands. Band 2. 3. Auflage. Wiesbaden: Springer VS, S. 717–729

Lau, D. (2018): Sozialreform und Selbstreform als pädagogische Programme sozialer Bewegungen Ende des 19./Anfang des 20. Jahrhunderts. Zur Pädagogisierung sozialreformerischer Ansätze in der Chicagoer Settlement House Movement, in: Franke-Meyer, D., Kuhlmann, C. (Hrsg.): Soziale Bewegungen und Soziale Arbeit. Von der Kindergartenbewegung bis zur Homosexuellenbewegung. Wiesbaden: Springer VS, S. 129–140

Lengfeld, H. (2013): Interessenorganisation, in: Mau, S., Schöneck, N. M. (Hrsg.): Handwörterbuch zur Gesellschaft Deutschlands. Band 1. 3. Auflage. Wiesbaden: Springer VS, S. 422–435

Lessenich, S. (2008): Die Neuerfindung des Sozialen. Der Sozialstaat im flexiblen Kapitalismus. Bielefeld: Transcript

Liebig, S., Sauer, C., Valet, P. (2013): Gerechtigkeit, in: Mau, S., Schöneck, N. M. (2013): Handwörterbuch zur Gesellschaft Deutschlands. Band 1. 3. Auflage. Wiesbaden: Springer VS, S. 286–299

Lob-Hüdepohl, A. (2013): »Menschenwürdig leben fördern« – zu normativen Grundlagen einer Politik Sozialer Arbeit, in: Benz, B., Rieger, G., Schönig, W., Többe-Schukalla, M. (Hrsg.): Politik Sozialer Arbeit. Band 1: Grundlagen, theoretische Perspektiven und Diskurse. Weinheim, Basel: Beltz Juventa, S. 85–102

Loeken, H. (2016): Profession/Professionalisierung, in: Hübner, J. u. a. (Hrsg.): Evangelisches Soziallexikon. 9. Auflage. Stuttgart: Kohlhammer, Sp. 1260–1263

Lütke-Harmann, M. (2019): Zur Politik der Denkformen, in: Kommission Sozialpädagogik (Hrsg.): Teilhabe durch*in*trotz Sozialpädagogik. Weinheim, Basel: Beltz Juventa, S. 16–32

Luhmann, N. (2020): Einführung in die Systemtheorie, 8. Auflage. Heidelberg: Verlag Carl Auer

Lutz, K., Offergeld, J., Freymuth, J., Arp, A. L. (2020): Gemeinsam Forschung gestalten. Handreichung zu partizipativer Forschung. Unter Mitarbeit von B. Benz, W. Schönig und K. Walther. Bochum und Köln: Sozial-Wissenschaftsladen

Lutz, H., Vivar, T. H., Supik, L. (2013) (Hrsg.): Fokus Intersektionalität. Bewegungen und Verortungen eines vielschichtigen Konzeptes. 2. Auflage. Wiesbaden: Springer VS

Magyar-Haas, V., Mörgen, R., Schnitzer, A. (2019): Ambivalenzen der (demokratischen) Teilhabe in (sozial-)pädagogischen Angeboten, in: Kommission Sozialpädagogik (Hrsg.): Teilhabe durch*in*trotz Sozialpädagogik. Weinheim, Basel: Beltz Juventa

Marshall, T. H. (1992/1950): Bürgerrechte und soziale Klassen. Zur Soziologie des Wohlfahrtsstaates. Frankfurt/M., New York: Campus

Mau, S., Schöneck, N. M. (2013): Handwörterbuch zur Gesellschaft Deutschlands. 2 Bände. 3. Auflage. Wiesbaden: Springer VS

Mau, S., Verwiebe, T. (2013): Deutschland und Europa. Die Europäisierung der Sozialstruktur, in: Mau, S., Schöneck, N. M. (Hrsg.): Handwörterbuch zur Gesellschaft Deutschlands. Band 1. 3. Auflage. Wiesbaden: Springer VS, S. 170–183

May, M. (2019): Ansätze zu einer demokratischen Bildung des Sozialen und Bildung am Sozialen: Perspektiven der Gemeinwesenarbeit, in: Köttig, M., Röh,

D. (Hrsg.): Soziale Arbeit in der Demokratie – Demokratieförderung in der Sozialen Arbeit. Theoretische Analysen, gesellschaftliche Herausforderungen und Reflexionen zur Demokratieförderung und Partizipation. Opladen, Berlin, Toronto: Budrich, S. 104–113

Maykus, S. (2019): Demokratischer Symbolismus und kommunale Sozialpädagogik, in: Köttig, M., Röh, D. (Hrsg.): Soziale Arbeit in der Demokratie – Demokratieförderung in der Sozialen Arbeit. Theoretische Analysen, gesellschaftliche Herausforderungen und Reflexionen zur Demokratieförderung und Partizipation. Opladen, Berlin, Toronto: Budrich, S. 76–83

Mayrberger, K. (2014): Partizipative Mediendidaktik, in: Biermann, R., Fromme, J., Verständig, D. (Hrsg.): Partizipative Medienkulturen. Positionen und Untersuchungen zu veränderten Formen öffentlicher Teilhabe. Band 25 der Reihe Medienbildung und Gesellschaft. Wiesbaden: Springer VS, S. 261–282

Mead, G. H. (1968): Geist, Identität und Gesellschaft aus der Sicht des Sozialbehaviorismus. Frankfurt/M.: Suhrkamp (Original 1934, posthum erschienen)

Messmer, H. (2018): Der Beitrag empirischer Forschung für ein realistisches Partizipationsverständis in der Sozialen Arbeit, in: Dobslaw, G. (Hrsg.): Partizipation – Teilhabe – Mitgestaltung: Interdisziplinäre Zugänge. Opladen, Berlin, Toronto: Budrich UniPress, S. 109–127

Michel, D., Straßburger, G. (2014): Kneipenlärm vorm Schlafzimmerfenster – Partizipative Konfliktlösung im Stadtteil, in: Straßburger, G., Rieger, J. (Hrsg.) (2014a): Partizipation kompakt. Für Studium, Lehre und Praxis sozialer Berufe. Weinheim, Basel: Beltz Juventa, S. 198–204

Ministerium für Kinder, Familie, Flüchtlinge und Integration des Landes Nordrhein-Westfalen (MKFFI) (o J.): Landesprogramm Familienzentren NRW. https://www.familienzentrum.nrw.de/landesprogramm/ziele-und-entwicklung-des-landesprogramms, zuletzt aufgerufen am 27.01.2021

Mogge-Grotjahn, H. (2010): Engagement als Ressource, in: Benz, B., Boeckh, J., Mogge-Grotjahn, H. (Hrsg.): Soziale Politik – Soziale Lage – Soziale Arbeit. Festschrift für Ernst-Ulrich Huster. Wiesbaden: Springer VS, S. 368–385. Unter Mitarbeit von Stefanie Roeder

Mogge-Grotjahn, H. (2011): Soziologie. Eine Einführung für soziale Berufe. 4., aktualisierte Auflage. Freiburg: Lambertus

Mogge-Grotjahn, H. (2016): Intersektionalität: theoretische Perspektiven und konzeptionelle Schlussfolgerungen, in: Degener, Th. u. a. (Hrsg.): Menschenrecht Inklusion. Bestandsaufnahme und Perspektiven zur Umsetzung in sozialen Diensten und diakonischen Handlungsfeldern. Göttingen: Vandenhoek und Rupprecht, S. 140–156

Mogge-Grotjahn, H. (2020): Armutsrisiken von Frauen und Theorien sozialer Ungleichheit, in: Dackweiler, R., Rau, A., Schäfer, R. (Hrsg.): Frauen und Armut – Feministische Perspektiven. Opladen, Berlin, Toronto: Budrich, S. 29–45

Mollenhauer, K. (1968): Erziehung und Emanzipation. Polemische Skizzen. München: Juventa

Moser, H. (2014): Die Veränderung der politischen Teilnahme und Partizipation im Zeitalter der digitalen Netze, in: Biermann, R., Fromme, J., Verständig, D. (Hrsg.): Partizipative Medienkulturen. Positionen und Untersuchungen zu veränderten Formen öffentlicher Teilhabe. Band 25 der Reihe Medienbildung und Gesellschaft. Wiesbaden: Springer VS, S. 21–48

Müller, C. W. (2013): Wie Helfen zum Beruf wurde. Eine Methodengeschichte der Sozialen Arbeit. 6. Auflage. Weinheim: Juventa

Müller-Jentsch, W. (2003): Organisationssoziologie. Eine Einführung. 2. Auflage. Frankfurt/M., New York: Campus

Münkler, H. (2013): Deutsche Nation, in: Mau, St., Schöneck, N. M. (Hrsg.): Handwörterbuch zur Gesellschaft Deutschlands. Band 1. 3. Auflage. Wiesbaden: Springer VS, S. 158–169

Munsch, C. (2015): Soziales und politisches Engagement von ›Migranten‹, in: Heinrich-Böll-Stiftung (Hrsg.): Inklusion. Wege in die Teilhabegesellschaft. Frankfurt/M., New York: Campus, S. 260–273

Nell-Breuning, O. von (1976): Das Subsidiaritätsprinzip, in: Theorie und Praxis der sozialen Arbeit 27, Heft 1, S. 6–17.

Nullmeier, F. (2013): Politisches System, in: Mau, S., Schöneck, N. (Hrsg.): Handwörterbuch zur Gesellschaft Deutschlands. 2. Band. 3. Auflage. Wiesbaden: Springer VS, S. 651–663

Nussbaum, M. C. (2015): Fähigkeiten schaffen. Neue Wege zur Verbesserung menschlicher Lebensqualität. Freiburg, München: Karl Alber

Nussbaum, M. C. (2016): Politische Emotionen. Berlin: Suhrkamp

Oehler, P. (2019): Demokratische Professionalität: Neun Handlungsleitlinien für eine demokratische professionelle Praxis in der Sozialen Arbeit, in: Köttig, M., Röh, D. (Hrsg.): Soziale Arbeit in der Demokratie – Demokratieförderung in der Sozialen Arbeit. Theoretische Analysen, gesellschaftliche Herausforderungen und Reflexionen zur Demokratieförderung und Partizipation. Opladen, Berlin, Toronto: Budrich, S. 238–248

Pappert, S., Roth, K. S. (2019): Diskurspragmatische Perspektiven auf neue Öffentlichkeiten in Webforen, in: Hauser, St., Opilowski, R., Wyss, E. L. (Hrsg.): Alternative Öffentlichkeiten. Soziale Medien zwischen Partizipation, Sharing und Vergemeinschaftung. Bielefeld: Transcript, S. 19–52

Parsons, T. (2009; deutsche Erstveröffentlichung 1972): Das System moderner Gesellschaften. München: Juventa

Psychiatrie-Verlag (2019): Ausbildungsprogramm für Psychiatrie-Erfahrene zur Qualifizierung als Ausbilder und als Genesungsbegleiter. https://psychiatrie-verlag.de/wp-content/uploads/2019/01/EX-IN-Curriculum_02.pdf, zuletzt aufgerufen am 24.02.2021

Putnam, R., Goss, K. (2001): Einleitung, in: Putnam, R. (Hrsg.): Gesellschaft und Gemeinsinn. Sozialkapital im internationalen Vergleich. Gütersloh: Bertelsmann-Stiftung, S. 15–44

Putnam, R. (2001) (Hrsg.): Gesellschaft und Gemeinsinn. Sozialkapital im internationalen Vergleich. Gütersloh: Bertelsmann-Stiftung.

Renner, G. (2014): Gemeinsam sind wir noch stärker – das Konzept der Bürgerplattform, in: Straßburger, G., Rieger, J. (Hrsg.): Partizipation kompakt. Für Studium, Lehre und Praxis sozialer Berufe. Weinheim, Basel: Beltz Juventa, S. 141–144

Richter, E. (2016): Demokratischer Symbolismus. Eine Theorie der Demokratie. Frankfurt/M.: Suhrkamp

Rieger, J. (2014): Die individuelle Basis für Partizipation: Haltung und Fachkompetenz, in: Straßburger, G., Rieger, J. (Hrsg.): Partizipation kompakt. Für Studium, Lehre und Praxis sozialer Berufe. Weinheim, Basel: Beltz Juventa, S. 56–73

Rieger, J., Straßburger, G. (2014): Warum Partizipation wichtig ist – Selbstverständnis und Auftrag sozialer Berufe, in: Straßburger, G., Rieger, J. (Hrsg.): Partizipation kompakt. Für Studium, Lehre und Praxis sozialer Berufe. Weinheim, Basel: Beltz Juventa, S. 42–49

Rogers, Carl R. (2016/1961): Entwicklung der Persönlichkeit. Psychotherapie aus der Sicht eines Therapeuten. Stuttgart: Klett Cotta (englisches Original-Titel: On Becoming a Person)

Rohrmann, E. (2018): Zwischen selbstbestimmter sozialer Teilhabe, fürsorglicher Ausgrenzung und Bevormundung. Ausgewählte Lebenslagen von Menschen, die wir behindert nennen, in: Huster, E.-U., Boeckh, J., Mogge-Grotjahn, H. (Hrsg.): Handbuch Armut und soziale Ausgrenzung. 3., erweiterte und aktualisierte Auflage. Wiesbaden: Springer VS, S. 619–640

Rosenbrock, R., Hartung, S. (2012) (Hrsg.): Handbuch Partizipation und Gesundheit. Bern: Huber

Roßteutscher, S. (2009): Soziale Partizipation und Soziales Kapital, in: Kaina, V., Römmele, A. (Hrsg.): Politische Soziologie. Ein Studienbuch. Wiesbaden: Springer VS, S. 163–180

Roth, R. (2019): Verbände und soziale Bewegungen im Feld der Sozialen Arbeit, in: Toens, K., Benz, B. (Hrsg.): Schwache Interessen? Politische Beteiligung in der Sozialen Arbeit. Weinheim, Basel: Beltz Juventa, S. 55–67

Roth, R., Rucht, D. (2008) (Hrsg.): Die sozialen Bewegungen in Deutschland seit 1945. Ein Handbuch. Frankfurt/M., New York: Campus

Rucht, D. (2013): Neue soziale Bewegungen, in: Andersen, U., Woyke, W. (Hrsg.): Handwörterbuch des politischen Systems in der Bundesrepublik Deutschland. 7., aktualisierte Auflage. Wiesbaden: Springer VS, S. 479–482

Rudzio, W. (2019): Das politische System der Bundesrepublik Deutschland. 10., aktualisierte und erweiterte Auflage. Wiesbaden: Springer VS

Saam, N. J., Kriz, W. C. (2010): Partizipation in Großgruppen. Band 1: Soziologische Perspektiven. Münster, Wien: LIT

Sahrai, D., Bittlingmayer, U. H., Gerdes, J. (2012): Partizipation, politische Bildung und Gesundheit an Schulen. Zur Analyse eines fragilen Zusammenhangs, in: Rosenbrock, R., Hartung, S. (Hrsg.): Handbuch Partizipation und Gesundheit. Bern: Huber, S. 222–234

Salomon, A. (1926): Soziale Diagnose. Berlin: Carl Heymann

Salomon, A. (1928): Leitfaden der Wohlfahrtspflege. 3., überarbeitete Auflage. Leipzig und Berlin: Vieweg + Teubner

Saunders, D. (2018): Die Stadt als Labor für Vielfalt und Teilhabe: Herausforderungen und Chancen, in: Bertelsmann-Stiftung (Hrsg.): Vielfalt leben – Gesellschaft gestalten. Chancen und Herausforderungen kultureller Pluralität in Deutschland. Gütersloh: Bertelsmann-Stiftung, S. 157–174

Saxl, S. (2014): »Wir sind nicht blöd, nur vergesslich« – Partizipation von Menschen mit Demenz, in: Straßburger, G., Rieger, J. (Hrsg.) (2014a): Partizipation kompakt. Für Studium, Lehre und Praxis sozialer Berufe. Weinheim, Basel: Beltz Juventa, S. 223–227

Schäfer, A. (2015): Der Verlust politischer Gleichheit. Frankfurt/M.: Campus

Schäfer, G. K. (2018): Geschichte der Armut im abendländischen Kulturkreis, in: Huster, E.-U., Boeckh, J., Mogge-Grotjahn, H. (Hrsg.): Handbuch Armut und soziale Ausgrenzung. 3. Auflage. Wiesbaden: Springer VS, S. 315–340

Schildmann, U., Schramme, S. (2018): Zur theoretischen Verortung der Kategorie Behinderung in der Intersektionalitätsforschung, in: Schildmann, U., Schramme, S., Libuda-Köster, A.: Die Kategorie Behinderung in der Intersektionalitätsforschung. Theoretische Grundlagen und empirische Befunde. Bochum, Freiburg: Projektverlag, S. 43–100

Schildmann, U., Schramme, S., Libuda-Köster, A (2018): Die Kategorie Behinderung in der Intersektionalitätsforschung. Theoretische Grundlagen und empirische Befunde. Bochum, Freiburg: Projektverlag

Schimank, U. (2005): Gerechtigkeitslücken und Inklusionsdynamiken, in: Corsten, M., Rosa, H., Schrader, R. (Hrsg.): Die Gerechtigkeit der Gesellschaft. Wiesbaden: Springer VS, S. 309–343

Schimke, H. (2015): Kinderrechte und Professionalität in der Kinder- und Jugendhilfe, in: Institut für Soziale Arbeit e. V. (Hrsg.): ISA-Jahrbuch zur Sozialen Arbeit 2015. Schwerpunkt Partizipation, Münster, New York: Waxmann, S. 44–61

Schirilla, N. (2020); Sozialraumorientierung im Handlungsfeld Migration und Soziale Arbeit, in: Becker, M. (Hrsg.): Handbuch Sozialraumorientierung. Stuttgart: Kohlhammer, S. 173–192

Schmidt, M., Ostheim, T., Siegel, N. A., Zohlhöfer, R. (2007) (Hrsg.) Der Wohlfahrtsstaat. Eine Einführung in den historischen und internationalen Vergleich. Wiesbaden: Springer VS

Schmidt, M. G. (2010): Demokratietheorien. Eine Einführung. 5. Auflage. Wiesbaden: Springer VS

Schnurr, S. (2018): Partizipation, in: Graßhoff, G., Renker, A., Schröer, W. (Hrsg.): Soziale Arbeit. Eine elementare Einführung. Wiesbaden: Springer Fachmedien, S. 631–648

Schönig, W. (2013): Soziale Arbeit als Intervention und Modus der Sozialpolitik, in: Benz, B., Rieger, G., Schönig, W., Többe-Schukalla, M. (Hrsg.): Politik Sozialer Arbeit, Band 1: Grundlagen, theoretische Perspektiven und Diskurse. Weinheim, Basel: Beltz Juventa, S. 32–53

Literatur- und Quellenverzeichnis

Schönig, W., Sellner, A. (2019): Armut – Aspekte des schwachen Interesses und Handlungsansätze der politischen Beteiligung, in: Toens, K., Benz, B. (Hrsg.): Schwache Interessen? Politische Beteiligung in der Sozialen Arbeit. Weinheim, Basel: Beltz Juventa, S. 124–141

Schotte, A. (2018): Anfänge der Rettungshausbewegung. Die Waisenhauspraxis der Weimarer »Gesellschaft der Freunde in der Not« von Johannes Daniel Falk und das »Versorgungsinstitut in Jena«, in: Franke-Meyer, D., Kuhlmann, C. (Hrsg.): Soziale Bewegungen und Soziale Arbeit. Von der Kindergartenbewegung bis zur Homosexuellenbewegung. Wiesbaden: Springer VS, S. 27–38

Schreier, M. (2019): »Schwache Interessen«? Unterdrückende Verhältnisse! Plädoyer für eine herrschaftskritisch-emanzipatorische Gemeinwesenarbeit, in: Toens, K., Benz, B. (Hrsg.): Schwache Interessen? Politische Beteiligung in der Sozialen Arbeit. Weinheim, Basel: Beltz Juventa, S. 68–83

Schütte, J. D., Günther, C. (2015): Ausgrenzung erzeugt Ausgrenzung: Der Teufelskreis der Nicht-Partizipation und Wege, diesen möglichst frühzeitig zu durchbrechen, in: Institut für Soziale Arbeit e. V. (Hrsg.): ISA-Jahrbuch zur Sozialen Arbeit 205. Schwerpunkt Partizipation. Münster, New York: Waxmann, S. 83–98

Seite, M. (2011): Schwarzbuch Soziale Arbeit. 2., aktualisierte Auflage. Wiesbaden: Springer VS

Sonnenberg, K. (2017): Soziale Inklusion – Teilhabe durch Bildung. Medienkompetenz als Beitrag zu sozialer und kultureller Teilhabe für Menschen mit Beeinträchtigungen. Weinheim, Basel: Beltz Juventa

Spatschek, C., Thiessen, B. (2017) (Hrsg.): Inklusion und Soziale Arbeit. Teilhabe und Vielfalt als gesellschaftliche Gestaltungsfelder. Opladen, Berlin, Toronto: Budrich

Sptaschek, C., Steckelberg, C. (2018) (Hrsg.): Menschenrechte und soziale Arbeit. Konzeptionelle Grundlagen, Gestaltungsfelder und Umsetzung einer Realutopie. Opladen, Berlin, Toronto: Budrich

Stadt Monheim (o. J.): Monheim für Kinder. https://www.monheim.de/kinder-jugend/moki-monheim-fuer-kinder, zuletzt aufgerufen am 21.02.2021

Statistisches Bundesamt (2020): Bevölkerung mit Migrationshintergrund 2019 um 2,1 % gewachsen: schwächster Anstieg seit 2011. Pressemitteilung Nr. 279 vom 28.07.2020. https://www.destatis.de/DE/Presse/Pressemitteilungen/2020/07/07/PD20_279_12511.html, zuletzt aufgerufen am 28.01.2021

Staub-Bernasconi, S. (2018): Soziale Arbeit und Menschenrechte. Vom beruflichen Doppelmandat zum professionellen Tripelmandat. Opladen, Berlin, Toronto: Budrich

Steinbicker, J., Röcke, A., Alleweldt, E. (2016): Einleitung, in: dies. (Hrsg.): Lebensführung heute. Klasse, Bildung, Individualität. Weinheim, Basel: Beltz Juventa, S. 7–22

Steinbicker, J., Röcke, A., Alleweldt, E. (2016) (Hrsg.): Lebensführung heute. Klasse, Bildung, Individualität. Weinheim, Basel: Beltz Juventa

Steinbrecher, M. (2016): Gesellschaftliche Teilhabe. Politische Partizipation als komplexes Phänomen mit begrenzten Einflussmöglichkeiten, in: Bertelsmann-Stiftung (Hrsg.): Der Kitt der Gesellschaft. Perspektiven auf den sozialen Zusammenhalt der Gesellschaft, Gütersloh: Bertelsmann-Stiftung, S. 313–343

Stiftung Mitarbeit (o J.): Stadtteilmütter. https://www.buergergesellschaft.de/praxishilfen/sozialraumorientierte-interkulturelle-arbeit/beispiele-gelingender-praxis/stadtteilmuetter/, zuletzt aufgerufen am 26.02.2021

Stövesand, S. (2014): Soziale Arbeit und Soziale Bewegungen, in: Benz, B., Rieger, G., Schönig, W., Többe-Schukalla, M. (Hrsg.): Politik Sozialer Arbeit. Band 2: Akteure, Handlungsfelder und Methoden. Weinheim: Beltz Juventa, S. 22–42

Stork, Remi (2007): Kann Heimerziehung demokratisch sein? Eine qualitative Studie zum Partizipationskonzept im Spannungsfeld von Theorie und Praxis. Weinheim: Juventa

Straßburger, G. (2014): Die institutionelle Verankerung von Partizipation: Strukturelle Weichenstellungen, in: Straßburger, G., Rieger, J. (Hrsg.): Partizipation kompakt. Für Studium, Lehre und Praxis sozialer Berufe. Weinheim, Basel: Beltz Juventa , S. 82–98

Straßburger, G., Rieger, J. (Hrsg.) (2014a): Partizipation kompakt. Für Studium, Lehre und Praxis sozialer Berufe. Weinheim, Basel: Beltz Juventa. Neuauflage 2019

Straßburger, G., Rieger, J. (2014b): Bedeutung und Formen der Partizipation – Das Modell der Partizipationspyramide, in: Straßburger, G., Rieger, J. (Hrsg.): Partizipation kompakt. Für Studium, Lehre und Praxis sozialer Berufe. Weinheim, Basel: Beltz Juventa, S. 12–39

Straßburger, G., Rieger, J. (2014c): Partizipation kompakt – komplexe Zusammenhänge auf den Punkt gebracht, in: Straßburger, G., Rieger, J. (Hrsg.): Partizipation kompakt. Für Studium, Lehre und Praxis sozialer Berufe. Weinheim, Basel: Beltz Juventa, S. 230–240

Stüwe, G. (2019): Profession, in: socialnet Lexikon. Bonn: socialnet, 25.02.2019. https://www.socialnet.de/lexikon/Profession, zuletzt aufgerufen am 23.02.2021

SUI Germany – Service User Involvement in Social Work Education Germany (2020): Newsletter, Februar 2020, https://judith-rieger.de/.cm4all/mediadb/SUI%20Newsletter%20Februar%202020.pdf, zuletzt aufgerufen am 09.03.2021

Thiel, W. (2007). Bürgerschaftliches Engagement, Selbsthilfe und Welfare Mix. In: DAG SHG (Hrsg.): selbsthilfegruppenjahrbuch 2007, S. 143–151, https://www.dagshg.de/data/Fachpublikationen/2007/DAGSHG-Jahrbuch-07-Thiel.pdf, zuletzt aufgerufen am 14.02.2021,

Thiersch, H. (2020): Lebensweltorientierte Soziale Arbeit revisited. Grundlagen und Perspektiven. Weinheim, Basel: Beltz Juventa

Toens, K., Benz, B. (2019) (Hrsg.): Schwache Interessen? Politische Beteiligung in der Sozialen Arbeit. Weinheim, Basel: Beltz Juventa

Türcke, C. (1996): Ausgrenzung – Die Aktualität eines Begriffs oder: Das andere Gesicht der Integration, in: Frankfurter Rundschau vom 2. November 1996, S. ZB 3.

Vandamme, R. (2018): Bürgerschaftliches Engagement und Teilhabe, in: Huster, E.-U., Boeckh, J., Mogge-Grotjahn, H. (Hrsg.): Handbuch Armut und soziale Ausgrenzung. 3. Auflage. Wiesbaden: Springer VS, S. 807–822.

Verein für integrative Arbeit (via ruhr) (o. J.): Bildungsangebote. www.via-ruhr.de/bildungsangebote/menschen-ueber-25-jahre./sprint.html, zuletzt aufgerufen am 06.01.2021

Vereinte Nationen (1948): Allgemeine Erklärung der Menschenrechte. – Kostenfrei zu bestellen bei: Deutsche Gesellschaft für die Vereinten Nationen e. V.: info@dgvn.de

Vereinte Nationen (1989): Übereinkommen über die Rechte des Kindes (UN KRK), https://www.kinderrechtskonvention.info/, zuletzt aufgerufen am 21.12.2020

Vereinte Nationen (2008): Übereinkommen über die Rechte von Menschen mit Behinderungen. https://www.behindertenrechtskonvention.info/, zuletzt aufgerufen am 21.12.2020

Völker, B. (2017): Das Konzept der Rekonstruktiven Sozialen Arbeit in der beruflichen Praxis, in: Völker, B., Reichmann, U. (Hrsg.): Rekonstruktiv denken und handeln. Rekonstruktive Soziale Arbeit als professionelle Praxis. Opladen, Berlin, Toronto: Budrich, S. 19–56

Völker, B., Reichmann, U. (2017) (Hrsg.): Rekonstruktiv denken und handeln. Rekonstruktive Soziale Arbeit als professionelle Praxis. Opladen, Berlin, Toronto: Budrich

Voigt, P. (2013): Gesellschaft der Deutschen Demokratischen Republik (DDR) von 1949–1990, in: Mau, St., Schöneck, N. M. (2013): Handwörterbuch zur Gesellschaft Deutschlands. Band 2. 3. Auflage. Wiesbaden: Springer VS, S. 314–330

Wagner, E. (2014): Mediensoziologie. Konstanz: UVK Verlagsgesellschaft

Wansing, G. (2018): Beratung auf Augenhöhe – Welche Bedingungen braucht Peer Counseling?, in: Dobslaw, G. (Hrsg.): Partizipation – Teilhabe – Mitgestaltung: Interdisziplinäre Zugänge. Opladen, Berlin, Toronto: Budrich UniPress, S. 143–162

de Wall, H. (2016): Staat (juristisch), in: Hübner, J. u. a. (Hrsg.): Evangelisches Soziallexikon. 9. Auflage. Stuttgart: Kohlhammer, Sp. 1470–1477.

Weber, M. (2008): Wirtschaft und Gesellschaft. Grundriss der verstehenden Soziologie. Frankfurt/M.: 2001-Verlag. – Posthume Erstveröffentlichung 1922. Seit der vierten Auflage 1956 mit dem hier angegebenen Untertitel.

Weigl, B. (2012): Möglichkeiten und Grenzen von Entscheidungsteilhabe älterer Menschen durch partizipative Wohnformen, in: Rosenbrock, R., Hartung, S. (Hrsg.): Handbuch Partizipation und Gesundheit. Bern: Huber, S. 212–221

Weltgesundheitsorganisation (WHO) (1986): Ottawa-Charta zur Gesundheitsförderung. https:/www.euro.who.int/_data/assets/pdf-file/0006/129534/Ottawa_Charter_G.pdf, zuletzt aufgerufen am 23.02.2021

Wendler, M. (2018): Bewegung und Körperlichkeit als Bewegung und Chance, in. Huster, E.-U., Boeckh, J., Mogge-Grotjahn, H. (Hrsg.): Handbuch Armut und soziale Ausgrenzung. 3., erweiterte und aktualisierte Auflage. Wiesbaden: Springer VS, S. 663–686

Wesselmann, C. (2019): Teilhabe und/oder Partizipation, in: Köttig, M-, Röh, D. (Hrsg,) (2019): Soziale Arbeit in der Demokratie – Demokratieförderung in der Sozialen Arbeit. Theoretische Analysen, gesellschaftliche Herausforderungen und Reflexionen zur Demokratieförderung und Partizipation, Opladen, Berlin, Toronto: Budrich, S. 93–102

Wimmer, J. (2014): Zwischen Fortführung, Transformation und Ablösung des Althergebrachten. Politische Partizipationskulturen im Medienalltag am Fallbeispiel KONY 2012, in: Biermann, R., Fromme, J., Verständig, D (Hrsg.): Partizipative Medienkulturen. Positionen und Untersuchungen zu veränderten Formen öffentlicher Teilhabe. Band 25 der Reihe Medienbildung und Gesellschaft. Wiesbaden: Springer VS, S.49–68

Winker, G. (2015): Care Revolution. Schritte in eine solidarische Gesellschaft. Bielefeld: Transcript

von Winter, T. (2019): Schwache Interessen in Gesellschaft und Staat, in: Toens, K., Benz, B. (Hrsg.): Schwache Interessen? Politische Beteiligung in der Sozialen Arbeit. Weinheim, Basel: Beltz Juventa, S. 26–35

Witting, T. (2018): Digitale Ungleichheiten, in: Huster, E.-U., Boeckh, J., Mogge-Grotjahn, H. (Hrsg.): Handbuch Armut und soziale Ausgrenzung. 3. Auflage. Wiesbaden: Springer VS, S. 457–477

Wocken, H. (2010): Integration & Inklusion, in: Stein, A.-D., Krach, S., Niediek, I. (Hrsg.): Integration und Inklusion auf dem Weg ins Gemeinwesen. Bad Heilbronn: Klinkhardt, S. 204–234.

Wright, M. T. (2012): Partizipation in der Praxis: die Herausforderung einer kritisch reflektierten Professionalität, in: Rosenbrock, R., Hartung, S. (Hrsg.): Handbuch Partizipation und Gesundheit. Bern: Huber, S. 91–101

Wurzbacher, J: (2014): Politische Grundlagen von Partizipation. Leitbild und Beteiligungsformen, in: Straßburger, G., Rieger, J. (Hrsg.): Partizipation kompakt. Für Studium, Lehre und Praxis sozialer Berufe. Weinheim, Basel: Beltz Juventa, S. 99–198

Zacharaki, I., Eppenstein, T., Krummacher, M. (2015) (Hrsg.): Interkulturelle Kompetenz. Handbuch für soziale und pädagogische Berufe. Schwalbach: Debus Pädagogik und Wochenschau

Zimmermann, G. (2019): Soziale Inklusion durch freiwilliges Engagement in der Kinder- und Jugendarbeit, in: Hilse-Carstensen, Th. u. a. (Hrsg.): Freiwilliges Engagement und soziale Inklusion. Perspektiven zweier gesellschaftlicher Phänomene in Wissenschaft und Praxis. Wiesbaden: Springer VS, S. 127–140

Zimmermann, G., Boeckh, J. (2018): Politische Repräsentation schwacher sozialer Interessen durch Initiativen, Wohlfahrtsverbände und Parteien, in: Huster, E.-U., Boeckh, J., Mogge-Grotjahn, H. (Hrsg.): Handbuch Armut und soziale Ausgrenzung. 3. Auflage. Wiesbaden: Springer VS, S. 783–806

Züchner, I., Peyerl, K. (2015): Partizipation von Kindern und Jugendlichen – Annäherung an einen vielfältigen Begriff, in: Institut für Soziale Arbeit e.V. (Hrsg.): ISA-Jahrbuch zur Sozialen Arbeit 2015. Schwerpunkt Partizipation, Münster, New York: Waxmann, S. 27–43